Artur Weese

**Die Bamberger Domsculpturen.**

Ein Beitrag zur Geschichte der deutschen Plastik des XIII. Jahrhunderts

Artur Weese

**Die Bamberger Domsculpturen.**
*Ein Beitrag zur Geschichte der deutschen Plastik des XIII. Jahrhunderts*

ISBN/EAN: 9783743434738

Hergestellt in Europa, USA, Kanada, Australien, Japan

Cover: Foto ©Thomas Meinert / pixelio.de

Manufactured and distributed by brebook publishing software (www.brebook.com)

Artur Weese

**Die Bamberger Domsculpturen.**

STUDIEN ZUR DEUTSCHEN KUNSTGESCHICHTE
10. HEFT.

# DIE
# BAMBERGER DOMSCULPTUREN.

## EIN BEITRAG

ZUR

## GESCHICHTE DER DEUTSCHEN PLASTIK

DES XIII. JAHRHUNDERTS

VON

### ARTUR WEESE

DR. PHIL.

STRASSBURG I. ELS.
VERLAG VON J. H. ED. HEITZ (HEITZ & MÜNDEL)
1897.

# Die Baugeschichte.

Die vorliegende Untersuchung beschäftigt sich mit den Sculpturen des XIII. Jahrhunderts im Bamberger Dome. Unser Thema gehört also der Geschichte der Plastik an. Es liegt aber im Wesen der mittelalterlichen Baukunst begründet, dass die bildnerische Ausstattung niemals ohne die Berücksichtigung der Baugeschichte betrachtet werden kann. Im Bamberger Dome ist diese Verknüpfung eine besonders enge. Wir müssen also, ehe wir uns den Sculpturen selbst zuwenden, erst über den historischen Verlauf der Bauarbeiten am Dome klar werden.

Er ist keineswegs endgiltig festgestellt.[1] Wichtige Daten sind bisher nicht berücksichtigt worden.[2] Einzelne Theile der Kirche hat man viel zu spät angesetzt. Die Bischofsgeschichte ist noch gar nicht zur Klärung der verwickelten Verhältnisse herangezogen worden. Vor allem aber hat ein Fehler die Erkenntniss getrübt: man ging immer von der Voraussetzung aus, dass hier eine regelmässige und in sich abgeschlossene Entwicklung vorliegen müsse. Man hielt es für nothwendig, diejenigen Theile, die einen jüngeren Stil aufweisen, von den älteren durch einen Zeitraum von 20, 30 oder gar 50 Jahren zu trennen, um den grossen Wandel in der Behandlung der Einzelformen sowohl, wie der konstruktiven Lösungen begreiflich zu machen. Diese Wahrscheinlichkeitsrechnung bewährt sich aber nur selten, wenn man genauer zusieht und alle in Betracht kommenden Faktoren berücksichtigt. So auch hier. Eine Entwicklung in dem üblichen Sinne eines langsamen Wachsthumes, Glied um Glied, liegt nicht vor. Bamberg ist vielmehr ein Kreuzungspunkt der verschiedensten Strömungen, unter denen französische Beeinflussungen eine wichtige Rolle spielen.

Ehe die Formen der heimischen Kunst ausreifen konnten, waren bereits importierte Elemente an ihre Stelle getreten. Der Dom, im Grossen und Ganzen ein Werk des XIII. Jahrhunderts, giebt also ein getreues Abbild der bewegten und allem Neuen leidenschaftlich ergebenen Stimmung des stauffischen Zeitalters. Gerade durch die Mischung mannigfacher Bestandtheile aus älteren und jüngeren Perioden ist der Bau für den künstlerischen Genuss von eigenem Reize, für die wissenschaftliche Untersuchung aber voller räthselhafter Widersprüche.

Der Dom zu St. Peter und Georg in Bamberg ist eine Stiftung Kaiser Heinrichs II. und seiner Gemahlin Kunigunde.[4] Von Jugend auf hatte Heinrich[5] eine Vorliebe für die anmuthig gelegene Stadt am Fusse der Altenburg;[6] sie war ihm auch werth genug, um diesen Lieblingssitz seiner Gemahlin als Morgengabe zu schenken.[7] Als er aber daran ging, hier ein Bisthum zu gründen, hatte er grosse Pläne im Auge. Er wollte eine territoriale Macht und einen „geistlichen Standesstaat"[8] errichten, der die Culturaufgaben des deutschen Stammes schützen und erweitern sollte. Denn mitten in eine noch durchaus slavische Bevölkerung hineingepflanzt, sollte die neue Colonie einen festen Mittelpunkt für die germanischen Siedelungen und ein Bollwerk gegen den Ansturm der von Osten eindringenden Böhmen bilden. Um daher die Neugründung für die Dauer zu festigen, sorgte der Kaiser für eine glänzende Ausstattung mit Ländereien und Besitzungen, so dass der Sprengel des Bisthums Bamberg noch unter seiner Regierung an Umfang und Bedeutung die benachbarten Gebiete von Würzburg und Eichstädt weit übertraf.[9] Doch ehe noch Heinrich mit dem von langer Hand vorbereiteten und vielfach angefeindeten[10] Plane seiner Gründung hervortrat,[11] hatte er schon den Bau einer Kirche begonnen.[12] Das war der Dom. Der Bedeutung als Bischofskirche gemäss war die Anlage grossartig. Thietmar berichtet ausdrücklich, dass der Dom von Anfang an mit zwei Krypten ausgestattet[13] war, die jedenfalls schon damals wie heute St. Peter und St. Georg geweiht waren, wenn auch ausser ihnen in der dedicatio noch die hl. Jungfrau, St. Paul und St. Kilian als Schutzheilige angeführt[14] werden.

Der erste Bischof Eberhard, der durch die Stiftungsurkunde vom 1. Nov. 1007 in sein neues Amt — er war Heinrichs Kanzler bis dahin — eingesetzt wurde, fand bei seinem Einzuge in Bamberg (1007) einen Bau vor, der bereits am 6. Mai desselben Jahres in zwei Urkunden als „constructa et dedicata"[15] bezeichnet wird und ziemlich weit vorgeschritten war. Es wurde sogar schon der Chordienst darin abgehalten.[16] Doch erst am 7. Mai 1012, am Geburtsfeste des Kaisers, fand die Weihe[17] des Domes unter der Theilnahme einer aussergewöhnlich grossen Zahl deutscher Kirchenfürsten — man berichtet von 45 Bischöfen — durch den Patriarchen Johann von Aquileja statt. Dem Bischof Eberhard fiel es nach dem Willen des Kaisers zu, den Hauptaltar zu weihen, während der Metropolitan, Erzbischof von Mainz, sich mit einem Nebenaltar begnügen musste.[18]

Aus den Berichten der Chronisten erfahren wir allerlei über die Feierlichkeiten der Weihe, aber fast gar nichts vom Bauwerk selbst.

Nur die Anlage mit zwei Krypten ist sichergestellt. Sie hat in dieser Zeit nichts Auffälliges.[19] Die frühromanische Baukunst wählt häufig diese Grundrissbildung, die übrigens Heinrich selbst nahe genug lag. In der Hauptstadt seines Herzogthumes Bayern, in Regensburg,[20] war sie in St. Emmeran und Obermünster bereits zweimal zur Verwendung gekommen. Die Anlehnung des Bamberger Domes an diese Beispiele ist daher höchst wahrscheinlich.[21]

Von diesem Heinrichsbau wissen wir im Uebrigen nichts, als dass er am Ostersonnabend des Jahres 1081 durch eine Feuersbrunst in Asche gelegt wurde.[22]

Bischof Rupert (1075—1102) schon mag die Wiederherstellungsarbeiten begonnen haben, doch sind sie erst durch Otto den Heiligen, (1102—1139) den Pommernapostel, in Fluss gekommen, dessen Biographen uns einige werthvolle Einzelheiten darüber überliefert haben.[23]

Daraus geht hervor, dass Otto keinen eigentlichen Neubau ausführte, sondern nur umfangreiche Renovationen vornahm, dabei aber die stehen gebliebenen Mauern des Heinrichsdomes benutzte. Er erhöhte den Ostchor, liess die Wandmalereien erneuern und zur Verhütung eines ähnlichen Brandunglückes das Dach mit kupfernen Platten belegen. Man darf daraus wohl schliessen, dass wahrscheinlich auch der ottonische Bau noch mit einer hölzernen Balkendecke versehen war. Das Langschiff mag also flach gedeckt[24] gewesen sein.

Das ist das Wenige, was wir von dem zweiten Bau wissen. Die Weihe fand im Herbste 1111 statt, nachdem Otto mit dem Pallium versehen, aus Rom über Speyer heimgekehrt war.[25] Aber es wurde noch mehrere Jahre an dem Dome gebaut, denn noch im Jahre 1137 lässt Otto das Kupfer für die Bedachung herbeischaffen.[26]

Was ist von diesem ottonischen Bau noch in der Kathedrale vorhanden, so wie sie heute steht?

Häufig begegnet uns in der Litteratur die Ansicht, dass namentlich im Innern noch die ganze Ostpartie aus dieser Zeit stamme. Sie stützt sich darauf, dass man in der neuen Bauperiode im Anfange des XIII. Jahrh. nur einen Umbau vermuthete, den man sich durch die Canonisation Kunigundens im Jahre 1200 veranlasst dachte.[27]

Diese Vermuthungen sind irrig. Bei der neuen Bauperiode handelte es sich nicht um eine vornehmere Ausstattung, sondern um einen vollkommenen Neubau. Denn im Jahre 1185 war die Kirche und der umliegende Stadttheil zum zweiten Male abgebrannt.[28] Das wichtige Datum ist bisher ganz übersehen worden, obgleich die bereits längst bekannte Ablassbulle vom 6. Januar 1232 ausdrücklich von einem Brande spricht, „den ein geheimes Gericht Gottes über den Dom verhängt habe".[29]

Die Thatsache wirft ein neues Licht über den wichtigsten Abschnitt in der ganzen Baugeschichte des Domes. Als solchen hat man die Zeit bis zur Weihe 1237 stets anerkannt. Aber man wusste nicht, wie weit man die untere Grenze herabsetzen sollte, und stellte deswegen völlig widersprechende Meinungen auf.

Jene Hypothesen, es möchten noch Reste[30] vom Ottobau vorhanden sein, müssen jetzt aufgegeben werden, um so mehr, als die Zier- und Schmuckformen, sogar diejenige in der Krypta des Ostchores, einen einheitlichen Charakter haben, welcher der Zeit um 1200 angehört. Auch ist man jetzt genöthigt, einen Theil der Arbeiten bereits dem Ausgange des 12. Jahrh. zu überweisen. Denn man kann dokumentarisch die Wiederaufnahme des Dombaues sofort nach dem Brande belegen.[31]

Es war ein Graf von Andechs und Meran, Otto II. (1177—1196), der auf dem Bischofsstuhle in Bamberg sass, als das Unglück hereinbrach. Mitglieder dieses Adelsgeschlechtes wurden im folgenden Jahrhunderte wiederholt zu Bischöfen gewählt, sodass die Geschichte dieses Hauses mit der des Domes noch häufig in Berührung kam. Der Meranier Otto II. begann den Neubau, der Meranier Ekbert förderte ihn soweit, dass der neu erstandene Dom unter ihm geweiht werden konnte. Berthold v. Leiningen, ein Angehöriger des inzwischen erloschenen Meranischen Geschlechts, gab ihm die letzte Ausstattung.

In den fünfzehn Jahren bis 1200 muss der östliche Theil des Domes bereits wieder fertig gewesen und dem Gottesdienst übergeben worden sein. Thiemo, (1192—1202) Ottos Nachfolger,[32] beschleunigte die Arbeiten, zum Theil sogar mit Zwangsmassregeln,[33] offenbar um die feierliche Erhebung der Gebeine Kunigundens in dem wiederhergestellten Dome vornehmen zu können. Denn wie sehr ihm die Canonisation der frommen Kaiserin am Herzen lag, geht daraus hervor, dass die Zeit seiner Regierung hauptsächlich dieser Angelegenheit, die er mit grosser Zähigkeit betrieb, gewidmet war.[34]

Als er seinen Zweck erreicht hatte,[35] wurde ihm die Genugthuung, dass in Bamberg in Gegenwart des Kaisers, des Stauffen Philipp, und zahlreicher zu einem Reichstage versammelter Fürsten[36] ein glänzendes Kirchenfest zu Ehren der hl. Kunigunde stattfand. Es waren allein 7 Erzbischöfe erschienen, die sich um die Grabstätte Kunigundens versammelten. Da sich dieselbe im Ostchor befand,[37] so ist anzunehmen, dass dieser Theil bereits unter Dach war.[38] Das war im September des Jahres 1201.

Erst unter Ekbert,[39] (1203—1237) der 1203 gewählt wurde, begann die Glanzzeit in der Baugeschichte des Domes. Schon bevor er Bischof geworden, war er als Dompropst, ausserdem durch die Verdienste seines Ahnen Otto mit dem Schicksale der ehrwürdigen Kathedrale vertraut geworden. Auch bezeugen alle vorhandenen Nachrichten, dass er es gewesen ist, der dem Bauwerk die endgiltige Gestalt gegeben hat. — Sein Leben war ausserordentlich bewegt. Auf weiten Reisen und Irrfahrten hatte er die Welt kennen gelernt. Sein Geschlecht kam gerade unter seiner Regierung durch die Gnade der Stauffen zu hohen Ehren. Sein Bruder Otto erhielt die Pfalzgrafschaft von Burgund, seine Schwestern waren die Königinnen von Ungarn und Frankreich, verwandtschaftliche Beziehungen verbanden ihn mit jenen ritterlichen Kreisen, auf denen

die Augen der Welt ruhten. Denn er stand mit der höfischen Gesellschaft, die sich in der Champagne um die Person des Grafen
Thibaud und seiner Tochter Alix, der Herrscherin Frankreichs
versammelte, durch Familienbande im Zusammenhange, wenn wir
auch nirgendwo urkundliche Belege dafür haben, ob er ihr persönlich nahe getreten war. Dennoch sei an diese weitreichenden
Beziehungen bereits hier erinnert; wir werden sie später noch
genauer zu erörtern haben.

Aus seiner Zeit besitzen wir die meisten urkundlichen Nachrichten.[40] 1229 consecrirte Ekbert einen Altar im Peterschor.[41] 1231[42]
lässt die Stiftungsurkunde Poppos vermuten, dass der Georgenchor
wegen baulicher Arbeiten geschlossen war. 1232[43] erwirkt Ekbert
persönlich in Reate einen Ablass von Papst Gregor IX. 1235 wird
ihm ein neuer Ablass gewährt.[44] Ebenso, wie es scheint, 1236.[45]
1237 am 6. Mai findet eine feierliche Weihe statt.[46] Kurze Zeit
darauf stirbt Ekbert in Wien.

Ihm folgte Poppo, (1237—1241) ebenfalls ein Meranier, der
sich aber nicht bewährte. Sein Regiment war so zerfahren, dass
er vom Papste seines Amtes entsetzt wurde.[47] Er nahm ein un-
rühmliches Ende; sein Name allein wird in den Notae sepulcrales
nicht erwähnt.

Der neugewählte Bischof Heinrich (1242—1256) konnte sich
keiner hohen Abkunft rühmen. Doch war er ein höchst that-
kräftiger Mann, dessen Hauptsorge darauf gerichtet war, die Meranische Erbschaft seiner Kirche zu erhalten.[48]

Das gelang erst seinem Nachfolger Berthold, (1256—1285)
welcher der Familie selbst angehörte.[49] In seine Amtszeit fällt die
letzte Nachricht, die wir über den Dombau besitzen: es ist ein
Ablass von 1274.[50]

Die wenigen Um- oder Anbauten, die in den folgenden Jahr-
hunderten vorgenommen wurden, haben die Grundzüge des Domes
nicht mehr verändert. Die letzte Restauration unter König
Ludwig I. im Anfange unseres Jahrhunderts (1828—1837) war sogar
bestrebt, den Grundcharakter des alten Gebäudes in seiner ursprünglichen Gestalt wiederherzustellen.

Wir gehen nun daran, die einzelnen Bautheile zu untersuchen und uns namentlich über die Datierung des Westchores
ein Urtheil zu bilden.

Als wichtigstes Moment für die Beurtheilung der vorgenom-
menen Veränderungen am Dome ist festzuhalten, dass noch in
dem heutigen Bauwerk der Grundriss und vielleicht auch die Grund-
mauern des Heinrichsdomes vorhanden sind.[51] Bis zur Ottonischen
Restauration waren sie ganz gewiss beibehalten worden, und dass
sie nach dem Brande von 1185 verlegt sein sollten, ist nirgends
gesagt.[52]

Dagegen haben natürlich im Hochbau weitgreifende Umge-
staltungen stattgehabt.

Noch der Ottonische Bau ist dem Anscheine nach wie der Hein-
richsdom, eine flachgedeckte Pfeilerbasilika gewesen. Dafür spricht
der Umstand, dass Otto vor allem das Dach mit seiner Balken-
lage durch Kupferbekleidung vor Feuer schützen will. St. Jakob,
das unter Otto erst seinen eigentlichen Charakter als dreischiffige
Säulenbasilika erhalten hat, ist ebenfalls flachgedeckt. Ferner
lassen im Bau selbst noch auf eine Flachdecke die Wölbungspfeiler schliessen, die den vermauerten Fenstern[53] der Hochwand
des Mittelschiffes vorgelagert sind, ebenso die Löcher für die
Balkenansätze auf dem nördlichen Speicher.[54]

Mannigfache Spuren weisen auf eine Erhöhung des Bauwerkes, die von Otto dem Hl. vorgenommen sein soll. Jedoch
wird nur wenig aus dieser Periode noch erhalten sein. Denn der
grosse Brand von 1185 muss Renovationen nöthig gemacht haben,
die einem Neubau gleichkamen. Wenigstens sind dem Dome
erst nach der Feuersbrunst die Hauptzüge in der Ausschmückung
aufgeprägt worden, die er bis heute noch zeigt.

In dem vorangegangenen Theile unserer Untersuchung ging
aus rein historischen Gründen hervor, dass bis zur Translation
der hl. Kunigunde 1201 ein Herstellungsbau fertig gewesen sein
muss. Ueber den Gang der Arbeiten glaube ich jedoch mehr
Klarheit gewinnen zu können, wenn wir den Dombau mit dem
grossen Kirchenbau im benachbarten Ebrach vergleichen, auf
dessen nahe Verwandtschaft bereits Redtenbacher[55] hingewiesen
hat. Auf eine detaillirte Untersuchung jedoch kann ich hier nicht
eingehen; diese wäre Sache eines Architekten. Meine Absicht ist,
nur die allgemeinen Umrisse zu skizziren.

Die Michaelskapelle in Ebrach, nur ein kleiner, kreuz-
förmiger Bau, ist ein „wahres Kleinod reicher, feiner Dekoration

des spätromanischen Stiles".[56] Der Gesammteindruck hat eine
köstlich einheitliche Wirkung, die das Bauwerk zu den anziehendsten Schöpfungen der Periode erhebt. Gewisse Uebereinstimmungen machen es mir wahrscheinlich, dass es mit dem Dome
nicht nur zeitlich, sondern auch künstlerisch in Verbindung steht.
Die Blendarkaden mit den wirksamen Kleeblattbogen als Wanddekoration des Chorinnern hat die Michaelskapelle mit dem
Georgen- und Peterschor in Bamberg gemeinsam. Die Erhöhung
des Chores und die Rolle, die er in dem Raumbilde spielt, die
Kapitellbildung, schliesslich die Pfeilerstellung mit den Schaftringen
dort und im Peterschor sind eine ganze Reihe gemeinsamer Erscheinungen, denen sich am Aussenbau noch andere gesellen.
Hier ist besonders der Bogenfries zu beachten, der in Ebrach
in sehr eigenartiger Zeichnung auftritt und sich am Peterschor
in Bamberg wiederholt. Auch die auffallende Form der Thür,
deren obere Umrahmung ein Kleeblatt mit wagerecht abgeschnittenem Scheitelbogen aufweist, kehrt im Peterschor [57] aussen und
innen wieder. Das Innere des Georgenchores und die untere Partie
des Peterschores bis zum ersten Gesimse über den Fenstern
bilden mit der Michaelskapelle eine Gruppe, in der durchgehende
Züge nicht zu verkennen sind.

Auch für die frühgotischen Theile des Peterschores scheinen
von Ebrach aus Anregungen stattgefunden zu haben, wobei aber
die Hauptkirche das Vorbild abgegeben haben muss. Das
Wölbungssystem wäre hier besonders in Betracht zu ziehen.

Untersuchen wir auf diese Beobachtungen hin die historischen Daten des Ebracher Baues. 1200 wurde der Bau von
Abt Hermann begonnen. Bereits 1207 ist die Michaelskapelle
mit drei Altären consecrirt.[58] In der Hauptkirche werden 1211
„zwei Kapellen post capellam St. Michaelis" geweiht, denen bis
1218 sich weitere 4 Altäre anschliessen.

Hieraus folgt, dass die Michaelskapelle etwa zwei Jahrzehnte vor der Bamberger Hauptbauperiode, die gegen die dreissiger Jahre in Fluss kommt, schon vollendet ist. Ist es nun auch
schwer zu entscheiden, ob sie vor oder nach dem Georgenchor
in Angriff genommen wurde, so steht doch fest, dass im ersten
Drittel des Jahrhunderts an beiden Kirchen, in Bamberg wie in
Ebrach, energisch gearbeitet wird. Was den dekorativen Werth

jedoch betrifft, so ist die Michaelskapelle dem Georgenchor im Innenraum ebenso überlegen, wie sie seiner stattlichen Pracht im Aussenbau nachsteht. Da aber Motive aus ihr auch im Peterschor, wenigstens im unteren Theile bis zum ersten Kranzgesimse zur Verwendung gelangen, so glaube ich, dass das erste Werk der Gruppe der Georgen-, das letzte der Peterschor ist. Die Michaelskapelle würde in der Mitte stehen. Dem widersprechen die Daten nicht. War bis zur Translatio i. J. 1201 das Nothwendigste hergestellt — hier machen sich namentlich im Innern des Georgenchores die widersprechendsten Versuche und Ansätze noch heute geltend —, so mögen erst mit den Geldern der Steuer und der Thiemoschen Schenkung, schliesslich mit der jugendlichen Energie des begüterten Ekbert die einheitlichen Dekorationsarbeiten des Aussenbaues am Georgenchor begonnen worden sein. Sollte da nicht etwa der Meister der Ebracher Michaelskapelle nach 1207 mit seinem bewährten Geschmack eingetreten sein? Jedenfalls wird 1231 noch im Georgenchor gebaut; leider lässt sich nicht feststellen, an welchem Theile. Wahrscheinlich sind aber an der Wölbung Aenderungen nöthig geworden.

Man hat bisher die romanischen Theile des Domes mit der rheinischen Schule in Verbindung gebracht. Für die Aussenseite des Georgenchores scheinen in der That Anregungen vorzuliegen, besonders die Zwerggallerie spricht dafür. Aber im Innern lassen sich viele Gründe gegen diese Hypothese anführen.[59] Es fehlt die reiche Wandgliederung, wie sie Speyer und Worms zeigen, auch ist die Detailbehandlung in ihrer Pracht sicher nicht rheinischen Ursprunges. Ebensowenig begründet sind Hinweise auf die sächsische[60] Schule. Vielmehr ist ihr gegenüber Bamberg der gebende, nicht der empfangende Theil.

Die eigenartige Architektur der fränkischen Kathedrale findet dagegen in vielen Beziehungen eine natürliche Erklärung, wenn man über Ebrach Einflüssen nachgeht, die ihre letzte Quelle in Frankreich haben. Da zeigt sich z. B. der Kleeblattbogen an der Chorschranke des Georgenchores als ein burgundisches Element, die Fensterrose von Ebrach ist eine Nachahmung von Notre-Dame in Paris (1257),[61] und andere Einzelheiten mehr. Jedenfalls ist Ebrach für Bamberg wichtiger, als irgend ein anderes deutsches Bauwerk. Vor allem als Vermittlerin frühgotischer Elemente. —

Denn die Daten der Ebracher Baugeschichte geben ausserdem noch einer Vermuthung Halt und Wahrscheinlichkeit, die
bereits Redtenbacher[62] und v. Bezold[63] ausgesprochen haben.
Beide setzen die frühgotischen Theile des Querschiffes und
Peterschores in das erste Drittel des Jahrhunderts und Redtenbacher weist dabei auf Ebrach hin, ohne aber die genauen
Daten zu besitzen, wie sie jetzt vorliegen.

In Ebrach sehen wir, wie fast unmittelbar nach einer
Glanzleistung[64] des romanischen Stiles der volle Uebergang zu
der neuen Bauweise erfolgt. 1211 und 1218 ist der Chorbau
im Gange, und so dürfen wir bestimmt folgern, dass schon in
den zwanziger Jahren ein Denkmal gotischer Bauweise mit durch-
geführter Strebebogenanlage, sehr complizierter Grundrissbildung
und kunstvoller Wölbung dagestanden hat; natürlich handelt es
sich hier nur um den Chor.

Diese Daten, die einen frühgotischen Bau schon vor 1220
in der Nähe Bambergs bestätigen, räumen viele Schwierigkeiten
aus dem Wege. Denn es lässt sich jetzt erst recht kein triftiger
Grund anführen gegen die Annahme, dass der Westchor bereits
unter Ekbert begonnen worden sei. Seine unteren Theile standen
1229 ganz gewiss fertig da;[65] mit der Grundrissbildung waren
aber die wesentlichen Bedingungen für die Wölbung durch die
Pfeilerstellung gegeben. — Jedenfalls steht die bisher allgemein
giltige Annahme, den Westchor in das Ende des Jahrh. zu setzen
auf schwächeren Füssen. Sie wird durch nichts gestützt als durch
den Ablass von 1274. Sie wäre aber gewiss nicht so lange
verfochten worden, hätte man sich die Mühe genommen, die
Bulle durchzulesen. Es steht dort ausdrücklich geschrieben, dass
es sich nur um die Reparatur baufälliger Theile handelt, die ein-
zustürzen drohten. Wie kann man aus solch klarem Wortlaut
herauslesen, dass durch jene Ablassgelder erst der Neubau des
Westchores und der Thürme ins Werk gesetzt werden sollte!

Um diese alte Hypothese völlig zu beseitigen, kommt noch
hinzu, dass die Westthürme um die Zeit von 1274 so gut wie unmöglich sind. Sie können nur in den dreissiger Jahren entstanden sein.

Ich spreche mich daher für die Ansicht aus, dass unter
Bischof Ekbert † 1237, ebenfalls schon die Westthürme zum
mindesten begonnen worden sind. Sie sind bekanntlich nach

dem Vorbild von Notre-Dame in Laon gebaut und zwar nach
dem Thurm am südlichen Kreuzarm, dem sogenannten tour de
l'horloge. Laon gehört zu den Uebergangsbauten [66] des romanisch-
gotischen Stiles und vertritt in manchem Bezuge die Rolle des
Bamberger Domes in der französischen Architekturgeschichte,
ist aber in seinen Anfängen um ein halbes Jahrhundert älter.

Der südliche Thurm stammt mit seiner unteren Partie, dem
Sockel, noch aus der älteren Periode [67] unter Gaultier I. Aber auch
die oberen Stockwerke [68] sind im Vergleich zu dem nördlichen und den
Hauptthürmen der Westfacade soviel einfacher und schlanker, dass
sie gewiss in die beiden ersten Jahrzehnte des XIII. Jahrh. anzusetzen
sind. Die Thürme von Laon genossen einen weitverbreiteten Ruf. [69]
In einer so ausserordentlich schöpferischen Periode jedoch, wie dem
XIII. Jahrh. wurden sie sehr schnell überholt. Im letzten Viertel des
Jahrh. war in Reims, in Amiens, in Notre-Dame zu Paris schon
Grösseres und Moderneres geleistet worden. [70] Wenn also ein deut-
scher Bischof sich zu jener Zeit nach Frankreich wandte, um ein
Modell für seine Thurmbauten zu suchen und nachzuahmen, so
müsste es sonderbar zugegangen sein, wenn er gerade die Thürme
von Laon, die schon ein halbes Jahrhundert alt waren, sich zu diesem
Zwecke auserlesen hätte. —

Aber noch ein anderer Grund macht die Datierung der Bamberger Westthürme gerade in die dreissiger Jahre verständlich. Man
kann kaum den Gedanken zurückweisen, dass die Anregung zu dieser
Copie eines französischen Originales nur durch die verwandtschaft-
lichen Beziehungen Ekberts zu den Grafen von Champagne vermittelt worden ist. Diese waren zu Lebzeiten der Pfalzgrafen von
Burgund, der Brüder Ekberts und der Schwäger Thibauds von
Champagne wahrscheinlich lebhafter, als nach dem Aussterben der
männlichen Linie (1247). So erklärt es sich vielleicht, auf welchem
Wege Ekbert Nachricht von dem Wunderwerk in Laon erhalten
hat, und es ist begreiflich, wenn der deutsche Bischof versuchte,
etwas gleich Staunenswerthes zu schaffen. [71]

In diesem baulustigen Jahrhundert wiederholte sich der Fall
häufig, dass die Bischöfe und Aebte immer das Neueste der
französischen Errungenschaften bei sich einzuführen trachteten. [72]
Es scheint ein Wettkampf bestanden zu haben, in welchem es
einer dem anderen zuvorthun wollte. Wie der Limburger

Dom, der ebenfalls von Laon beeinflusst wurde, schon 1235 geweiht worden ist, so müssen auch die Bamberger Westthürme der Bauperiode bis 1237 angehören.

Doch ist es wohl möglich, dass noch nicht alles vollendet war, als die Weihe stattfand, wie denn an der Bedachung oft noch auf Jahre hinaus gearbeitet wird.[13] So mag man auch in Bamberg sich beeilt haben, die Kirche ihrem Zwecke zu übergeben, obgleich hie und da Schlussarbeiten noch nöthig waren. Unter Poppo aber werden sie wahrscheinlich nicht schnell genug gefördert worden sein und so mögen dergleichen Versäumnisse gegen 1274 schon neue und möglicherweise umfangreiche Reparaturen veranlasst haben.

Als Ergebniss unserer Untersuchungen gewinnen wir also eine zusammenhängende Bauperiode, die von 1185 bis 1237 währt. In dieser Zeit hat der ganze Dom, einschliesslich der Westthürme, sein charakteristisches Gepräge erhalten, so dass auch der Uebergang vom romanischen Stil in gotisierende Gewohnheiten dieser Periode angehört.

Die schnelle Stiländerung ist demnach nicht das Ergebnis einer lokalen Entwicklung, sondern erklärt sich durch die Rezeption der gotischen Elemente aus dem benachbarten Ebrach und aus Laon. Auf beiden Wegen dringt französische Kunst in Bamberg ein. Die Vermittler aber scheinen die Meranier.

Ihr Geschlecht kommt mit der Geschichte des Domes in die engste Berührung. In einem Jahrhundert steigen vier Angehörige des Hauses auf den bischöflichen Stuhl. Ihnen hauptsächlich verdankt der Dom die Pracht der Ausstattung, derentwegen er heute noch als eines der herrlichsten Denkmale des Uebergangsstiles bewundert wird.

———

# Teil I.

Die ältere Gruppe.

Die Apostel- und Prophetenreliefs.

Der Meister vom Georgenchor.

# Die ältere Gruppe.

Wer den Bamberger-Dom von der Westseite her betritt, der sieht als Abschluss des Innern den hohen Chor vor sich, der dem heiligen Georg, dem Schutzpatron der Kathedrale, geweiht ist. Dies ist der älteste Theil des Bauwerkes. Wie hier die rein romanischen Formen am wenigsten durch den Eingriff späterer Geschlechter von ihrem ursprünglichen Reiz verloren haben, so ist auch das, was die Schwesterkunst, die Plastik, zum Schmucke des Ganzen beigesteuert hatte, in leidlich unversehrtem Zustande erhalten geblieben. An dem weit in das Kirchenschiff vorgeschobenen Presbyterium sind noch heute die Bildwerke zu sehen, mit denen die Aussenseiten der Chorschranken, wohl auch damals, als der östliche Theil des Domes zur Vollendung kam, ausgestattet worden waren.

Die Sculpturen stellen die Apostel und Propheten dar. Unter den zahlreichen Beispielen ihrer Gattung aber nehmen diese eine besondere Stellung in der Kunstgeschichte ein. Sie sind oft von der Forschung behandelt worden.[14] Denn ihre künstlerischen Eigenschaften: die scharf ausgeprägten Formen, die dramatische Auffassung und die lebendige Charakteristik der ausdrucksvollen Köpfe beanspruchen das volle Interesse einer aussergewöhnlichen Schöpfung. Dazu kommt noch Eines: es ist bisher nicht gelungen, den Ursprung ihres Stiles zu erklären. Man hat seine künstlerische Heimath in Byzanz [15] gesucht, woher schliesslich alle Räthselerscheinungen früh-mittelalterlicher Kunst stammen sollen. Aber man fühlte doch deutlich, dass es dann Zwischenglieder geben müsse, die die Uebertragung vermittelt hätten. Auch war zuzugeben, dass viel Selbständiges, Neues in diesen Werken stecke. Woher kommt also diese Mischbildung strenger Typik und überraschender

Naturwahrheit? Allerdings bieten sich wohl allgemeine Beziehungen zu verwandten Beispielen dar, aber nur insoweit als die stilistischen Merkmale der gesammten Periode dabei in Betracht kommen. Nirgends findet sich dagegen ein fester Anhalt, um gerade die Eigenheiten dieser Sculpturen gleichsam quellenmässig zu belegen. Sollten sie bloss die eigenwillige Leistung eines ganz aus der Art gefallenen Meisters sein? Das hiesse den modernen Begriff des Künstlerthums in eine Zeit hineintragen, deren konventioneller Charakter die selbständigen Regungen des Einzelnen durch die Strenge typischer Bildung im Zaume hält. Diesem konservativen Zug jeder Frühkunst ist es zu danken, dass, abgesehen von Lücken, die wegen des zerstörten Materials leer bleiben müssen, die Entwicklungsreihen geschlossener sind, als in jüngeren Perioden. Man sollte also meinen, dass eben deswegen unsere Werke sich leicht in eine der bekannten Schulen eingliedern liessen, umsomehr, als sie nicht den verwischten Charakter geringer Durchschnittsleistungen an sich tragen. Dem ist aber nicht so. Sie fallen überall, soweit man sich in plastischen Werkstätten Deutschlands umschaut, aus dem Zusammenhange heraus.

Diese Bemerkungen mögen genügen, um auf das Räthsel- hafte ihrer historischen Stellung aufmerksam zu machen. Sie sollen auch den Versuch rechtfertigen, dass die Frage von Neuem aufgenommen wird.

Es ergiebt sich dabei von vornherein, dass sich unsere Unter- suchung nicht allein auf das bereits so oft schon zu Rathe gezo- gene Material beschränken darf, sondern den Blick über die nächstliegenden Grenzen hinauszusenden hat. Der Zweck und das erhoffte Resultat ist nicht das Interesse an der Datierung allein oder an der Einschachtelung des Objektes in die herkömmlichen Klassen und Schulen. Auch bin ich nicht gewillt, die Reste einer grossen Stilperiode, so wie sie sich nun gerade innerhalb irgend welcher Grenzpfähle erhalten haben, zu einer organischen Gruppe zusammen zu schweissen. Solche Versuche fallen dem lokalen Interesse zu Liebe oft recht gezwungen aus. Mein Bestreben gilt vielmehr dem Ziele, in den erhaltenen Denkmälern die grossen zeitbewegenden Strömungen zu erkennen und das Bild der mannigfach beeinflussten romanischen Plastik in Deutschland um einige klare Linien zu bereichern. Vielleicht

gelingt es mir, den Weg, den eine bestimmte Strömung dieser
Periode genommen, in seinen hauptsächlichen Wendepunkten zu
bezeichnen. Denn es liegt in der Sache selbst begründet, ausserdem in der traurigen Verwüstung, die gerade die Werke roma-
nischer Kunst betroffen hat, dass es sich bei dieser Schilderung
nur um die Richtung der treibenden Kräfte, um das Woher und
Wohin handeln kann. Es ist unmöglich, den Weg Schritt für
Schritt abzumessen, nachdem Jahrhunderte darüber hinweggegangen
sind und seine Spuren verwischt haben. Unsere Aufgabe also soll
sein, die Wurzeln zu bezeichnen, aus denen sich die fremdartigen Sculpturen in Bamberg entwickelt haben. Und nur deswegen, weil sich gerade in diesen Werken die Kräfte klar erkennen
lassen, die in der ganzen Periode wirksam sind, sei es unternommen, die Sculpturen eines scheinbar so engbegrenzten Gebietes
ausführlich zu behandeln. Es wird sich zeigen, dass hier die Ein-
bruchspforte für eine grosse weitumfassende Bewegung ist, die
nicht nur dieser abgelegenen Werke sich bemächtigt hat. Ihre
Wirkung beherrscht die gesammte Kunst des XIII. Jahrhunderts.

Doch ehe wir der Hauptfrage näher treten, ist es geboten,
die Sculpturen selbst noch einmal genau in's Auge zu fassen.
Denn so oft sie auch beschrieben worden sind, — immer ist der
Thatbestand anders aufgefasst und geschildert worden, wenn neue
Folgerungen daraus gezogen werden sollten.

## Die Reliefs am Georgenchor.

An den Längsseiten des Georgenchores sehen wir je sechs
Reliefs mit den Darstellungen der Apostel und Propheten.
Ihnen reiht sich noch ein Feld mit der Scene der Verkündigung[16]
und dem drachentötenden Erzengel Michael an, ein Bilderkreis,
wie er in romanischen Kirchen an dieser Stelle herkömmlich ist.
Die christliche Kunst liebte es, das Altarhaus in der Gesammt-
wirkung des Bauwerkes hervorzuheben. Im romanischen Kirchenbau wurde deswegen der Chor über das Niveau des Langhauses
um einige Stufen erhöht, und die Schranke, die die celebrierenden
Kleriker von den Laien schied, durch architektonische Gliederung
und symbolischen Schmuck besonders ausgestattet. Damit waren
die Grenzen des rein Architektonischen überschritten und der

Plastik ein günstiges Feld zur Entfaltung geboten. Sonst auf die
Ausschmückung des Altares, der Kanzel, der Kapitäle und Zierglieder beschränkt, konnte sie sich hier über grössere Flächen
ausbreiten und selbst monumentale Wirkungen erstreben. Denn
die Chorschranke spielte in dem Gesammtbilde des Innenraumes
eine wichtige Rolle: der Blick, der durch den Linienzwang der
langen Schiffe auf den Hauptaltar gerichtet war, fand hier einen
Ruhepunkt. Daher liessen es sich die Künstler nicht entgehen,
hier das Auge zu beschäftigen. Die Beispiele solcher Chóraus-
stattung sind verhältnissmässig zahlreich; auch die Sculpturen, die
zu ihr gehören, haben sich häufig erhalten. Zweierlei Formen nun
waren üblich, nach denen die Schranke angebracht wurde. Die
einfachere war die, dass man zwischen Chor und Schiff eine Brust-
wehr errichtete. Erstreckte sich jedoch der Chor über das Querhaus und die Vierung in den Gemeinderaum hinein, so musste für
einen doppelten Zweck Rath geschaffen werden: einmal galt es,
den Verkehr zwischen Chor und Langschiff durch Zugänge und
Treppenanlagen zu vermitteln, dann aber musste zwischen ihnen
das Lectorium oder die Kanzel [77] ihren Platz finden, von der aus
die Evangelien verlesen wurden. Darunter stand der Kreuzaltar,
darüber schwebte in der Höhe auf dem Triumphbalken als höchstes
Symbol der Christenheit die plastische Darstellung des Opfertodes
Christi, der Crucifixus zwischen Maria und Johannes.

Die der Gemeinde zugekehrte Stirnseite oder in den weitaus
meisten Fällen die seitlichen Wände des Chores, die ihn von den
Seitenschiffen trennten, trugen nun den plastischen Schmuck, Darstellungen, die inhaltlich den Bilderkreis der christlichen Lehren
durch die Gestalten Christi und Marias zwischen den Aposteln
ergänzten. Zuweilen gesellten sich ihnen hie und da die Patrone
des Gotteshauses zu.

Diese reichere Form der Chorausstattung ist auch für den
Ostchor des Bamberger Domes [78] gewählt. Wie nun aus der Situation erklärlich ist, können die hier angebrachten Bildwerke nur
von den Seitenschiffen aus im vollen Lichte der gegenüberliegenden Fenster betrachtet werden. Dadurch kommen gerade die
Bamberger Reliefs zu ungeschmälerter Wirkung. Fortlaufende
Bogenarkaden rahmen sie ein, darüber leitet ein Rundbogenfries
zu dem kräftigen, die Brüstungswand bekrönenden Gesimse. Die

mächtigen Arkadenpfeiler theilen die Reihe der Felder in zwei Gruppen zu je drei, während das siebente Feld ungünstig und isoliert neben dem Aufgange der seitlichen Treppen des Chores angebracht worden ist. Insoweit entspricht die Ausstattung durchaus dem Brauche; nur das ist zu bemerken, dass die wuchtigen Glieder der architektonischen Umrahmung die Zierlichkeit, wie sie die sächsische Kunst gerade an dieser Stelle liebt, ausgeschlossen haben; selbst die ornamentale Dekoration beschränkt sich auf einfache Rankenmuster, die einen Theil der Kleeblattbogen auf der nördlichen Seite des Chores füllen.[79] Je weniger also architektonische Zierglieder verwendet sind, um diesen Bautheil hervorzuheben, umsomehr konnte der Bildhauer sich dazu angeregt fühlen. Dann musste er in grösserem Maassstabe arbeiten und kräftigere Töne anschlagen, als ihm seine an sich bescheidene Aufgabe vorschrieb.

Sein Thema ist ein altes. Die Dialogszene zwischen Aposteln und Propheten ist ein litterarischer Vorwurf in den Mysterienspielen; in der Plastik begegnen wir ihr auf Elfenbeinreliefs[80] und Metallarbeiten; auch in Steinarbeiten, wenn auch nur auf einem begrenzten Gebiet. Beispiele sind ein Steinrelief des XII. Jahrhunderts in Basel,[81] Sculpturen des Gilabert in St. Etienne zu Toulouse,[82] Darstellungen auf dem Thürsturz des Südportales der Kathedrale von Amiens;[83] auch auf den Façaden der Kirchen von Angoulême und Poitiers begegnen wir ähnlichen Erscheinungen. Auch sei der Taufstein in Merseburg erwähnt.[84] Daraus ersehen wir, dass der Künstler mit seiner Aufgabe auf traditionellem Boden steht.

Wir wollen jedoch den litterarischen Quellen weiter nachgehen, da sich aus ihnen ein wichtiges Moment für die Charakteristik seiner Werke ergiebt. Lübke meinte, es möchten ihm Anregungen aus den Mysterien vorgelegen haben.[85] Offenbar dachte er dabei an jene Prophetenspiele, die aus dem Cultus der Kirche entstanden sind. Ein Franzose, Sepet,[86] hat ihre Grundlage in einem pseudo-augustinischen sermo, der einen Bestandtheil der Weihnachts-Liturgie bildete, nachgewiesen. In dieser patristischen Schrift werden die Propheten aufgerufen, durch ihre Weissagungen die welterlösende Mission Christi zu bezeugen. Darauf treten sie einzeln vor und citieren eine Bibelstelle, die immer eine Prophetie auf Christus enthält. Aehnlich nun, wie das mit vertheilten Rollen

verlesene Evangelium der Kreuzigung und Auferstehung Christi
die Osterspiele veranlasste, gab dieser sermo den Anstoss zur
Entwickelung einer anderen Gattung des christlichen Mysteriums,
eben dieser Prophetenspiele. Es ist indessen nicht wahrscheinlich,
dass sie unsere Reliefdarstellungen angeregt oder beeinflusst haben, da sie ausser den grossen und kleinen Propheten auch noch
andere Personen auf die Bühne bringen, wie den König Nabucho-
donosar, Zacharias und Elisabeth, ja sogar heidnische Gestalten, wie
die Sibylle und den Dichter Virgil. Diese Rollen sind aber auf
unseren Reliefs unbesetzt geblieben.

Eine Gegenüberstellung der Propheten und Apostel ähnlich
der unsrigen, ist meines Wissens allein in dem Innsbrucker Frohn-
leichnahmsspiel aus dem Jahre 1391 [87] durchgeführt. Dass dieses
Schauspiel bedeutend jünger ist, als unsere Darstellung, würde
bei einem Vergleich nicht allzuschwer ins Gewicht fallen, denn offenbar basieren diese Aufführungen auf alten, zähbewahrten Ueber-
lieferungen. Schon der streng dogmatische Charakter allein
bezeugt dies.

Dennoch stösst unser Versuch, die Parallele im einzelnen
durchzuführen, auf grosse Schwierigkeiten. Das hauptsächliche, ja
fast das einzige Erkennungszeichen für die Gestalten unserer
Reliefs, die Inschriften, sind verlöscht. Die Attribute aber
treten, wie überall in der romanischen Kunst, nur spärlich auf.
Petrus ist an seinem Schlüssel kenntlich und König David an seiner
Krone und dem Königsornat. Die wenigen Merkmale, die sonst
noch erhalten sind, lassen sich schon nicht mehr mit derselben
Bestimmtheit deuten. Denn die Säge spricht ebenso für Jesaias, [88]
wie für Simon. [89] Doch wird es wohl unbestritten bleiben, wenn
wir das Doppelkreuz für Philippus [90] in Anspruch nehmen. Nur
den Kahlkopf [91] noch können wir aus einer fast gleichzeitigen
litterarischen Quelle, aus der Dirigierrolle für die Eselsprozession
von Rouen, bestimmt als Jonas ansprechen. Wenn wir also
Philippus und Petrus auf der Südseite der Chorschranken haben,
so folgt daraus, dass auch die anderen fünf Gruppen dieser Seite
die Apostel darstellen. Auf der gegenüberliegenden, wo wir bereits
David, Jonas und Jesaias erkannt haben, wären die Propheten zu
suchen. Somit ist der Grundgedanke des Innsbrucker Frohnleich-
nahmsspieles, nämlich die Gegenüberstellung je eines Propheten

und eines Apostels, hier verlassen. Dennoch ist soviel klar, dass der dogmatische Vorwurf für das plastische, wie das litterarische Denkmal derselbe ist: es handelt sich in beiden Fällen um die Darstellung des Credo.[99] Auf den Spruchbändern der Apostel haben also die einzelnen Glaubenssätze gestanden, auf denen der Propheten alttestamentliche Stellen, die irgend einen theologischen Bezug auf jene haben.

Aber wie die Gruppirung der Personen mit dem Mysterium nicht übereinstimmt, ebensowenig die Auffassung des Themas. Der Dichter hat sich damit begnügt, seinen Personen den versifizirten theologischen Text in den Mund zu legen. Sie rezitiren ihre Weissagungen und Bibelstellen wie unumstössliche Thesen. Alles Persönliche ist aus diesem Spiele verbannt, die Charaktere sind nicht ausgeprägt, man erörtert und verhandelt nicht, kaum dass die hohe Bedeutung der Worte erregte oder begeisterte. Was gesagt wird, wiederholt nur den einen Satz von der Mission Christi, alle sprechen dafür, niemand dagegen.

Eine einförmige geistlose Aufgabe, diese Statisten plastisch darzustellen! Der dogmatische Text und die kirchliche Bedeutung des Mysteriums verlangten allerdings diese Feierlichkeit des Tones. Der bildnerische Künstler konnte sich aber damit nicht zufrieden geben. Wie hat er nun das Thema behandelt?

Das Wort des Einen wird von dem Anderen mit allen Anzeichen grösster Theilnahme aufgenommen. Alle sind im Innersten ergriffen. Aber es waltet nicht überall die gemessene Würde, die die Erregung meistert. Vielmehr bricht die Empfindung mit jäher Gewalt hervor.

Man sollte erwarten, dass es nur Begeisterung, Hingebung und prophetische Verzücktheit sei, die hier abgestuft zum Ausdruck käme. Durchaus nicht. Es wird ein neues Moment in das Thema hineingetragen und zwar eins, das in diesem dogmatischen Rahmen am wenigsten zu vermuthen war. Es ist das Motiv des Widerspruchs.[99] Die scharfe Charakteristik der redenden Personen spitzt sich hier so zu, dass aus dem einfachen Dialog ein erhitztes Streitgespräch geworden ist. Vom ruhigen Betrachten, von gelassener Zwiesprache gehen wir alle Grade seelischer Erregung hindurch bis zum rechthaberischen Wortstreite und leidenschaftlichem Ueberzeugungskampfe. Der eine hört sinnend zu, der

andere ist entrüstet. Mit beweglichem Spiel der Hände dringt
dieser auf seinen Gegner ein, jener wehrt Einwand und Gegengrund
lebhaft von sich ab. Aug im Auge wird mit ganzer Seele ge-
stritten, als gälte es die höchsten Güter des Lebens zu vertheidigen.
Wie ist jener bärtige Alte im Drange der fluthenden Gedanken
ganz selbstvergessen, vollkommen ausser sich! Wie glücklich ist
das erregbare Temperament dieser Streiter in jener Figur charakterisirt, die dem überlegenen Dialektiker den Rücken zukehrt,
um noch im Weiterschreiten den letzten Trumpf der Beweisführung
auszuspielen! [94]

Ein anderer Geist waltet hier als in dem Mysterium. Er ist
dramatischer als der des Schauspiels. Der plastische
Künstler hat also weit mehr gegeben, als in seiner Aufgabe liegt.
Gerade durch diese lebendige Auffassung des an sich trockenen
Stoffes erwirbt er sich den Ruhm einer künstlerischen That.
Dieses Verdienst werden wir späterhin noch umsomehr wür-
digen müssen, als es in der deutschen Plastik allein steht. Mir
schien es die nächstliegende Pflicht, jenen hervorstechenden
Zug im Charakter unseres Meisters besonders stark zu betonen.
Unter allen Erklärern jedoch, die bisher zu diesem Thema ge-
sprochen haben, hat allein der Däne Julius Lange diesen Unterschied [95] zwischen Auftrag und Darstellung erkannt. Auf der einen
Seite der nüchterne Ernst des Dogmatikers, hier die phantasievolle
Gestaltungskraft des Künstlers  Wir sehen, wie die Kunst das
Thema meistert und den lehrhaften Ton in der Form einer span-
nenden Erzählung verhüllt. Julius Lange hat an diese Apostel-
und Prophetengruppe eine feinsinnige Bemerkung angeknüpft. Er
meint, sie wären die Keime für eine Bildergattung, die in der
späteren italienischen Kunst ausserordentlich weit verbreitet war,
und sieht in diesen Dialogszenen nichts anderes als eine „santa
conversazione". In der That stimmt alles Wesentliche überein. Die Konversationsbilder sind eine Versammlung von Heiligen,
Männern und Frauen, die ein geistliches Thema verhandeln. Es
geschieht nichts in diesen Bildern, wir ahnen nicht, um welcher
Sache willen diese stillen Gestalten zusammengekommen sind.
Nur in der Composition und dem Walten einer gehobenen,
feierlichen Stimmung ist eine künstlerische Einheit geschaffen. Der theologische Gedanke, der gerade diesen oder jenen

Heiligen einer solchen Gruppe zugesellt, bleibt für den ästhetischen Genuss ganz gleichgiltig. Allein die Charaktergestalten und die Kunst der Farbenharmonie und Linienführung interessiren. So wollen wir auch hier bei den Aposteln und Propheten die Glaubenssätze und Bibelstellen auf sich beruhen lassen. Der lebendige Kontrast, in dem diese kraftvollen, tieferregten Männer einander gegenüberstehen, bedingt allein den künstlerischen Wert auch dieses „heiligen Gespräches". Wenn wir uns nun auch nicht verhehlen, dass das Temperament des Meisters noch mit strenggebundenen, schwerbeweglichen Formen im Kampfe liegt, so vermögen wir uns doch der Vorstellung nicht zu entziehen, dass diese Beseelung der starren Gebilde die bewusste That eines klaren Willens gewesen ist. Der Name des Künstlers ist uns nicht überliefert worden. Nennen wir ihn darum nach dieser Schöpfung den Meister des Georgenchores.[96]

## Charakteristik der Form.

Wir betrachten nun die Figuren nach ihrer Formengebung und Gewandbehandlung.

Die Gestalten sind in lange Gewänder gekleidet, so dass nur etwas vom Unterarm, der Hals und die Füsse, die nur ausnahmsweise in Sandalen stecken, zum Vorschein kommen. Der Körper ist unter dem faltenreichen Stoffe ganz verhüllt, nur in einem Umriss ist er darunter durchzufühlen. Die Grössenverhältnisse sprechen allein.

Die etwas kurzen Proportionen machen die Gestalten gedrungen und untersetzt. Vermehrt wird dieser Eindruck durch den starken Knochenbau, der an den Schienbeinen, den eckigen Schultern und der gewölbten Brust scharf hervortritt. Der Bauch ist zuweilen übermässig aufgetrieben und fällt gegenüber den straffen, mageren Formen der Glieder besonders auf. Ueberall, wo die Gelenke sichtbar werden, an der Stirnwurzel, am Ellenbogen, am Knie, sind sie scharf geknickt. Unter den Kleidern zeichnen sie sich spitz ab.

Da sich das Nackte fast überall verbirgt, wird für uns der Kopf, der Prüfstein für das plastische Vermögen des Meisters.

Ohne Mühe lässt sich etwas Gemeinsames im Typus von höchst eigenartigem Gepräge feststellen.

An den Seiten abgeflacht, so dass ein schmales Gesichtsoval
entsteht, gipfelt der Schädel in einer hohen Wölbung, fällt aber
am Hinterhaupte ziemlich steil ab. Was das Gesicht anbetrifft,
so geht die ganze Anlage auf das Knappe und Straffe. Der
Organismus wird nirgends verdunkelt. Derart erhält dieser Typus
seine unverkennbaren Merkmale durch die stark betonten Grund-
formen, wie sie in dem anatomischen Bau des Schädels gegeben
sind, durch die kräftigen Backenknochen, das reich ausgearbeitete
Stirnbein und den scharf hervorspringenden Augenhöhlenrand. Die
kurze Stirn verläuft an den Seiten schnell in die platten Schläfen.
Die mageren, etwas eingefallenen Wangen bilden eine breite Fläche,
da das Untergesicht mit den Kinnbacken stark entwickelt ist. Wie
alles Muskulöse, Fleischige zurückbleibt, so ist auch der Mund
klein mit schmalen, etwas aufgeworfenen Lippen, die aber der
feineren Zeichnung nicht entbehren. Sie drücken Entschiedenheit
des Charakters aus, ein Eindruck, der durch die scharfgeschnittenen
Züge und das kräftige, etwas spitze Kinn noch verschärft wird.
Das Auge dagegen ist klein, die schmale Lidspalte, die an den
äusseren Winkeln etwas lang ausgezogen ist, lässt von dem Apfel
nur die ausgebohrte Pupille sehen. Fast ganz im Schatten der
vorgewölbten Stirn liegend kommt es nur wenig zur Geltung, es
liegt in der Höhle wie eingesunken, verräth aber doch in den zur
Wange, Nase und Stirn hinüberleitenden Partieen ein genaues
Studium.

Wesentlich, ja bestimmend in den Eindruck des ganzen Kopfes
ist das reich gelockte Haar. In einzelnen Strähnen fällt es über
den Nacken bis tief auf die Schultern herab, in der Mitte gescheitelt,
verläuft es in regelmässigen Wellen, die Schläfen und Ohren be-
deckend in lose ausgebreitete, geringelte Enden. Aber die Behandlung im Einzelnen wechselt bei jeder Figur. Hier ist das
Haar als Ganzes gelockt und durch schmale, parallele Linien angedeutet, dort ringelt es sich in lauter Spiralen, die als flache
Scheiben dicht nebeneinandergereiht einen hochaufgethürmten Schopf
bilden. Zuweilen ist es von der Mitte des Hinterkopfes nach vorn
gestrichen und in einem Wulst dicht um die Stirn gelegt. Während
es bei den meisten in die Stirn fällt, ist es bei einem der Propheten
ganz zurückgehalten, so dass das Vorderhaupt kahl bleibt. Hier
wird es zu einzelnen durcheinandergeflochtenen Zöpfen angeordnet,

dort schmiegt es sich geglättet und nur leise gewellt dicht der Kopfhaut an, so dass die Schädelform als scharf begrenzte Linie wirkt. Schliesslich fehlt es auch nicht an einem vollkommenen Kahlkopf.

Ebenso verschieden ist der Bart charakterisirt. Bei einigen Figuren zeigt er eine ganz schematische Behandlung lediglich parallel laufende gerade Linien, die in kleinen Ringeln endigen, er ist kurz gehalten, stark und struppig. Auch langwallende Bärte kommen vor mit welligen, weicheren Formen. Nirgends fehlt die scharfe Einziehung an der unteren Kinnlinie, wiederum ein Zeichen wie sehr dem Künstler daran liegt, die Grundlinien des Organismus klar zu legen. Dies Streben führt in der Gewandung zu besonders stilkritischen Erscheinungen.

Die Männer tragen ein weites, faltenreiches, am Halse schliessendes Unterkleid und einen darübergeworfenen Mantel. Es ist die durch die altchristliche auf die romanische Kunst übergegangene antike Gewandung, allerdings in einer vollkommen eigenartigen Motiv- und Faltenbildung. Jede Erinnerung an antikes Wesen ist ausgelöscht. Vielmehr weisen die kunstvoll gestickten Bordüren auf eine andere Schule von starkem Einfluss.

Was nun die Anordnung der Kleider betrifft, so ist abgesehen von dem flächenhaften Charakter der Fältelung, den wir noch späterhin zu erörtern gedenken, die beharrliche Wiederholung der Grundmotive für das hier befolgte System bezeichnend. An dem Mantel, der in langem Zuge von den Schultern zu den Fersen herabfällt, wird der Verlauf der Falten in zahlreichen Parallelen angegeben. Die Richtungslinie des Faltenzuges ist vervielfacht und wirkt durch die gleichmässige Nebeneinanderreihung wie ein stilisirtes Ornament. Diese Beobachtung wird noch deutlicher erkennbar, wenn es sich statt um gradlinige, um elliptische, spiralige, überhaupt um bewegte Faltenzüge handelt. Der Widerspruch zwischen der natürlichen Erscheinung und ihrer Nachahmung im künstlichen Gebilde wird dann noch schärfer und zwar deswegen, weil der Stoff der Gewandung nicht in seiner Weichheit und Schmiegsamkeit erkannt ist. Er legt sich nicht dem Körper an, sondern hängt als starre Masse darüber. Die Falte selbst ist gratig und kantig, so dass sie stets als Linie, nicht als nachgiebiger Stoff wirkt. Wird nun vollends die Linie schematisch wiederholt und in regelmässigen

Figuren gezogen, so ist es wohl begreiflich, dass man von der Faltenbildung wie von einem stilisirten Ornament sprechen darf. Am überzeugendsten ist wohl jener Fall, wo zur parallelen noch die symmetrische Wiederholung hinzutritt. An dem untern Theil des Mantels des Erzengels Michael entspricht der Linienzug zur Rechten der Mittelachse vollkommen jenem zur Linken. Aufeinandergelegt würden sich die beiden Muster — denn so darf man sie wohl bezeichnen — decken. Schlagender kann der lineare Charakter und die streng stilisirte Behandlung der Gewandung nicht dargethan werden.

Bisher haben wir die Figuren nur in der Ruhestellung betrachtet, ohne uns darum zu kümmern, wie sie sich tragen und gehaben.

Wie überall, bei der Gewandung, dem Körperbau und den Gesichtsformen, so ist auch in der Stellung der Figuren ein durchgehender Typus unverkennbar. Die aufrechtstehenden Gestalten treten meist leicht ausschreitend mit ganzer Sohle auf einen welligen Boden. Wohl tritt das eine Bein vor das andere vor, doch ist nirgends Spielbein von Standbein unterschieden. Dagegen ist mehrfach der eine Fuss bei scharfgebogenem Knie ganz vom Boden abgehoben, so dass die Ferse fast senkrecht über den Zehen steht. Die Bewegung in den Hüften vollzieht sich nur durch Drehung des Rumpfes nach rechts oder links.

Ein Ausbiegen der Hüfte nach der einen Seite, ein Höher-, Tieferstehen derselben, oder eine Bewegung des Oberkörpers nach vorn, alles das ist dem Bildhauer einstweilen unbekannt. Seine anatomische Unkenntniss geht so weit, dass er die Figur nach der einen Seite hinschreiten und den Oberkörper nach der entgegengesetzten sich wenden lässt. Ohne Rücksicht auf die Bewegungsfähigkeit der Wirbelsäule überdrehen sich seine Menschen, bis Kreuzbein und Brustbein senkrecht übereinander stehen. Gerade die Hüftbewegungen sind charakteristisch für die romanische und gothische Kunst. Jene betont die Senkrechte: die Hüften stehen in gleicher Höhe. Dann folgt in der späteren Periode der Ausschlag in das Gegentheil: alles ist geschwungen und wiederum bis zur Unmöglichkeit übertrieben. Dennoch bleibt der Gothik vorbehalten, über die Drehung der Hüfte hinaus, auch die Biegung und Beugung derselben darzustellen.

In den weitaus meisten Fällen ist die Gestalt in Dreiviertelansicht nach vorn gewandt, nur einmal in scharfem Profil. Bei diesem einförmigen Verhältniss vom Rumpf zu den unteren Extremitäten darf man keinen grossen Reichthum von Bewegungsmotiven erwarten. Nur die freiere Behandlung von Kopf, Armen und Händen muss entschädigen. Der Hals mit seinem Ansatz an der Brust und dem Uebergange zum Kopf verräth schon mehr Beobachtung und Beweglichkeit, als z. B. die plumpen, übertrieben grossen Füsse. Der Kopf sitzt natürlich-frei auf dem Halse, wenn er auch stark vorgeschoben etwas in den Schultern zu stecken scheint. Namentlich vom Rücken aus gesehen sind die Männer kurznackig und untersetzt.

Noch bleiben die H ä n d e zu betrachten übrig. die ja am meisten fähig sind, auch im stummen Spiel der inneren Stimmung Ausdruck zu geben. Unser Meister vom Georgenchor hat sich mit besonderem Glücke dieses Mittels bedient. Es ist darauf hingewiesen worden, welche grosse symbolische Bedeutung die Hand im mittelalterlichen Leben hat, im Gerichtsverfahren, beim Schwur, bei der Belehnung, im Dienst der Minne zur Verständigung der Liebenden untereinander. So mag die Erwägung gestattet sein, der Blick des Künstlers möchte sich durch tägliche Beobachtung für das Spiel der Hände geschärft haben. Jedenfalls ist es unsern Werken sehr förderlich gewesen, dass der Gestus der Hand überall dort über den Sinn der Darstellung keinen Zweifel zurücklässt, wo bei der Befangenheit der Körperhaltung das seelische Leben der Gestalten wie gebunden erscheint. Die Hand ist hier der eigentliche Dolmetsch der Gefühle. Vorgestreckt wendet sie einen Einwand ab, betheuernd schlägt sie auf die Brust, mit erhobenem Zeigefinger drückt sie gewichtige Belehrung aus oder sie begegnet mit gespreizten Fingern besänftigend und ausgleichend dem Widerspruch des Gegners. Sie würde wohl noch freier und mannigfacher sich bewegt haben, wäre sie nicht so häufig vom Künstler benützt worden, die Spruchbänder zu halten. Schliesslich sei noch auf das Motiv aufmerksam gemacht, dass die Hand in den Mantel greift, um den Schritt beim Gehen frei zu machen.

Hier ist auch der Ort, um noch der beiden letzten Reliefs, der V e r k ü n d i g u n g und des E r z e n g e l s M i c h a e l zu gedenken. Denn gerade in Bewegung und Haltung sind sie für unseren Meister ausserordentlich bezeichnend. Wir lernen hier die

Grenzen seiner Kunst genauer kennen.[97] Schon früher sahen wir, dass die Bewegung des Rumpfes über seinen Darstellungsbereich hinausgeht, ein Mangel, den er zwar mit der Plastik der ganzen Zeit theilt. Aber selten entstehen daraus solche Widersprüche, wie hier. Denn anstatt dass der streitbare Engel dem Angriffe des Drachens auswiche oder wenigstens seinen Gegner in's Auge fasste, steht er hoch aufgerichtet da und blickt in's Leere, ohne den Hieb seines Schwertes und den Stoss der Lanze zu beobachten. Derart wirkt diese Kampfszene lahm, wie ein harmloses Scheingefecht.[98] — Desto glücklicher ist die Darstellung der Verkündigung. Ein schlichtes Idyll, eine Szene voll Feierlichkeit und Würde gegenüber der hitzigen Erregung der heiligen Widersacher nebenan. Mit sanft erhobener Rechten naht sich der Engel, ein kräftiger, schöner Jüngling, der Maria und entbietet ihr den himmlischen Gruss, den sie demüthig abwehrt. Die Jungfrau trägt über dem Schleiertuche, das ihr in den Nacken fällt und auf der Brust durch eine Agraffe geschlossen wird, eine edelsteingeschmückte Krone. Gabriel steht ihr in reichgesticktem, perlenbesetztem Gewande gegenüber, das kurz gehaltene Lockenhaar von einem schmalen Reife umspannt. Für die Beurtheilung unseres Meisters ist dies Relief von hoher Wichtigkeit, denn es zeigt, wie er ausser dem Ernsten und Wuchtigen auch das Sanfte und Holde beherrscht. Aber auch als Composition verdient dies Werk eine bevorzugte Stellung innerhalb der romanischen Plastik und ist seit Kugler deshalb oft besprochen worden.

Jedenfalls gehört es zu den glücklichsten und anmuthigsten Werken der gesammten Periode. Nirgends kommt die Befangenheit, die diesem Stile anhaftet, so wenig zur Geltung, wie hier. Und wenn man in einem technisch und künstlerisch so gebundenen Stil, wie dem romanischen, überhaupt von vollkommenen Leistungen reden darf, so wird man gewiss die Verkündigung des Meisters vom Georgenchor nennen dürfen.

Bisher haben wir die Reihe der Reliefs als ein geschlossenes Ganzes genommen. Vergleichen wir jedoch die e i n z e l n e n S t ü c k e , so zeigt sich, wie sie an Werth und technischer Behandlung erheblich von einander a b w e i c h e n .

Es ist nämlich nicht zu verkennen, dass die Apostelreliefs an der Südseite den Propheten der Nordseite in der Charakteristik der Köpfe nachstehen.[99] Die Apostel sind zaghafter in den Formen, die Stirn ist flacher, die Bildung der Nase, des Mundes kleinlicher, befangener gegenüber den ausdrucksvollen und überaus energischen . Köpfen der Propheten, die ja sogar den Vergleich mit antiken Philosophenbüsten veranlasst haben. Ob damit gesagt sein sollte, dass wirklich antike Werke als Modelle gedient haben, oder ob nur allgemeine Aehnlichkeiten mit diesem Hinweis angedeutet waren, wage ich nicht zu entscheiden. Dagegen möchte ich auf die bisher nicht beobachtete Thatsache aufmerksam machen, dass in den vorliegenden Werken des Meisters vom Georgenchor eine deutliche Entwicklung zu verfolgen ist. Von der Charakteristik der Köpfe haben wir bereits gesprochen, aber ein zielbewusstes Vorwärtsstreben lässt sich auch in Einzelheiten erkennen. Die Gewandbehandlung ist daran besonders reich. Die Falten, die auf der Apostelseite nur flach angedeutet sind, werden allmählich immer tiefer herausgearbeitet, hie und da sogar unterschnitten, um eine kräftigere Schattenwirkung zu erzielen. Dadurch bekommen auch die anfangs ganz flachen Reliefs eine lebendigere, bewegtere Haltung, die Massen werden deutlicher geschieden, die Hauptlinien kommen klarer zur Geltung. Der Wurf des Gewandes zeigt grössere Motive mit schnellfliessender Faltengebung, die Verschlingungen der Gewandenden und der Schwung der linearen Behandlung werden kühner und künstlicher. Auch am Haar lassen sich Züge bemerken, die an Künstelei die ersten Versuche an der Südseite um ein gut Theil überbieten. Man vergleiche z. B. die einfache, glatt über die Schläfen gestrichene und um die Stirn gewundene Tour des Petrus mit der kunstvollen Perrücke, die der Partner des Jonas trägt. Hier ist jede Locke als Spirale gewunden und sorgfältig mit dem Bohrer ausgehöhlt. Im Nacken ist das Haar zu einem starken Schopf aufgenommen und gibt dem Hinterkopf einen energischen Umriss. Obgleich es nur nebensächliche Dinge sind, wollen wir doch noch auf die häufigere und reichere Verwerthung der perlenbestickten Bordüren an den Gewändern hinweisen, eine Zuthat, die sich übrigens durch ikonographische Tradition erklären mag, ferner ist die ornamentale Füllung und das Auftreten des Kleeblattbogens (auf der Südseite ist nur der Rundbogen verwendet) erwähnenswerth.

Zum Schlusse noch ein Wort über die Reliefbehandlung. Die Apostelfiguren der Südseite heben sich nur wenig vom Hintergrunde ab; gegenüber lösen sich die Gestalten mehr und mehr. Aus dem Flachrelief entwickelt sich eine Art Hochrelief. Jedenfalls wird die Bearbeitung der Steinplatte freier und kühner, der Meissel dringt mehr in die Tiefe und wagt Unterschneidungen, die anfangs ganz und gar fehlen. Dort kleben die Figuren am Hintergrunde, hier gewinnt man bereits den Eindruck, dass sie davor stehen. An das Ende dieser Entwicklungsreihe möchte ich die Verkündigung stellen.

Uns begegnet hier der in der mittelalterlichen Kunstgeschichte seltene Fall, dass ein künstlerischer Charakter durch seine scharf ausgeprägte Eigenart sich aus der Menge gleichgearteter Werke klar abhebt. Wenn wir sonst im Mittelalter von Entwicklung reden, so ist eine Reihe von namenlosen Typen gemeint, die unter sich einen Fortschritt bezeichnen. Viele Hände mögen an ihnen gearbeitet haben. Man umspannt immer Perioden, Provinzen, Schulen. Hier aber verfolgen wir ein deutliches Wachsthum an einer Folge von Werken, die augenscheinlich nur einem Meister angehören. Der Künstler entwickelt sich gleichsam vor unseren Augen. Dies Schauspiel ist uns in jüngeren Zeiten vertraut, aus denen die Nachrichten reichlicher fliessen und die Werke immer mehr den Stempel des Persönlichen tragen. Im Mittelalter ist es überaus selten.

Nach zwei Richtungen bewegt sich die Entwicklung des Meisters. Einmal führt ihn seine Gewandbehandlung auf den unfruchtbaren Weg der Künstelei. Der lineare Charakter der Modellirung, das Spiel mit schematisch ausgeklügelten Formen in der Fältelung, die Tendenz zur flächenhaften Körperbildung wird auf die Spitze getrieben. Alles zusammen macht den Eindruck von starrer Strenge, den man als byzantinisch bezeichnet hat, mehr, um damit die aller Natur abgekehrte Formensprache, als die stilistische Abhängigkeit zu bezeichnen. Mit merkwürdiger Zähigkeit verharrt er in dieser Richtung, offenbar, weil diese schulmässig erlernte Technik ihm den einzig möglichen Ausdruck für seine formale Empfindung bot. Ihn hat dafür herber Tadel getroffen. Diese Manier war auch kein fortbildungsfähiges Element und sie verursachte, dass andererseits seine aussergewöhnlichen Leistungen nur widerstrebend oder gar nicht anerkannt wurden. Denn so gebunden wie er hier war, so frei entfaltete er sein Talent, wo es galt, im Be-

— 33 —

wegungsausdruck, vor allem aber in der Kopfbildung der Natur
mit dem Spürsinn des Entdeckers nachzugehen.

Dieser individuelle Zug macht die andere, viel bedeutendere
Seite seiner Entwicklung aus. Sie brachte einen wirklichen Fortschritt. Die Einzelheiten der Dinge, die kleineren Züge werden
genauer erkannt und damit wächst zugleich die Fähigkeit, das
Gesehene im toten Material darzustellen. Am Gesicht ist die Umgebung des Auges, die Senkung der Wange am Backenknochen
sorgsamer studiert, der Gesammteindruck ist geschlossener. Auch
die Bewegungen werden drastischer. Um wie viel überzeugender ist
die Gebärde des Propheten, der mit spitzem Finger auf den anderen zufährt, gegenüber irgend einer Geste auf der Apostelseite.
Welche anmuthige Freiheit in der grüssend erhobenen Hand des
Erzengels Gabriel! Wie werden die Motive, wenn sie sich wiederholen, wahrer und lebensfrischer!: jäh ergriffen schnellt der Prophet
zurück, um sein letztes Wort dem Gegner zuzurufen. Auf der
Apostelseite derselbe Gedanke, — aber wie matt und lahm! Es
fehlt der gewaltsame Ruck, der feste Blick, das Eingreifen der
Hand, — müde schaut der Apostel nur halb über die Schulter
zurück.

Das alles aber will nichts bedeuten gegen die Naturwahrheit der Köpfe.[100] Es ist erstaunlich, wie mit der verzerrten
Körperbildung ein solch scharfes Erfassen des individuell Charakteristischen Hand in Hand gehen kann. Diese Männer tragen auf
ihren Schultern Köpfe, die ein anderer Meissel geschaffen zu haben
scheint. Gross in der Anlage, ausserordentlich eindrucksvoll durch
die hochgethürmte Frisur der Haare, zeigen die Züge eine bestimmt
ausgeprägte Eigenart, die an portraithafte Darstellungen gemahnt.
Dabei spiegelt sich in diesen Gesichtern ein intensives Leben, eine
bewegliche Theilnahme an den Dingen der Aussenwelt. Wie
scharf, fast stechend ist der Blick des kahlköpfigen Jonas. Auch
ohne die Haltung des Körpers und das Spiel der Hände zu sehen,
liest man ihm die angespannteste Erregung von dem Gesichte ab.
Andererseits der würdige Ernst und die pathetische Stimmung in
dem bärtigen Alten. Jeder einzelne Kopf zeigt trotz des gemeinsamen Typus eine anders gestimmte, aber immer bedeutsame
Auffassung. Wir können nach alledem nicht umhin, die Schärfe
der Charakteristik und die grossgedachte, einfache Behandlung

3

dieser Prophetenköpfe als das Höchste anzuerkennen, dessen dieser Meister und die gesammte deutsche Plastik der romanischen Periode fähig war. Jedenfalls ist die allgemeine Entwicklung nicht über diesen Punkt hinausgekommen.

Neben dem Meister muss noch eine Werkstatt thätig gewesen sein. Ihr gehören augenscheinlich die geringeren Arbeiten an, die thronende Maria mit den Stiftern im Bogenfelde des nördl. Ostportales und die Statuen im Gewände des Fürstenportales an der Nordseite des Domes. Das Relief ist uns besonders werthvoll, da es eine willkommene Handhabe zur Datierung dieser gesammten älteren Sculpturengruppe des Domes bietet. Die Darstellung bezieht sich auf die Geschichte des Domes selbst: die Patrone und die Stifter erflehen von der Jungfrau mit ihrem Kinde den Segen für das ihr geweihte Gotteshaus. Die Himmelskönigin thront in der Mitte des Bogenfeldes auf einer erhöhten Stufe und hält dem Kinde die Weltkugel hin. Links steht Petrus, ein Buch im Arme, hinter ihm der hl. Georg in ritterlicher Rüstung, die Linke auf den Schild gestützt, mit der Rechten die kniende Figur eines demüthigen Bischofs empfehlend. Das Stifterpaar, Kaiser Heinrich II. und Kunigunde, beide mit Heiligenscheinen, treten von der anderen Seite heran, auf der noch ein in die Kniee sinkender Mönch sich anschliesst. Ganz vorn kniet noch ein winziges Figürchen, mehr durch das lange Schriftband bemerklich als durch seine eigene Person, eine in sich zusammengesunkene Gestalt, die dem geistlichen Stande anzugehören scheint. — Der künstlerische Werth ist nicht gross und kann sich in keiner Beziehung mit den Reliefs im Innern messen. Die Figuren stehen lose nebeneinander, eine geschlossene Komposition ist noch gar nicht versucht. Der halbrunde Rahmen des Thürbogens macht zudem noch grosse Schwierigkeiten: die Figuren sind nicht von gleicher Grösse, sondern nehmen nach den Ecken zu ab.

Geschlossener ist die Beziehung des Reliefs zum ganzen Portal, mit dem es aus einem Guss entstanden ist. In vierfacher Abstufung treten die Dreiviertelsäulen der Laibung zurück, mit Kapitell und Kämpfer als Ganzes behandelt, wenn auch in sich verschieden. Singende Engel, die ein Spruchband und in der anderen Hand ein Schwert halten, kauern als Halbfigürchen in den Ecken des Kämpfergesimses. Darunter zieht sich über die Kapitelle und

die profilirten Mauervorsprünge ein Ornament aus Blattwerk und
thierischen Fabelgestalten hin, auf der linken Seite weniger ge-
schmackvoll, als auf der rechten, wo das Kapitell ein leidlich gut
gezeichnetes Akanthusblatt aufweist. Die Säulen und Archivolten
sind zum Theil glatt und nur mit aufgesteckten Metallrosetten
verziert, zum Theil cannellirt oder mit einem Rautenmuster
bekleidet.

Trotz ihres geringeren Werthes können diese Arbeiten
ihren Zusammenhang mit der Art des Meisters vom Georgenchor
nicht verleugnen. Nicht als wären sie unter seinen Augen oder
seiner Korrektur entstanden. Nur dass sie einer verwandten Manier entstammen, soll gesagt sein. Gerade ihr handwerksmässiger
Charakter lässt ein Urtheil schwer zu. Schliesslich bleibt es be-
langlos, wie eng sie mit ihm zusammengehören, genug, sie zeigen
in Kopfbildung, Faltenbewegung und Haarbehandlung Anklänge
an die Formensprache des Meisters.

Deutlicher ist sein Einfluss an den Figuren im linken
Gewände des Nordportales.[101] Wiederum sind die Apostel und
Propheten dargestellt, aber in einer aussergewöhnlichen Verbindung. Man hat sich nicht gescheut, den bildlichen Ausdruck, dass
die Apostel auf den Schultern der Propheten stehen, wörtlich zu
nehmen und wirklich darzustellen. Offenbar hat der Vater dieses
Gedankens mehr von der Gottesgelahrtheit verstanden, als von
künstlerischen Dingen. Denn damit war der Wirkung des Portales
jeder monumentale Ernst von vornherein genommen. Je grösser
sogar der Maasstab genommen wurde, um so unkünstlerischer
musste der Eindruck sein.

Die Abhängigkeit von dem Meister zeigt sich hier in Spuren
direkter Entlehnung. Es ist derselbe Geschmack in der Draperie
des Gewandes mit seinem charakteristischen Wechsel gerader und
kreisrundgeschwungener Falten, dieselbe flache Behandlung des
Körpers, der gleiche Schnitt der Gesichtszüge. Sie zeigen mit
der frühen Art des Meisters, mit den Typen der Apostel die
nächste Beziehung. Auch Haar- und Bartbehandlung stimmen
überein. Aber alles ist in nüchterner, schablonenhafter Weise
durchgeführt.

Bis hierher lässt sich die Werkstatt-Zusammengehörigkeit
deutlich nachweisen. Aber an der rechten Laibung arbeitet be-

reits ein jüngerer Geschmack, eine andere Hand. Man vergleiche
z. B. das äusserste Figurenpaar neben der Mauerwand. Das Gewand der Statuen ist hier auf der linken Seite straff über den
Bauch gezogen, gegenüber fällt der Mantel in einem reichen Motiv
bis an die Kniee herab und verdeckt alle Konturen des Körpers
darunter. Wo sich aber ein Glied markiert, ist es gerundet, die
Kanten und Schärfen schleifen sich ab, die eckige Linie am Kinnbacken verschwindet unter dem reichen, lockigen Barte, der in
dichter Masse bis auf die Brust reicht. Der stilistische Fortschritt
äussert sich auch in den veränderten Proportionen. Von einem
bewusst gewordenen neuen Stile kann man jedoch nicht reden,
nur davon, dass die Einseitigkeiten der älteren Art sich verlieren.
Das System ist gelockert.

Mit dieser Arbeit bricht die ältere Schule ab, ohne dass sich
Verbindungsglieder zu der jüngeren Gruppe finden.[102]

## Stellung des Meisters zur sächsischen Kunst.

Man hat sich natürlich auch für den Bamberger Meister die
Frage nach Herkunft und stilistischer Verwandtschaft
schon längst vorgelegt und sie mit dem Hinweis auf die sächsische
Schule beantwortet.[103]

Nichts lag näher, als der Gedanke an die sächsische
Schule. Sie blüht im XII. und Anfang des XIII. Jahrh., sie
hat eine lange, kaum unterbrochene Dauer seit den Tagen Bern-
wards,[104] ihr Ruf überschreitet die Grenzen der engeren Heimath;
bis nach Russland[105] hinein lassen sich ihre Werke nachweisen.
Doch muss man in der hochbegabten Schule zwei deutliche Pe-
rioden unterscheiden. Am Beginn steht ein ungemein reger
Betrieb der Kleinkunst. Die Arbeiten, die aus den Hildesheimer
Werkstätten hervorgehen, glänzen durch Geschmack und Kunst-
fertigkeit, tragen aber alle den Stempel des Zierlichen, Feinciselierten,
Minutiösen. Der monumentale Charakter fehlt ihnen durchaus.
Er konnte erst in dem Augenblicke erworben werden, wo sich
die Kräfte der höheren Aufgabe, der statuarischen Plastik zuwandten.
Werke, wie die Bernwardssäule und die Bronzethüren wird man
ihnen aber nicht zuzuzählen wagen. Thatsächlich schickt man

sich auch erst um die Mitte des XII. Jahrhunderts an, im grösseren Stile zu arbeiten. Es entstehen Bronzeplatten, die die menschliche Figur in Ueberlebensgrösse zeigen, Steinarbeiten zur Ausschmückung der Portale, der Chorschranken, im Dienste der Grabplastik. Mit der zweiten Periode nun, die allerdings vermöge der langen Schulung in allerhand künstlerischer Arbeit ausserordentlich schnellen Aufschwung nahm, haben wir allein zu rechnen. Ihr Mittelpunkt hat sich indess von der Harzgegend in das östliche Sachsen verschoben. Franken und Bamberg ist ihr fast benachbart, wenigstens der Mark Meissen nahe genug gelegen, um einen künstlerischen Einfluss erklärlich zu machen. Doch hängt derselbe nicht immer von der geographischen Lage ab, auch nicht von den losen genealogischen Verbindungen, wie sie hier gerade geltend gemacht wurden.

Immerhin bestehen manche Aehnlichkeiten. Auch in den sächsischen Domen ist die Ausstattung der Chorschranken in den Grundzügen dieselbe. Auch hier werden die plastischen Bilder der Apostel und Stifter an den Brüstungsgewänden angebracht; die äussere Anordnung unter Bogenarkaden stimmt ebenfalls mit dem Georgenchor überein.

Aber schon die Architektur der Bauglieder unterscheidet sich wesentlich. Sie ist in den sächsischen Kirchen reicher und zierlicher. Ein stattlicher Fries mit schwungvollem Rankenwerk säumt in der Liebfrauenkirche zu Halberstadt die Wandfläche oben und unten ein, die in der Michaelskirche ausserdem noch durch eine reizvoll wirkende Zwerggallerie bekrönt wird. Die Flächengliederung ist noch sorgfältiger mit Muscheln und Baldachinen durchgeführt.

Man sieht, dass sich hier eine Neigung zur Ornamentik und Zierkunst geltend macht und dass die Dekoration einen Theil der Wirkung übernimmt, die in Bamberg in der Umgebung ernster und wuchtiger Architekturformen allein von der grossen Plastik erreicht werden soll.

In dieser Anlage der sächsischen Plastik, die sich mehr der äusseren Gefälligkeit zukehrt, mag es auch begründet sein, dass bei weitem nicht so ernste Töne angeschlagen sind, wie wir sie beim Meister vom Georgenchor kennen gelernt haben. Sein Hauptmotiv, der Dialog, ist hier nirgendwo behandelt.

Selbst die Apostel in der Hildesheimer Michaelskirche kann man
nicht als Einwand dagegen anführen. Denn wenn sie sich auch
zur Jungfrau Maria mit einer Art sprechender, erklärender Gebärde
hinwenden, so fehlt doch völlig die Seele des Motivs: das erregte
Hin und Her von Rede und Gegenrede. Vielmehr kann man
nur eine ceremonielle Haltung oder ein Bewegungsmotiv darin
erblicken. Also hat der Bamberger Meister für seine aussergewöhnliche Leistung aus Sachsen eine Anregung ganz gewiss nicht
erhalten. Oder um vorsichtig zu sein, keine Anregung für sein
Thema. Möglich wäre ja trotzdem noch eine Abhängigkeit in
formeller Hinsicht.

Für die Vergleichung kommen in Sachsen zunächst die Hildesheimer und Halberstädter Chorschranken in Betracht. Die in der
Entwicklung vorausliegenden Werke in Gröningen und Hamersleben können wir füglich übergehen, obgleich sie mit jenen als
direkte Vorstufen eng zusammenhängen.

Dagegen können noch die Wechselburger Sculpturen berücksichtigt werden, da sie für die Richtung, in der sich der Gesichts-
und Körpertypus der sächsischen Plastik ausbildet, ausserordentlich
bezeichnend sind. Auf die lokalen Abweichungen der Entwicklung
einzugehen, würde nur den Gang der Untersuchung verschleppen.
Deshalb sei es auch gestattet, die verschwisterten Typen von
Hildesheim und Halberstadt für Eins zu nehmen.

Ein entscheidendes Kennzeichen ist für Bamberg die Gruppirung der Figuren zu Zwei und Zwei. In Sachsen kommen
die Apostel und Heiligen nur als Einzelfiguren vor. Es sind stille,
beschauliche Naturen, die die Dinge um sich her völlig unberück-
sichtigt lassen. Denn die Kopfwendung nach dem einen oder
anderen hin ist kein Ausdruck geistiger Beziehung, sondern ein
ganz formales Motiv, was besonders dadurch deutlich wird, dass
die Bewegungen nach rechts und links symmetrisch ausgeführt
werden. Die beiden Heiligen zur Seite der Mittelfigur wenden
dieser Kopf und Blick zu, während die Paare an den Enden
unter sich in Verbindung stehen. Die äusserliche Auffassung eines
Bewegungsmotives im Sinne rythmischer Wirkung ist für die
romanische Kunst und speziell die sächsische Schule ein wesent-
liches Kriterium. Es zeigt, wie der hochbeanlagte Stamm sein
Augenmerk auf die Ausbildung rein formaler Elemente richtete

und dabei schon frühzeitig einen feinen Geschmack entfaltete. Aus dieser künstlerischen Disposition heraus entstehen dann gegen Schluss der Periode virtuose Schöpfungen, wie das Grabmal Heinrichs des Löwen und seiner Gemahlin Edith im Dom zu Braunschweig.

Der Grundzug der sächsischen Plastik ist also sehr verschieden. Die Gegensätze werden noch schärfer, je mehr wir ins Einzelne gehen. Die Formgebung ist weicher, sanfter, sie meidet das Scharfe, Kantige. Die Gestalten sind grösser, aber auch leichter gebaut, schlanker, geschmeidiger. Dort waren die Gelenke eckig, spitz, hier sind alle Bewegungen runder, gefälliger. Der gelassene Zustand seelischen Gleichgewichts, der diese Männer beherrscht, äussert sich in der leichten, sinnenden Neigung des Hauptes. Schon dass sie sitzen, ist bemerkenswerth; ebenso die Haltung der Hände, sie sind müssig; hie und da ist ihnen als Attribut ein Buch beigegeben. Eine feierliche Würde ist über die Gestalten gebreitet. In der Gewandbehandlung waltet derselbe Geist natürlicher Formgebung. Statt des Krausen, und vielfach Verschlungenen und Künstlichen herrscht hier ein schlichter, geradliniger Verlauf der Falten vor, ohne jene runden Ausbuchtungen am Ende, die sogenannten „Augen“, die der fränkische Meister liebte. Die Draperie ist klar und einfach. Der Stoff fällt weich über den Körper und wo etwas reichere Motive entstehen, entbehren sie jener schematischen Ausbildung, die wir aus Bamberg kennen. Hier ist der Zipfel oder Latz des Gewandes, der sich über die rechte Schulter des Kahlkopfes legt, doppelt geschwungen, weit ausgebogen, mit scharfen Parallelen bezeichnet, — ein recht hervorgezerrtes Motiv, in metallischer Steifheit durchgeführt — der sächsische Künstler dagegen behandelt es derart, (an dem Apostel zur Linken Christi in St. Michael zu Hildesheim) dass es seinen stofflichen Charakter beibehält: das Gewand schmiegt sich der Schulter an. Während dort Wellen und Windungen, Spiralen und Schlingen verwendet werden, ein wahrer Pleonasmus des Ausdruckes, begnügt man sich hier mit einigen wenigen ungesuchten und sachlichen Motiven.

Der Kopf ist in seiner Gesammtform runder, das Gesicht breiter gegenüber dem schmalwangigen Typus in Bamberg, auch voller, daher in allen Formen weicher. Ungleich grösser und

bedeutungsvoller, hat das Auge eine weitgeöffnete Lidspalte, die
durch die gerade Begrenzung nach unten und die hoch aufgezogene
Linie des oberen Augenlides charakteristisch ist. Das Haar ist
aufgelockert, zwar auch ähnlich mannigfaltig angeordnet, aber
nicht so streng und hart ausgeführt.

Man wird sich wohl nach dem Gesagten überzeugen lassen,
dass es ein Irrthum ist, eine Verwandtschaft und sei sie noch so
weitläufig, zwischen der sächsischen Schule und unserem Bamberger Meister anzunehmen. Um auch die letzte Möglichkeit
gegenseitiger Beziehungen zu beseitigen, wollen wir noch auf die
Wechselburger Gruppe einen Blick werfen.[107]

Sie entwickelt sich durchaus natürlich aus der Hildesheimer-
Halberstädter Werkstatt, wie das ikonographisch an der Darstellung des Triumphkreuzes sich klar verfolgen lässt. All die
vielversprechenden Eigenschaften der Schule, der schlichte, edle
Geschmack, der Schönheitssinn und die Neigung zum Zarten und
Weichen blühen auf. Gebunden scheint der Ausdruck noch an
den Reliefs der Kanzel, doch kann dies Werk von dem stattlichen, freier entwickelten Hochaltarbau zeitlich nicht weit aus-
einander liegen. Beide gehören architektonisch zusammen, da die
Kanzel ehemals ganz gewiss vor der Chorwand ihren Platz hatte.
Auch plastisch. Die Grundlagen der Körper- und Gesichtsbildung
ändern sich nicht. Der Typus ist derselbe. Schon an den wesentlich früheren Triumphkreuzfiguren in Halberstadt ist er deutlich
erkennbar: das breite fast viereckige Gesicht, die niedrige Stirn,
die sich breit und platt bis zu den Schläfen ausdehnt, die starke
Kinnpartie; die Augenbrauenbogen scharf betont, darunter in
weicher, voller Umgebung ein grosses, offenes Auge mit weiter
Lidspalte, der Mund schmal mit eingekniffenen Winkeln; in der
Gewandung die Hauptmotive tief und energisch durchgearbeitet,
der Leib namentlich die Beine, in klaren Umrissen und voller
Körperlichkeit gegeben. — Fast mit jedem Worte erhellt der
tiefgreifende Unterschied, der diesen Typus von dem Bamberger
trennt. Es ist fast überflüssig, noch dem letzten Einwand zu
begegnen, der sich auf die Verschiedenheit des Materials stützen
könnte. Der Stuck,[108] in dem fast die meisten Sculpturen Sachsens
gearbeitet sind, bringt in der That einen weicheren Formcharakter
mit sich, er begünstigt ihn wenigstens. Aber er kann nicht eine

Wesensverschiedenheit erklären, wie wir sie geschildert haben.
Zudem ist in Wechselburg neben Holz auch Stein zur Verwendung gekommen. Die vielgewandte Erfahrung in verschiedenen
Techniken zeichnete die sächsische Schule aus und mag die Formsicherheit und Leichtigkeit des Ausdruckes, deren sie sich erfreute,
befördert haben. Um die Wende des XII. Jahrhunderts zeigt sie
ein Bild künstlerischer Regsamkeit, die eine wahre Blütheperiode
der Plastik auf deutschem Boden bedeutet. Ihren besonderen Reiz
erhält die glückliche Zeit noch durch die hohe Selbständigkeit ihrer
Formensprache; die sächsische Schule ist im XII. und Anfang des
XIII. Jahrhunderts die einzige, die dem heimischen Boden entwachsen, von äusseren Einflüssen unberührt, sich aus eigner
Kraft weit und voll entfaltet hat.

Wie wir aber gesehen haben, ist unser Bamberger Meister
— und wir müssen wohl sagen merkwürdiger Weise — von
sächsischen Beeinflussungen unberührt geblieben.

## Die Stellung des Meisters zu süddeutschen Schulen.

Man hat es oft betont, dass unser Meister isolirt dastehe.
In jeder Darstellung, die sich mit ihm beschäftigt hat, wiederholt
sich das Staunen über den fremdartigen Eindruck seiner Arbeit.
Daher kann es auffallen, dass niemals der Versuch unternommen
wurde, den Sonderling mit den süddeutschen Schulen stilistisch
zu vergleichen, denen er doch geographisch zugehörte. Doch
stimmt das zu dem summarischen Charakter der Schilderungen,
die bisher der romanischen Plastik gewidmet worden sind. Es
fehlt an Einzeluntersuchungen.[109] Was wir über die Periode
erfahren, ist meist nur in den zusammenfassenden Handbüchern
zu lesen, wo die Meinung der verschiedenen oft auch nur des
einzigen Autors, auf den alle anderen zurückgreifen, als ein fertiges,
aber nicht immer begründetes Urtheil abgegeben wird. Am
empfindlichsten ist aber der Mangel an fassbaren Typen, die durch
Schulen und Gruppen verfolgt worden wären. Auch in der sächsischen Kunst ist mehr der allgemeine Charakter beobachtet, als
der einzelne Typus beschrieben worden, wie er aus dem Hildes-

heimer entstanden, in Wechselburg sich entfaltet und sogar noch in den Naumburger Stifterstatuen als Grundlage zu spüren ist. Auch die süddeutschen Schulen sind noch nicht klar genug von einander geschieden. Allerdings verläuft hier die Entwicklung ganz andersartig.

Der feste Zusammenhang, der die sächsischen Werkstätten auszeichnete, ist hier nicht erreicht worden und zwar deshalb, weil die plastische Kunst bei weitem nicht in dem Maasse in Anspruch genommen wurde, wie in Sachsen und sich deshalb auch nur gleichsam an Gelegenheitsaufträgen fortbilden konnte. Monumentale Aufgaben werden ihr verhältnissmässig spät gestellt. Ihre hauptsächlichste Verwendung findet sie auf dem Gebiete der Dekoration, wo sie einen derben, phantastischen Charakter entfaltet.

Das vielfach verschlungene Gewächs dieser Schule hat Berthold Riehl, insoweit die bayerischen Stammlande dabei in Frage kommen, entwirrt und in einem Aufsatz [110] die Grundzüge der Entwicklung niedergelegt. An der Hand seiner Arbeit ist es auch erst möglich geworden, sich in dem kolossalen Material, das Sighart in seiner „Geschichte der bildenden Künste in Bayern" zusammengehäuft hat, zurechtzufinden. Wir gewinnen ein Bild stetigen Fortschrittes im Studium der Natur und des menschlichen Körpers, es zeigen sich die ersten Regungen künstlerischer Darstellung. Die Statuen göttlicher und heiliger Personen beginnen ihren symbolischen Charakter abzulegen und werden menschlicher aufgefasst, man sieht, die Plastik auch dieser Lande hält mit der grossen, allgemeinen Entwicklung leidlich Schritt. [111]

Aehnlich wie in Sachsen geht der eigentlichen Plastik grossen Stils die emsige Thätigkeit einer Zahl von Goldschmieden, Elfenbeinschnitzern und Rothgiessern voran, die in engem Verbande unter dem Schutze der hohen Geistlichkeit arbeiten.

Die Stelle, die dort Bernward von Hildesheim inne hat, nimmt hier die Regensburger Schule, speziell die Werkstatt von St. Emmeran ein. Doch liesse sich in Sachsen noch eher ein stetiger Zusammenhang in dem künstlerischen Betriebe der Gold- und Erzbildnerei des X. und XI. Jahrh. bis zu den Anfängen einer statuarischen Kunst im ausgehenden XII. Jahrh. denken, als hier. Denn nirgends kann man die elementaren Anfänge der grossen Steinplastik so

studieren, als in den drei Statuen am Portal von St. Emmeran,
die Abt Reginhard (1049—1064)[111] stiftete. Es ist kaum möglich,
ein Bindeglied zu bezeichnen, das diese rohen Arbeiten mit den
köstlichen Schmuckstücken in Gold und Elfenbein verbände, die
um das Jahr 1000 in Regensburg für die Deckel der Prachtcodices
gearbeitet wurden.[113] Nichts dürfte geeigneter sein, jene lahme
Theorie zu stürzen, die sich die monumentale Plastik in unmittel-
barer Abhängigkeit von der Kleinkunst denkt. Im allgemeinen
Formcharakter stimmt wohl eine goldgetriebene Christusfigur wie
die des Niedermünster Codex (cim. der Staats-Bibl. München)
mit dem Steinbilde überein   Aber das Verhältniss liegt doch nicht
so, dass die eine nur das vergrösserte Abbild der anderen wäre.
Jenen ungefügen Gestalten haftet all die Mühseligkeit an, die ihre
Schöpfer während der Arbeit empfunden haben mögen. Noth-
dürftig ist aus dem Block etwas wie eine menschliche Figur
herausgebracht worden: streng frontal in der Haltung, die Arme
dicht am Körper, die Hand noch ungelöst, in ihre Kleider mumien-
haft eingewickelt, zeigen sie den unverkennbaren Typus einer
uranfänglichen Kunst. Es ist durchaus falsch, hier von einem ab-
sterbenden Zeitalter[114] zu reden, indem man sich die Curve von
den antikisierenden Wunderwerken der Elfenbeinschnitzerei bis zu
diesen Anfangsleistungen einer ganz neuen Richtung stetig abfallend
denkt. Gerade umgekehrt : die antik beeinflussten Werke der
Kleinkunst sind die Zeichen einer ausklingenden Periode,
während die Steinbilder von St. Emmeran den Beginn einer Mo-
numentalplastik ankündigen.

Wir verlassen diese rohen Versuche und gehen zu jenen
wunderlichen Mischbildungen vegetabilischer und animalischer Elemente über, die als plastische Dekoration für die Portale bestimmt
sind, aber darüber hinaus oft die ganze Façade überwuchern.
Der Werth dieser Figürchen aus der Thier- und Fabelwelt liegt
vornehmlich auf dekorativem Gebiete. Auch ikonographisch sind
sie interessant und neuerdings erst ist ihr Sinn und ihre Beziehung
zu den Psalmen, nachdem die merkwürdigsten Erklärungs-
versuche gemacht waren, von A. Goldschmidt[115] gelöst und besonders S. Jakob in Regensburg als die Glanzleistung dieses
Geschmackes in den Mittelpunkt der Betrachtung gezogen worden.
Für unsere Ziele jedoch bleiben sie schon wegen ihrer geringen

Maassverhältnisse bedeutungslos. Von ihnen bis zu statuarischen Leistungen ist noch ein weiter Weg. Auch die phantastischen Spielereien an der bekannten Säule und dem Portal des Freisinger Domes, ferner im Kreuzgang von St. Zeno in Reichenhall können füglich übergangen werden, obgleich sich hier gnomenhafte Missgestalten durch Inschrift sogar für Portraitplastik ausgeben. Erst die Reichenbacher Christusfigur[116] kann für uns als statuarisches Werk gelten. Trotz des derben Charakters und der schwerfälligen Formgebung kann die Figur dennoch für eine tüchtige Arbeit angesehen werden. Jedenfalls ist sie geeignet, uns einen Maassstab für das bildnerische Vermögen in den südlichen Bezirken Deutschlands aus der ersten Hälfte des XIII. Jahrh. zu geben.

Die etwas untersetzte Gestalt ist ziemlich frei dargestellt. Zwar lösen sich Arme und Hände noch nicht, doch ist jener Charakter hilfloser Gebundenheit abgestreift. Wie immer in der romanischen Kunst, zeigt auch hier der Kopf den Künstler von der besten Seite. Doch ist in der tastenden Darstellung, der flachen Augenparthie, dem spärlichen Bartwuchs auch kein einziger Zug, der sich mit der überlegenen Naturkenntniss des Bamberger Meisters messen könnte. Gegen ihn fällt das Werk vollkommen ab. Das darf auch nicht Wunder nehmen. Handelte es sich doch nur um den Auftrag eines abgelegenen Benediktinerklosters, während jener im Dienste eines mächtigen Bischofs stand, der zudem einer reichbegüterten, fürstlichen Familie angehörte.

Aehnlich liegt das Verhältniss des Bambergers zum Wessobrunner Meister.[117] Für die historische Stellung unseres Helden ist dieser Kleinmeister, wenn ich ihn so nennen darf, ausserordentlich bezeichnend. Die Wessobrunner Sculpturen, auch Darstellungen der Apostel und offenbar ebenfalls für die Chorschranken der Kirche bestimmt, sind erst neuerdings aus einem vergessenen Winkel in den Schutz eines Museums gerettet worden. Aber eine grosse Rolle in der Geschichte der deutschen Plastik zu spielen, sind sie nicht berufen, während sie als provinzielle Leistung für den Vergleich mit den grossen Hauptwerken wichtig und interessant bleiben. Von den Verkehrsstrassen weit entfernt, ist hier ein Werk entstanden, das uns recht eindringlich den bescheidenen Charakter einer klösterlichen Arbeit fühlen lässt. Klein im Maassstabe, arm in den Motiven zeigen sie einen sanfteren Charakter, die Formen sind abgeschliffen, weich, individualitätslos.

Allerdings haben sie stark gelitten. jedoch nicht in dem Maasse, dass ein Urtheil unmöglich wäre. Vielmehr lässt sich soviel sagen, dass sie zu anspruchslos sind, um neben den Bamberger Prophetenreliefs einen Platz zu behaupten. Ich darf wohl auf die von Hager veröffentlichten Abbildungen verweisen und kann mir die ermüdenden Vergleiche in diesem Falle ersparen. Die Unterlassung ist auch durch das beträchtlich jüngere Datum der Wessobrunner Sculpturen entschuldigt. Hagers eingehende Untersuchungen haben ergeben, dass sie ziemlich spät anzusetzen sind, frühestens um die Weihe 1253 herum. Seine Datierung hat durchaus nichts Auffälliges und gewinnt sogar um so grösseres Interesse, als sie aus der Klostergeschichte begründet wird, und die ungewissen Daten, mit denen die stilistische Analyse rechnen müsste, ausser Acht lässt. Durch solche Ergebnisse erhält natürlich die Persönlichkeit des Meisters vom Georgenchor erst ihr Relief. Auch wird durch sie bewiesen, dass in den Mittelpunkten des kirchlichen Lebens, an Bischofssitzen unter grossen fürstlichen Klerikern, die künstlerische Entwicklung in schnellerem Tempo fortschreitet.[118]

Erwähnenswerth wäre von plastischen Werken des südlichen Deutschlands noch das Portal der ehemaligen Klosterabtei von Petershausen.[119] Die Arbeit interessiert durch ihre tüchtige Behandlung, vor allem aber durch die lebhaft bewegte Komposition der Himmelfahrt Christi im Bogenfelde. Das Auffliegen des Gewandes, die ausladenden Gesten der Engel, auch die Kopfbildung erinnern am ehesten an Tendenzen, die auch in unseren Reliefs beobachtet wurden. Der Künstler Wezilo, der inschriftlich seinen Namen verewigt hat, muss selbst von seiner Arbeit etwas gehalten haben.

Aber auch ihm wird man nur eine untergeordnete Stellung anweisen dürfen.

Im Allgemeinen ist Süddeutschland an statuarischen Leistungen in dieser Periode arm. Am Rhein ist ebenfalls wenig von hervorragenderen Werken zu melden. Die Reliefs in Worms verrathen eine tiefe Stufe plastischen Vermögens lediglich die Tympanongruppe mit dem thronenden Christus zeigt eine würdigere Haltung und aufsteigende Bestrebungen. Wir können daher unsere Kreise

enger ziehen und sehen uns in der nächsten Umgebung Bamberg's
selbst um.

Aus Würzburg müsste hier ein Grabstein herangezogen
werden, der allerdings nur seines Datums wegen Interesse bietet.
Er ist zum Gedächtniss des 1193 verstorbenen Bischofs Gottfried
v. Spitzenberg [110] von Würzburg angefertigt worden. Die Inschrift
ist später ergänzt und renoviert worden, mag sich aber doch auf
einen Urtext stützen. Der künstlerische Wert ist ein ungemein
geringer. Die Gestalt des Verstorbenen ist schematisch durchgeführt, sie scheint in die Platte hineingebettet. Die Führung der
Falten, die Bildung des Gesichtes und die ganze geistlose Behandlung geben ein beredtes Zeugniss von den schwach entwickelten Fähigkeiten der heimischen Handwerker, die um das Jahr 1200
für plastische Aufträge zur Verfügung standen. Wir können es
dem Bischof Egbert von Bamberg nachfühlen, dass er sich bei
den hohen Zielen, die ihm augenscheinlich für die Ausstattung
seiner Kathedrale vorschwebten, nicht auf sie verliess.

Sollte also der Meister seinen Stil in Bamberg selbst
erworben haben? Der Gedanke hat wohl manchem Forscher vor-
geschwebt. Häufig [111] begegnet man in der Litteratur derartigen
Andeutungen unter dem Hinweis auf den reichen Schatz, den
Bamberg an kostbaren Werken der Kleinkunst besass. In diesem
Vorrath soll der Meister der Apostelreliefs seine Modelle gefunden haben. Als ob sich in der Werkstatt des Goldschmiedes
und am Arbeitstisch des Elfenbeinschnitzers Bildhauer von so
wuchtigem Charakter, wie der Meister des Georgenchores, heran-
bildeten!

Man hat angenommen, [112] dass zu Kaiser Heinrich's II. Zeiten
hier eine fleissige Klosterschule geblüht habe, die wie in Hildesheim und Regensburg den Bedarf der neuerbauten Kirchen und
der Kathedrale an Büchern und kostbarem Altargeräth durch
eigene Arbeit gedeckt haben soll. Berufene Kenner [113] haben
aber diese Annahme verlassen, und wie mir scheint völlig mit
Recht. Besitzen wir doch gar keine Nachrichten, die eine Bamberger Frühkunst bestätigen. Dagegen wissen wir, dass ein Theil
dieses werthvollen Kirchengeräthes, mit dem der Kaiser seine
Lieblingsstiftung freigebig ausstattete, altes Familienerbe war.
Andere Stücke sollen in der Heimath Heinrich's in Regensburg, [114]

entstanden sein, schliesslich stammen einige aus Sachsen.[115] Dass die neue Colonie Bamberg mitten in den Urwald hineingebaut war, will wenig gegen die Hypothese einer leistungsfähigen Klosterschule besagen. Im Chronicon Halberstadtense[116] heisst es wenigstens von Bischof Sigismund von Halberstadt († 923) „quidquid sibi suisque necessarium fuit pingendo scribendo, laborando manibus sit lucratus". Ohne Zweifel war es das Einfachste, die zu dergleichen Arbeiten geschickten Mönche gleich in die Wildniss mitzunehmen, statt sich die nöthigen Geräthe kommen zu lassen und auf Schenkung, Stiftung oder gar Erwerb angewiesen zu sein. Um dergleichen auch für Bamberg anzunehmen, müsste man aber noch weitere beweiskräftige Belege haben. Wie dem auch sei, ein Hauptstück des Bamberger Schatzes, jene M ü n c h e n - B e r l i n e r [117] T a f e l mit den A p o s t e l n unter Bogenarkaden, besitzt in der That eine ikonographische Verwandtschaft mit unseren Reliefs. Diese Bruchstücke eines Reliquienschreines zeigen in der Gewandbehandlung,[118] dem Drang nach Bewegung der Figuren, in dem Bemühen nach bedeutungsvollen Gesten der Hand stilistische Elemente, die zu dem Schluss einer vorbildlichen Leistung verleiten könnten. Aber seitdem unsere Georgenchorreliefs auch im Detail aufgenommen sind und die eminent realistische und beispiellos sichere Behandlung der Köpfe klar zu Tage liegt, kann die alte Behauptung nicht mehr aufrecht erhalten werden. Wie wäre denn auch der Vorgang zu denken: sollte dieselbe Hand gar, die das Schnitzmesser geführt, nun auch den Meissel so virtuos gehandhabt haben? Oder denkt man sich, der Meister habe das zierliche Täfelchen auf dem Gerüst als Vorlage neben sich liegen gehabt? Und wenn auch nur nach vergrösserten Zeichnungen gearbeitet worden wäre, welch weiter Weg ist von diesen schwammigen Typen der Tafel bis zu den lebensfrischen Charakterköpfen der Reliefs! Ist es denn nicht klar, dass eine so aussergewöhnliche technische und künstlerische Meisterschaft nur durch lange Schulung erworben werden kann? Ja noch mehr, dass eine solche Leistung überhaupt nur durch einen t r a d i t i o n e l l  a u s - g e b i l d e t e n  B e t r i e b  d e r  p l a s t i s c h e n  K u n s t  möglich ist? Mir scheint es unhaltbar, sich ein so breit und sicher durchgeführtes Werk der Grossplastik in Abhängigkeit von der Lupenarbeit des Elfenbeinschnitzers zu denken.

Damit erledigt sich auch der letzte Vorschlag zur Erklärung dieses Stiles, der auf byzantinische Vorbilder hinweist.

Ich würde garnicht auf diesen Punkt eingehen und damit eines der unangenehmsten Kapitel mittelalterlicher Kunstgeschichte berühren, wenn nicht in der letzten Schilderung, die unseren Reliefs gewidmet wurde, die Behauptung mit aller Bestimmtheit wiederholt worden wäre. Bode[129] tadelt die Abhängigkeit unseres Meisters von byzantinischer Kunst und häuft sogar die Vorwürfe: Nicht genug, dass er überhaupt Vorbilder aus Byzanz benutzte und gar „geringe“ er war obendrein noch so ungeschickt, sie „falsch nachzuahmen“. Es sei mir die Meinung gestattet, Bodes ausgezeichnete Kennerschaft möchte das Verhältniss unseres Meisters zur byzansinischen Kunst irrig aufgefasst haben. Wenn allein auf Grund der Gewandbehandlung seine byzantinische Abhängigkeit gefolgert wird, so muss man auch nothwendig weiter schliessen, dass die gesammte romanische Plastik in Deutschland und Frankreich byzantinisch beeinflusst ist. Denn die bezeichnenden Merkmale: die Zickzackfältelung des Gewandes, die Charakterisirung des Stoffes durch Parallelstriche, das Aussparen grosser Flächen, um die ein Gerinsel kleiner Fältelchen hinläuft, der aufgetriebene Bauch u. s. w., all diese manieristischen Verzerrungen begegnen uns in der Plastik räumlich weit getrennter Gebiete. Sie sind in dem gesammten Bereich der romanischen Kunst durchaus zu Hause. Ich erinnere nur an die südfranzösischen Schulen; sogar in der ile de France[130] kehren sie wieder, in Deutschland sind sie allgemein, nur in Sachsen erscheinen sie in überaus gemilderter Form. Sie gehören zu den Kriterien dieses Stiles. Wenn also die Beeinflussung stattgefunden hat, so ist sie so früh erfolgt, dass dem Stil gleichsam in der Wiege schon die Wege seiner Entwicklung durch sie vorgezeichnet waren. Der Geschmack, die Formbehandlung und das Stilgefühl der abendländischen Kunst müssen bereits byzantinisch durchdrungen gewesen sein, als sich die monumentale Plastik zu entfalten begann.[131] Es ist ja gar nicht wegzuleugnen, dass all die charakteristischen Dinge in der Kleinkunst, wo sie noch weiter verbreitet sind, unzweifelhaft aus Byzanz eingeführt worden sind. Vor allem der flache Charakter des romanischen Reliefs, eine Eigenthümlichkeit, die es allein mit dem byzantinischen Re-

lief theilt. Nicht nur das Relief der Kleinkunst kommt hier in
Frage, sondern auch die monumentalen Arbeiten der Steinmetzen,
wenn auch natürlich nur die aus der frühesten Entstehungszeit
des Stiles. Vöge hat nachgewiesen, dass in Südfrankreich, der
eigentlichen Heimath der romanischen Plastik, der Stil aus der
antiken Kunst herauswächst. Was das Relief anbelangt, hätte
der neuere Stil aber gerade die vollen gerundeten Formen des alten
übernehmen müssen.[132] An den Figuren von St. Trophime in
Arles,[133] die ihren Ursprung aus dem Relief an der Stirn tragen,[134]
sind in der That die Glieder noch völlig körperhaft, die Falten verlaufen schwer, ganz in dem barocken Formgefühl der spätrömi-
schen Kunst. Kurze[135] Zeit darauf ist aber alles in das Gegentheil verwandelt. Der Flachcharakter hat seine Herrschaft
angetreten, worin ich eben die Wirkung byzantinischen Wesens
erkenne. Indessen sei vollkommen zugestanden: die Ableitung
aus der römischen Kunst ist überzeugend. Die Portalanlage von
St. Gilles ist nichts anderes als der umgebildete Triumphbogen
der kaiserlichen Kunst; alle Ornamente, alles dekorative Beiwerk
sind nur Copien der üppigen römischen Ornamentik. Auch die
klassische Bildkunst hat Typen hergeliehen, die in den figür-
lichen Darstellungen der ältesten romanischen Plastik verwerthet
wurden. All diese Vorgänge spielen sich zudem auf einem uralten römischen Boden ab, der von antiker Kultur[136] so ge-
sättigt war, wie nur irgend ein Theil Italiens. Mit dieser einzigen
Ableitung hätte man sich aber doch nicht behelfen können. Als
das andere und viel wichtigere stilbildende Element nennt Vöge
den Zwang der tektonischen Bedingungen. In seiner glänzenden
Darstellung dieses Prozesses sehen wir gleichsam vor unseren
Augen gerade die Strenge des Stiles, die gestreckte Starrheit der
Portalfiguren, sich aus der Urform des Pfeilers entwickeln. Niemand wird der gewinnreichen Analyse ernstliche Bedenken ent-
gegenstellen können. Dennoch scheint mir mit den beiden Zu-
flüssen allein das Quellgebiet der romanischen Plastik nicht
erschöpft zu sein. Eben in jener frühesten Entstehungs-
periode des Stiles muss vielmehr das byzantinische Wesen
die angebahnte Entwicklung beeinflusst haben. Die Richtung auf
den Flachcharakter und die ornamentale Stilisirung der bewegten
Formen war bereits eingeschlagen. Durch die Bekanntschaft mit

4

der asiatisch-byzantinischen Kunstweise mag sie befördert worden
sein. Hauptsächlich gilt mir das vom Relief. In welchem Umfange der Zuschuss byzantinischen Formgefühls mitgewirkt hat, kann
ich hier nicht untersuchen. Wahrscheinlich besass er nur die
Bedeutung einer Nebenströmung. Wie dem auch sei und welche
Entscheidung auch die Frage vor einem berufeneren Forum [1]
finden wird, ich möchte nur einer persönlichen Ueberzeugung
Ausdruck leihen: das Auge sträubt sich gegen die Vorstellung,
den frühromanischen Stil der Plastik in v o l l k o m m e n e r Un-
a b h ä n g i g k e i t vom byzantinischen Formenwesen zu denken.
Jedoch ist das nur eine Bemerkung, kein Beweis.

Dagegen kann ich Eins bestimmt behaupten: die vorbild-
liche Einwirkung eines byzantinischen Originalwerkes u n m i t t e l-
b a r auf unsere Prophetenreliefs ist ausgeschlossen. Solch eine
Mustervorlage könnte doch nur ein Stück der Kleinkunst gewesen
sein, ein Elfenbein- oder Broncetäfelchen. Wir haben aber bereits
gesehen, dass diese Art der Einflussvermittlung undenkbar ist, da
der S t i l u n s r e r S c u l p t u r e n u n z w e i f e l h a f t v o n mo-
n u m e n t a l e n W e r k e n abgeleitet ist. Also haben wir seinen
Ursprung einzig und allein in der P l a s t i k g r o s s e n S t i l e s
zu s u c h e n , nicht aber unter dem Kleinkram byzantinischer
Handelsartikel. Dazu kommt noch der Umstand, dass es im Anfange des XIII. Jahrh. durchaus unmodern gewesen wäre, im
byzantinischen Geschmacke zu arbeiten. Die abendländische
Welt schaute nicht mehr nach Byzanz, um sich in Kunst, Sitte
und Mode ihre Anregungen zu holen. Aus ihrem eigenen
Schoosse brachen neue, gewaltige Strömungen geistigen Auf-
schwungs hervor. Frankreich war das Herzland dieser neuen
Kultur und das ganze stauffische Zeitalter stand unter seiner überlegenen Führung.

Wir befinden uns am Eingange dieser Periode. Im folgenden Kapitel werden wir untersuchen, in wie fern auch die Plastik von dieser allgemeinen Bewegung ergriffen wurde.

## Der Meister und die französische Kunst.

Alle unsere Versuche, den Bamberger Meister einer der
deutschen Schulen anzugliedern, waren vollkommen gescheitert,
und nachdem wir so überallhin geblickt haben, wo deutsche Steinmetzen die Reste ihrer nicht immer künstlerischen Thätigkeit
zurückgelassen haben, dürfen wir es für eine ausgemachte Sache
nehmen, dass die deutsche Plastik nicht der Boden gewesen sein
kann, dem die Kunst unseres Meisters entsprossen ist. Ich werde
versuchen eine neue Erklärung zu geben und wende dabei meinen
Blick nicht nach Osten, sondern nach Westen, nach Frankreich.
Ich bin überzeugt, dass nur die hochentwickelte Schule Frankreich's
die einzige, die zu Beginn des XIII. Jahrh. auf eine grosse Entfaltung zurücksah, die alle ikonographischen und plastischen
Motive bereits fertig ausgebildet hatte, ehe das übrige christliche
Abendland daran ging, sie noch einmal zu finden oder ihr nach-
zubilden, dass eben nur diejenige Schule, die der führenden Nation
im mittelalterlichen Kulturleben angehörte, das Auffallende und
Aussergewöhnliche in dem Stil der Bamberger Apostel- und Prophetenreliefs vorbereitet haben konnte.

Frankreich hatte viel zu geben und Deutschland nahm die
reifen Früchte dankbar an. Auf den meisten Gebieten der Geistes-
und Kulturgeschichte ist dieses Verhältniss längst erkannt worden.

Vor allem besteht kein Zweifel mehr darüber, dass die Gotik
eine Erfindung des französischen Geistes ist, jene stolzeste Frucht
des mittelalterlichen Lebens, in der sich die christliche Gedanken-
welt zum ersten Male in selbstständig geschaffenen Kunstformen
auswirkte. Doch nicht von ihr ist hier die Rede. Der Fall hatte
sich schon verschiedentlich wiederholt, dass Frankreich den glücklichsten Ausdruck für zeitbewegende Gedanken gefunden hatte
und Deutschland ihn entlich.

Das geistige Leben des frühen Mittelalters [138] bestand aus
einer Vermischung zweier Elemente: aus dem Erbe der klassischen Kultur, in der Form der kaiserlich-römischen Zeit, und aus
einem neuen Lebenskeim, dem Christenthum. Aus dieser gemein-

samen Quelle schöpften Frankreich sowohl wie Deutschland im
Beginn ihres nationalen Bestehens. Frankreich, dank dem cul-
turell gesättigten Boden Galliens und der frühen Concentration
seiner Kräfte, verarbeitete den Bildungsstoff schneller zu neuen
Formen und entwickelte die entscheidenden Grundzüge, die dem
mittelalterlichen Leben sein Gepräge gaben. Alle grossen tief-
gehenden Bewegungen, wie die asketische Frömmigkeit, die von
Cluny aus im XI. Jahrh. das Abendland eroberte, ebenso der
Mysticismus des Bernhard von Clairvaux und die Neubelebung des
religiösen Lebens durch die Cisterzienser im XII. Jahrh. — alles
das waren französische Geistesströmungen. Trotz der politischen
Obmacht Deutschlands, trotz Kaiser und Reich, tritt Frankreich
an die Spitze auf dem ganzen Gebiete geistiger, künstlerischer
und gesellschaftlicher Bildung. Es konnte sich also nur um die
Vermittlung handeln, um diese neugewonnenen Errungenschaften
nach Deutschland zu übertragen. Dieses Amt hat vor allem die
Kirche übernommen. Aber noch auf anderen Wegen, die vornehmlich die Kreuzzüge eröffnet hatten, fanden die geistigen Be-
sitzthümer Eingang in das Nachbarland. In welch' grossem
Umfange dies geschah, ist aus der allgemeinen Geschichte bekannt,
aus der der Litteratur und der gesellschaftlichen Zustände. Dann
muss auch jener mehr zufälligen Gelegenheiten der Vermittlung
gedacht werden, die durch Familienverbindungen geschaffen wurden.
Französische Prinzessinnen. Agnes von Poitiers, die Gemahlin
Heinrich III.[139] und Beatrix von Burgund, die Gemahlin des ersten
Stauffenkönigs Friedrich mögen viel dazu beigetragen haben, um
französische Sitte und Mode in den höfischen Kreisen einzubürgern.
Wir werden zeigen, wie gerade in unserem Falle die Heirath des
Meranischen Hauses mit burgundischen und französischen Fürsten-
töchtern für die Kunstentwicklung von Bamberg wahrscheinlich
von grösstem Einfluss gewesen ist. Aristokratische Geschlechter
entfalteten mäcenatische Bestrebungen. So wird es erklärlich, dass
in der Mitte des XIII. Jahrh., also in einer Zeit, die jünger ist,
als die augenblicklich betrachtete, ein Reis von dem blühenden
Baume der Gotik aus der Champagne direkt nach Bamberg ver-
pflanzt wird.

Besonders der Süden Deutschlands ist es, in dem die „allgemeine soziale Aufnahme des höfischen und ritter-

lichen Ideales der Franzosen am vollkommensten
Eingang fand" (Lamprecht Dtsch. Gesch. III, 193). Während
sich das nördliche Deutschland von französischen Einflüssen frei
hielt, wurden hier, zumal in Bayern die höfische Geselligkeit, die
konventionellen Formen des Frauendienstes durchaus heimisch.
Dieser Weg, den die französische Beeinflussung einschlug, ist für
unsere Beweisführung ein Moment, das nicht hoch genug angeschlagen werden kann.

Die Rezeptionen setzen sich also, wie wir sehen, seit dem
X. und XI. Jahrh. in langer Kette fort. Die Ursache liegt darin,
dass die geistige Kultur, dort schneller und reicher ausgestattet,
auf ein höheres Niveau gestiegen war und deshalb naturgemäss
über die Grenzen abfloss. Das nationale Bewusstsein war aber
noch kein Damm, der diesen Strömungen entgegen gestanden
hätte. Wir müssen festhalten, dass es sich um das Zeitalter
der Kreuzzüge handelt, wo ein grosser gemeinsamer Zug wie
nie zuvor die nationalen Unterschiede vergessen liess.[140]

Diese Vorgänge spiegeln sich auch in der Kunst. Die Gedanken werden ausgetauscht, gemeinsame Aufgaben und gleiche
Bedürfnisse bestehen überall. Fast gleichzeitig taucht in Italien,
Deutschland und Frankreich dieselbe Lösung auf, die das wichtigste Problem des romanischen Kirchenbaues abschloss. Nur um
wenige Jahre unterschieden wird in Cluny, Mailand und Speyer
in den grossen Dombauten die Einwölbung der Langschiffe mit
Kreuzgewölben durchgeführt. Obgleich in diesem Falle die technische Selbständigkeit der drei Baumeister gesichert scheint, hat
Cluny doch den Ruhm voraus, als Erster vorangegangen zu sein.
War aber in Cluny ein neuer Gedanke gefunden, so wollte das
ungeheuer viel besagen, „denn was in Cluny geschah, geschah
vor den Augen der ganzen Welt". (Dehio v. Bezold. Text
p. 461.)

Bei dieser allgemeinen Lage wird es daher auch nicht Wunder
nehmen, wenn bereits vor der grossen gotischen Beeinflussung sich
in der deutschen plastischen Kunst Spuren französischen Form-
gefühles finden sollten. — Wir werden den Nachweis zu führen
suchen, dass ein Werk von ausgesprochen romanischem Charakter,
wie unsere Georgenchorreliefs, französischer Einwirkung unter-
legen ist.

Der Nachweis erfordert eine Methode der Untersuchung, die ich vorerst zu rechtfertigen habe.

Beide Untersuchungsfelder, sowohl das der deutschen wie der französischen Plastik sind eben erst von der historischen Kritik in Angriff genommen worden. Ein Beweis also, der Zug um Zug und Strich um Strich unsere Sculpturen durch französische Vorbilder belegen wollte, wäre einstweilen ein unerreichbares Ziel. Eine solche Akribie ist nur auf Forschungsgebieten möglich, die schon nach den verschiedensten Gesichtspunkten durchgearbeitet worden sind. Wir haben jungfräulichen Boden vor uns. Nur Wilhelm Vöges Abhandlung über die romanische Plastik Frankreichs bietet einen zuverlässigen Führer auf dem einen Gebiete. Auf dem anderen ist nur wenig geschehen. Nach meiner Meinung handelt es sich also darum, erst einmal die grossen Strömungen in die leere Stelle des historischen Bildes einzuzeichnen. Ich würde es für einen Gewinn halten, nach den vielen negativen Resultaten unserer Beobachtungen einen positiven Vorschlag beizubringen zur Einordnung unserer Sculpturen in einen stilistischen und historischen Zusammenhang.

Deshalb werde ich meinen Blick nur auf das Allgemeine und Wesentliche gerichtet halten. Nur nach den Grundelementen seines künstlerischen Charakters werden wir unseren Meister mit der französischen Plastik in Vergleich stellen.

## Reliefdarstellung und statuarische Kunst.

Bei einem flüchtigen Blick auf die romanischen Sculpturen namentlich Frankreichs zeigt sich ein bemerklicher Unterschied zwischen der Reliefdarstellung und der statuarischen Plastik. Vor allem in der Stellung der Figuren. Hier alles gemessener Ernst, gestreckte, steife Haltung, dort überall Unruhe, schwankende, zusammengesunkene Gestalten. Nun sind die Gesetze, unter denen der Stil der statuarischen Plastik sich bildet, — in erster Reihe der der Säulenfiguren an den Portalgewänden — von Vöge mit glänzender Beredsamkeit dargelegt worden. Aber für unsere Zwecke bedürfen wir noch einer strengeren Scheidung zwischen

ihnen und den besonderen Bedingungen, die auf die formale
Entwicklung des Reliefs eingewirkt haben. Indem ich diese
Grenzen schärfer zu ziehen gedenke, will ich auch gleich die Gründe
für die Nothwendigkeit geben.

In der romanischen Kunst ist es wesentlich die Architektur,[141] die der statuarischen Plastik ihre Aufgaben stellt, aber
auch ihren Entwicklungsbereich bestimmt. An ihren Dienst gebunden, hat diese Plastik nie die Freiheit gewonnen, aus sich
selbst heraus eigene Gesetze zu entwickeln, ähnlich der grie-
chischen.

Vielmehr ist ihr von der mächtigen Schwesterkunst eine
untergeordnete Rolle aufgebürdet worden. Als stützende Glieder
einem architektonischen Organismus eingeordnet, vertreten die
Statuen an den Gewänden der grossen Kathedralportale lediglich
die Stelle der Säule oder des Pfeilers. Aus dieser Grundform
wachsen nun die Figuren mit einer gewissen Nothwendigkeit
heraus. Die Maasse des Rohblockes, so wie sie vom Architekten für den Pfeiler festgestellt sind, müssen auch vom Bildhauer
für die Figuren innegehalten werden, ganz unbekümmert, ob sie
den Grössenverhältnissen des menschlichen Körpers sich anpassen
oder nicht. So erreichen die Statuen oft das 8—10fache ihrer
Kopflänge. Aber noch mehr. In die schlanke, schmale Rohform
des Pfeilers müssen sich auch die Breitendimensionen der Figur
hineinzwängen, die Ellenbogen dürfen sich nicht ausspreiten, die
Schultern werden zusammengedrückt, die Füsse strecken sich aus,
als ob diese Menschen nicht auf Sohlen, sondern auf den Zehen
stünden. Die Umrisse der Glieder, das Faltenwerk des Kostümlichen schmiegen sich den äusseren Flächen des Blockes an, die
Fühlung mit ihnen darf nie aufgegeben sein. Das Vertikalprinzip,
das dem Pfeiler aus statischen und tektonischen Gesetzen inne-
wohnt, hat auch den Figuren seinen Stempel aufgedrückt. Vöge
hat den Vorgang bis in seine letzten Konsequenzen so genau
geschildert, dass ich hier nur daran zu erinnern brauche.

Dasselbe tektonische Prinzip, jedoch in einer anderen
Form, gilt auch für die Reliefplastik.

Das Relief kommt immer dort zur Verwendung, wo es gilt,
eine Fläche zu füllen oder zu bekleiden. Vornehmlich
handelt es sich hier um das Bogenfeld des Tympanons. Es ist

leicht einzusehen, dass ebenso wie der Pfeiler vertikal sich reckt
und streckt, dieses bekleidende architektonische Glied in die Breite
sich dehnt und mehr das Richtungsprinzip der Horizontale befolgt. Dadurch wird ihm aber sofort der Charakter des Flachen
vorgeschrieben. In seiner Rohform ist ja auch das Relief nichts
anderes als eine Steinplatte. Nach den Beobachtungen an der
Pfeilerstatue können wir nun von vornherein folgern, dass auch
hier die Figuren durch Vorsprünge, hervortretende Gewandtheile
oder herausgestreckte Glieder, den ursprünglichen Flachcharakter
des Reliefs nicht werden verdunkeln dürfen. Dasselbe tektonische Gesetz, das in der Säulenfigur so streng befolgt ist, wird
auch im Relief seine Geltung beibehalten.

Unsere Ausführungen bestätigen sich bei Betrachtung der
Denkmäler. Die aufrecht sitzende Figur[142] des Christus im
Tympanon von Arles (um uns an die bei Vöge abgebildeten
Beispiele zu halten) ist so in die Fläche hineincomponirt, dass statt
der am weitesten hervorragenden Punkte gleich die ganzen
Flächen in die oberste Ebene der Reliefplatte zu liegen kommen:
das Schienbein, die Kniee, die langgestreckten Füsse, der linke
Arm mit dem Buche in der Hand, der senkrecht erhobene rechte
und das Gesicht. Das Verfahren ist hier klar ersichtlich: eigentlich
müsste der linke Arm mit dem Buche, wäre er naturgemäss
voll ausgebildet worden, weit aus der Relieffläche herausragen.
Man hätte ihn dann ansetzen und durch Zapfen befestigen
müssen. Man hat ihn aber einfach verkürzt, so dass es den
Anschein hat, als hinge die Hand unmittelbar an dem ver-
kümmerten Oberarme. Auch die segnende Rechte ist unnatür-
lich steil und steif, weil sie bei der geringsten Bewegung nach
vorn aus dem Bereiche der Steinfläche, wenn ich so sagen darf,
über die Materialgrenze herausgeragt hätte.

Wenn jedoch der Charterer Meister[143] diese perspektivischen
Fehler in geringerem Maasse aufweist, so liegt das nicht daran,
dass er etwa wirkliche Rundfiguren gegeben hätte. Im Gegentheil: er hält sich ebenso in den vorgeschriebenen Grenzen, wie
jener unbeholfenere Vorgänger. Aber er dämpft die Härten, er
umgeht mit feinem Gefühl die Klippen dieser beengten Dar-
stellungsweise. Durch eine leichte Senkung des Armes, welcher
das Buch hält, bekommen wir ein Stück von dem Unterarm zu

sehen und gewinnen auf diese Weise gleich eine richtige, körperhafte Vorstellung. Der jüngere Meister zeigt alle Glieder und Gegenstände, die senkrecht zur Fläche der Steinplatte stehen, wie z. B. den Thronsessel in einer leichten Neigung [144] und erreicht dadurch einen überzeugenderen Eindruck. Ein solcher Ausweg entspricht aber nur der fortgeschritteneren Anschauung eines Künstlers von dem Range des Charterer Meisters. Ein älterer Zeitgenosse — jener, der das Tympanon der Abteikirche von Vezelay geschaffen — weiss sich aus denselben Schwierigkeiten nur durch eine vollkommen sinnwidrige Darstellung herauszuziehen. Bei der sitzenden Christusfigur giebt er nämlich Kopf und Oberkörper in voller Vorderansicht, den Unterkörper dreht er aber in den Hüften so, dass die Oberschenkel bis herab zu den Füssen ganz ins Profil kommen.

Mag man dergleichen Ausflüchte noch mit dem primitiven Zustand der Kunst entschuldigen, so muss doch zugegeben werden, dass auf der höheren Stufe in Chartres trotzdem noch dieselben G r u n d s ä t z e   d e s   F l a c h s t i l e s ihre Kraft behalten haben, wenn sie auch mit glücklicherem Takt befolgt sind.

Nothwendig muss man aber daraus schliessen, dass der gesammten romanischen Reliefplastik tiefe Unterschneidungen, breite Schattenwirkungen und massige, körperhafte Formengebung nicht allein aus technischem Unvermögen, sondern ihrem inneren Wesen nach fernstehen. Der Grund liegt einzig und allein in dem tektonischen Zwange, der die ganze plastische Kunst beherrscht. Die Baukunst und ihre Regeln sind die ausschlaggebende Macht. In ihrem Sinne lag es nicht, die Wirkung des architektonischen Gesammtkörpers durch starke Accente in den füllenden Flächen zu beeinträchtigen. Das Relief durfte nicht aus dem Rahmen herausspringen.

Uebrigens standen diese Künstler der Natur keineswegs so hilflos gegenüber, wie es nach alledem scheinen möchte: ihre starren Figuren tragen Köpfe von erstaunlicher Lebendigkeit und scharfer Individualität; auch war ihr Auge keineswegs für den B e w e g u n g s a u s d r u c k verschlossen. Durch die historischen Scenen, wie das Weltgericht, wurden sie sogar darauf hingewiesen, dass Leben allein durch Bewegung dargestellt werden könne. Nur bot sich ihnen dazu keine Möglichkeit bei den

Portalstatuen, die an ihre Säule wie an einen Marterpfahl ge-
bunden stehen. Dort aber, wo sie sich zwangloser ergehen
konnten, kam das Streben nach Freiheit mit einer merkwürdigen
Heftigkeit zum Ausbruch. Das Feld nun, auf dem ihr
Darstellungsdrang sich entfalten konnte, ist das
Relief.

Gehen wir gleich zu den Beispielen selbst über. In jener
Weltgerichtsszene [145] oder der majestas domini, [146] die so häufig
das Bogenfeld des Hauptportales füllte ist allein die Mittelfigur
Christi als senkrecht aufgerichtete Gestalt in feierlicher Würde
dargestellt. Die Apostel und Propheten aber stehen oder sitzen
in aufgeregten Gruppen zusammen, regellos ineinander verschoben
Um jeden Preis wird die Vertikale in Haltung und Stellung ver-
mieden. Sie beugen die Knie, als ob sie schreiten wollten. Sie
neigen sich in Verehrung. Ihre Köpfe wenden sie dem Vorgang
in der Mitte zu, sie nehmen an allem Theil. Was sie thun und
wonach sie greifen, das erfassen sie mit jäher, ausfahrender Gebärde. Oft dringt ihr ganzer Körper mit Inbrunst dem Gegenstand ihrer Anbetung entgegen. Sie sind ganz Empfindung, Hingabe, ihr Wesen ist im Innersten erschüttert.

Dieselbe Bewegung ergreift auch die Gewänder. Ein Wind-
stoss scheint sie aufzublähen, die flatternden Enden wickeln und
schlingen sich um die Glieder.

Aber sehen wir genauer zu, so ist auch hier alles von einem
Druck niedergehalten, das Ganze bleibt in der Fläche stecken, nirgends ist Rundung und Körperlichkeit. Der Raum, auf dem sich die
Szene abspielt, ist eng. Vor einer Wand zieht sich ein schmales,
aber langes Podium hin, gleichsam die Bühne, auf der die Schau-
spieler zu agieren haben. Ein Ausweichen nach der Tiefe ist unmöglich; aber auch nach vorn stossen sie gegen eine un-
sichtbare Wand Alle Gestikulationen haben sie daher so auszu-
führen, dass sie niemals nach vorn, sondern nur seitlich nach rechts
oder links ausgreifen. Die Körper selbst sind ganz flach, wie Scheiben.
Die Gewänder scheinen um einen glücklichen Ausdruck Rob. Vischer's
zu gebrauchen, wie „geplättet". [147] Aber verfolgen wir genauer
das Verfahren. Vor allem gilt es, die grossen Körperflächen klar
hinzustellen und sie durch scharfe Umrisse abzugrenzen. Deshalb
ist das Gewand so gezeichnet oder arrangiert, dass es auf der

Brust, dem Schenkel, den Knieen niemals starke Falten wirft.
Hier ist es straff angezogen, eine leichte Parallelschraffirung ge-
nügt zur Charakterisirung des Stoffes. Ueberall dort aber, wo
der Reliefhintergrund unbedeckt bleibt oder an der Figur Theile
des Körpers zurücktreten, wie an der unteren Bauchpartie, bei
sitzenden Gestalten zwischen den Knieen oder unter den Armen
wird das Gewand in der bereits gekennzeichneten wirbelartigen
Draperie ausgebreitet und mit tieferen Unterschneidungen[118]
behandelt. Die Materialgrenze darf nicht überschritten werden,
alles Massige wird nicht auf- sondern nebeneinander geordnet.
Man sieht, wie der Künstler die Gliedmassen und Gewänder sorg-
sam zurechtlegt, um mit der Tiefe seiner Steinplatte hauszuhalten;
wie er aber andererseits bemüht ist, die vorhandene Fläche zu
füllen und auszunutzen. Der Hintergrund soll nicht bloss liegen.[149]
Dass er bei diesem Verfahren nicht ganz sein eigener Herr ist,
sondern den tektonischen Charakter des Reliefs als Füllwerk streng
wahren muss, dürfte wohl nach alledem zugestanden werden. Erst
gegen Schluss der Periode treten die Figuren wirksamer, voller
aus dem Rahmen heraus,[150] obgleich die plastische Kunst auch hier
noch an die Form und den Zweck des Baugliedes gebunden ist.
Die Rohform des Materiales klingt noch in der
Kunstform deutlich nach. —

## Analogien zur französischen Plastik.

Wir gehen nun daran, unsere Reliefs aus Bamberg im Einzelnen mit der französischen Plastik zu vergleichen.

Unser Meister hat besonders durch die Lebendigkeit seiner
Charakteristik interessiert. Er stand damit in Widerspruch
zu den deutschen Sculpturen, die ein ungleich ruhigeres Temperament verriethen.

Aber gerade in diesem Zug berührt er sich mit der französischen Plastik auf das engste. Zwei Schulen kommen hier in
erster Linie in Betracht: die clunyacensisch-burgundische und die
Schule der Languedoc mit ihrem Mittelpunkt in Toulouse und
Moissac. Keine andere hat so sehr alle ihre künstlerischen Bestrebungen der lebhaft bewegten Figur zugewandt. Sie gelangt

zuerst zu einer scharf zugespitzten, dramatischen Auffassung der Gruppe, im Gegensatz zur Schule der île de France,
die das Problem der statuarischen Plastik, die Säulenfigur, als
Hauptaufgabe behandelt und löst. In ihrer äusseren Erscheinung
zeigt sie eine gemessenere, würdevollere Haltung und wie sie seit
der Mitte des Jahrhunderts die Führerschaft in Händen hält, so
entkeimt auch ihrem Schoosse die schönste Frucht mittelalterlicher
Sculpturen überhaupt, die Gotik. Man wird daher gut thun, um
für sein Urtheil einen richtigen Maassstab zu gewinnen, auch im
XII. Jahrh. bereits die plastischen Leistungen der île de France
als höchsten Werthmesser in Vergleich zu ziehen. „Cette province
est l'Attique du moyen-âge. C'est à son école, qu'il est bon de
recourir quand on veut se rendre compte du développement de
la statuaire soit comme pensée, soit comme exécution." (Viollet-
le-Duc. a. a. O. VIII. 156).

Aber bei der reichen Entfaltung künstlerischen Lebens gelangen auch die übrigen Provinzen zur selbständigen und eigenartigen Blüthe. Eine jede erwirbt sich ihr besonderes Verdienst.
Ein solches ist die Gestaltung des Bewegungsausdruckes
in der Schule der Languedoc, auch in der burgundischen, und
wird zu ihrem charakteristischen Kennzeichen. Hier suchte man
die menschliche Gestalt von innen zu erschaffen, durch ein im-
pulsives, heftiges Wesen. Das Stoffliche und Körperliche, allerdings in gebundener, tektonischer Form, wird mehr in Chartres,
in Corbeil und Paris behandelt. Hier im Süden ist das Interesse
fast allein der Beseelung der Figur gewidmet.[151]

Auf historischen Darstellungen wird dies Interesse sowie so
schon durch den Inhalt einer solchen Aufgabe zugeführt. Es ist leicht
verständlich, wenn im „jüngsten Gericht" die Schilderung em-
pfindungsreicher ausgemalt wird. Der Stoff selbst verführt dazu.
Die Verdammten lassen sich gesenkten Hauptes fortschleppen,
oder sie leisten Widerstand und ringen die Hände in ihrer Noth;
die Erlösten aber werden von den Engeln gen Himmel getragen;
(vgl das Tympanon am Portal der Abteikirche von Autun. Abguss Trocodéro).

Auch reizt die Auferstehungsgeschichte auf den langen Fries-
darstellungen die Phantasie des Erzählers zu mannigfach variirten
Szenen der Angst und Verzweiflung.

Aber nicht darum handelt es sich hier, sondern um jene
Apostel- und Prophetengruppen, die in tiefer Ergriffen-
heit miteinander verhandeln. Es ist dasselbe Thema, das unser
Bamberger Meister behandelt. Wir wissen, dass das Gespräch
über heilige Dinge geht und erinnern uns, wie spröde das Thema
erschien. Aber es ist erstaunlich, wie diese Meister der hundert-
fach wiederholten Aufgabe immer wieder neue Seiten abgewinnen.

Fassen wir z. B. jene beiden Gruppen ins Auge, die dem
Gilabert und seinem älteren Vorgänger angehören.[132] (Museum
von Toulouse.)

Wir haben es auch hier nur mit Relieffiguren zu thun, denn
wenn diese Skulpturen auch etwa gar an einem Eckpfeiler, wie
in St. Trophime in Arles[133] eingelassen sind, so tragen sie dennoch ihren Ursprung aus dem Relief deutlich an der Stirn. Unter
niedrigen baldachinartigen Vorsprüngen durch eine Säule von einander getrennt, scheinen sie in einer Nische zu stehen. Die
ganze Darstellung sieht es allein auf die gegenseitige Beziehung
der beiden Figuren ab. Eine kann nicht ohne die andere gedacht werden. Ihre Blicke ruhen aufeinander, das Spiel der
Hände zeigt die unverkennbare Mimik eines hitzigen Gespräches.
Vollkommen beherrscht von einer starken Erregung scheinen sie
sich zu suchen, aber auch zu fliehen. Man wird darüber in der
That nicht klar, denn ihre Beine befinden sich in einer Kreuz-
stellung, eines über das andere geschlagen, so dass die Richtung
ihrer Bewegung nicht ersichtlich ist.

Ein überzeugenderer Beleg für das Streben dieser Meister,
das allem Ruhigen, Beharrenden aus dem Wege geht, ist kaum
zu wünschen. In diesem Sinne ist auch die Charakteristik der
Gewandung gehalten, überall ein rieselnder Fluss und ein flattern-
der Zug der Falten und Säume. Auch ist zu bemerken, dass
das Kostüm fast jeder Gestalt die breiten, prächtig gestickten
Bordüren[134] aufweist, deren wir uns aus Bamberg erinnern.
Sie waren eine auffallende Erscheinung an deutschen Sculpturen.

Diese Beispiele lassen sich leicht vermehren. Ich verweise
unter anderen auf jene Gruppe des Petrus und eines anderen
Apostels aus Vézelay, die Viollet-le-Duc[135] abbildet. Ihre Haltung hat etwas bühnenmässiges. Angelegentlich, fast pathetisch
ist ihre Art, sich zu gehaben, ein Eindruck, dem auch der fran-

zösische Autor Worte leiht: L'idée dramatique subsiste au milieu de ces groupes de personnages, auxquels l'artiste a voulu donner la vie et le mouvement. Ueberall fühlt er das Streben nach heftigen Bewegungen[138] und hastigem Wesen. Die Gestalten sind von einem Temperament erfüllt, dessen sie nicht Herr werden. Es reisst sie hin. Alle stehen unter der jähen Gewalt einer höheren Inspiration.

Das Merkwürdige aber ist, dass auch die Einzelfigur von dieser Stimmung ergriffen wird.

Es ist schwer zu sagen, welches Gefühl die ganz in sich zusammengezogene Gestalt des Apostelfürsten in Moissac beseelen mag. Unter einem Uebermaass der Empfindung, die Inbrunst oder Hingabe sein mag, beugt und biegt sich sein Körper. Gerade an ihr kann man die Absichten dieser Künstler vollkommen verkörpert sehen.

Um jeden Preis soll der leidenschaftliche Affekt zum Ausdrucke kommen. Sie steigern ihn bis zur Extase, ohne dass sie die Herrschaft über den formalen Ausdruck besässen, um der künstlerischen Absicht gerecht zu werden. Die Folge ist, dass die Figuren haltlos und schwankend erscheinen. Petrus weicht deutlich nach der einen Seite aus, der ganze Körper macht diese Bewegung mit, bis sich plötzlich Kopf und Brust mit einem jähen Ruck umwenden und nach der anderen Seite sich in Verehrung neigen. Wir erinnern uns an ähnliche Erscheinungen in Bamberg. Es ist immer wieder dasselbe System: es wird nicht begriffen, dass sich der Körper auf dem festgefugten Knochengerüste aufbaut und alle Bewegungen davon abhängig sind. Man behandelt ihn vielmehr als ein biegsames, dehnbares und rückgratloses Gebilde, dem man menschenähnliche Formen gegeben. Das schliesst aber nicht aus, wie wir ja bereits gesehen haben, dass in Einzelheiten der Blick für die natürliche Erscheinung sich wunderbar schärft.

Welche Kraft der Charakteristik dokumentirt sich in den prächtigen Köpfen! Und seit Viollet-le-Duc die erste glänzende Schilderung der mittelalterlichen Plastik in Frankreich gegeben hat, ist gerade die Naturwahrheit der Kopfbildung als ihr grösster Vorzug betont, ja man kann sagen, gefeiert worden. Für ihn waren die Königsköpfe des Charterer Meisters nichts anderes, als der früh erkannte und mit Begeisterung geschilderte Typus des Galliers.[151] Wie sehr auch diese Behauptung über das Thatsächliche hinausgehen mag, so liegt doch etwas Richtiges darin; es ist damit ausgedrückt, dass diese Künstler mit offenem Auge Menschen und Dinge betrachtet haben. Ihr künstlerisches Verhältniss zur Natur wird damit gerettet, das durch die Starrheit ihrer Gestalten so schwer verdächtigt erschien. Ohne Zweifel haben sie Modelle benutzt, Leute, wie sie sie täglich sahen; aber — mit jener Bemerkung Violett-le-Ducs war es schon gesagt — sie haben doch individuelle Beobachtung und typische Darstellung glücklich vereinigt. Jedes dieser Gesichter bezeichnet eine Gattung. Niemals drängt sich die Zufallsbildung vor, das Ungewöhnliche, das aus der Art fiele und wodurch das Porträt seinen Reiz erhält, als ein persönliches Wesen, wie es Abstammung, Eigenart und Schicksal gebildet haben. Es mussten noch zwei Jahrhunderte verfliessen, ehe die moderne Kunst an diese Aufgabe heranging. Eine so eminent stilisirende Epoche, wie die unsrige besitzt diesen Blick für das Einzelne noch nicht. Wohl aber gelingen ihr Bildungen, die das Wesentliche, Allgemeine klar und sicher geben. Man könnte ihnen gegenüber von Rasse reden.

Wiederum steht die ile de France an der Spitze. Aber mit den Sculpturen von Chartres und ihren abhängigen Nachfolgern finden wir keine direkte Gemeinschaft. Unser Bamberger Meister giebt gerade in der Kopfbildung sein Bestes. Seine künstlerischen Fähigkeiten haben sich hier zu erstaunlicher Eigenart entfaltet und es ist daher von vornherein unwahrscheinlich, dass es uns gelingen möchte, die Urtypen nachzuweisen. Wir können nur auf das gemeinsame Prinzip aufmerksam machen.

Wie sehr war der Hildesheimer Typus ausgeglichen. Kopf- und Körperbildung zeigten den gleichen feinen Sinn und eleganten Geschmack. Die Züge flossen weich ineinander über, alles war mit derselben Wohlgefälligkeit behandelt. Der Bamberger erfasst alles mit dem Scharfblick, der das Ergebnis sorgsamen Naturstudiums ist. Auge, Nase, Mund, vor allem der Schädel (beim Jonas) — alles ist im Einzelnen durchgebildet und stilistisch ausgeprägt. Seine Arbeiten wirken überraschend, weil sie voll Widerspruch sind. Und gerade dieser Dualismus zwischen Manier und Wahrheit ist auch der Grundzug der französischen Sculpturen. Er ist sämmt-

lichen Schulen gemein. Für diejenige von Chartres verweise ich
auf die geistreichen Analysen von Violett-le-Duc und Wilhelm
Voege, umsomehr als der nordfranzösische Typus für uns nicht
unmittelbar in Betracht kommt. Er ist edler, vornehmer, sum-
marischer in der Behandlung und ragt weit über die derbere
Art unseres Meisters hinaus.

Aber auch in Burgund und der Languedoc ist dieses Doppel-
wesen zu Hause: Verzerrungen in der Zeichnung der Glieder,
ein ganz schematischer Körperbau — und daneben die überzeugende Lebensfrische der Köpfe.

Wir betrachten gleich die verwandten Züge. Den Haupt-
nachdruck lege ich dabei auf die steile Hochform des Gesichtes
mit den schmalen Wangen und der kräftig gebauten Kinnparthie.[158]
Im Profil erscheinen die Köpfe grossflächig, von vorn gesehen
werden sie von einem langgezogenen Oval umschrieben. (Vgl.
den Christuskopf von Vézelay.) Im Detail offenbart sich ungemein viel Naturbeobachtung. In Toulouse und Moissac ist das
Auge allerdings weit aufgerissen, durch dicke, schwere Lider brillen-
haft umrändert. Der Augapfel quillt hervor; der Blick glotzt.
Wir befinden uns hier auf einer früheren Entwicklungsstufe. Aber
in Vézelay liegt schon mehr Studium vor. Die Verhältnisse
werden richtiger gegeben, der Blick verliert das Starre. An dem
bartlosen jugendlichen Apostel im linken Felde des Tympanons
ist sogar annähernd jene Form zu finden, die unserem Meister
eigen ist; jenes kleine Auge unter hochgewölbten Brauen, welches
tiefgelegen von dem hervorspringenden Backenknochen gleichsam
zurückgedrängt erscheint. — Auch auf die eigenthümliche Bildung
des Mundes ist zu achten. Er ist klein, aber die dicken Lippen
schieben sich vor. Dadurch entstehen tiefe und scharfumgrenzte
Schatten, die in der Fernwirkung einen entscheidenden Accent im
Gesammteindruck ausmachen. — Schliesslich streife ich noch mit
einem letzten Worte die weit über die Augenhöhle vorgewölbte
Stirn, die den Ausdruck von in sich gekehrtem Ernst bedingt.
Gelegentlich begegnen wir ihm auch in Frankreich und hier be-
sonders in den frühesten Werken, in der Provence, z. B. in St.
Trophime in Arles.[159]

Die Haarbehandlung [160] erfordert besondere Beachtung. Stets
streng stilisirt, ist sie doch mannigfaltig genug, um den Wuchs

und die Natur des Haares vom Schlichten, glatt Anliegenden bis
zum perrückenhaft Aufgebauschten zu kennzeichnen. Innerhalb
der einzelnen Schulen begegnen wir besonders bevorzugten Bildungen. So ist zuweilen Haupt- und Barthaar in lange zopfartige
Haarsträhne geteilt,[161] die vielfach durcheinander geschlungen
werden. Auch hier haben wir wieder das System festzuhalten,
ohne uns durch die individuellen Variationen dieses oder jenes
Meisters beirren zu lassen.

Das Haar wird immer als dichte Masse behandelt, es ist reich
und lang. Doch theilt es sich nicht in lose, weiche Locken, sondern wird in feste, klebende Strähne geflochten.[162] Die einzelnen
Windungen können lang und lose über Nacken und Schultern hin-
gleiten oder zu einer Schnecke geringelt sein, — immer ist es
ein kompaktes Gebilde, das gleichmässig wiederholt auf dem
Schädel wie ein kunstreicher Aufputz sitzt. Im Einzelnen dienen
noch mehr oder weniger dichte Parallelstriche zur Zeichnung des
Haares. Im Ganzen genommen ist die bald fliessende, bald
„züngelnde“, aber immer reiche Behandlung in Deutschland ebenso
fremd, wie in Frankreich heimisch.

Genug von dieser ins Einzelne gehenden Betrachtung, die
technische und künstlerische Dinge zergliedert und die Aufmerksamkeit vom Ganzen ablenkt. Gerade der Gesammteindruck der französischen Kopfbildung ist das wichtigste Moment für unseren Beweis. Man vergegenwärtige sich
nur recht eindringlich das Talent dieser Plastiker, den Kopf als
organisches Gebilde aufzufassen. Wie fein sich der Bau
aus dem Knochengerüst entwickelt! Ueberall fühlt man das Noth-
wendige, Folgerichtige, alles ist auf eine feste anatomische Basis
gegründet. Scharf und knapp in den Formen, voll lebendiger
Anschauung und strengem Stilgefühl sind diese Köpfe doch von
typischer Schönheit. — Und mit diesem Eindruck erfüllt, wende
man den Blick wieder den Bamberger Prophetenköpfen zu und
man wird sich leicht überzeugen, dass sie desselben Stammes sind.
Noch individueller, noch herber und schroffer in der Charakteristik,
aber im Grundzug der künstlerischen Auffassung durchaus Eins.

Um so klarer wird die Eigenart, wenn wir uns immer wieder
an den Gegenbeweis erinnern, der durch die ganz anders gearteten
Schulen von Sachsen und Süddeutschland gewährleistet ist. Besonders

5

diejenigen, die alles nur aus einer langsamen und stetigen Entwicklung auf heimischem Boden erklären wollen, möchten sich nicht die Mühe verdriessen lassen, die Grundunterschiede zwischen dem Bamberger und anderen deutschen Meistern eingehend nachzuprüfen. Um so leichter wird dann die französische Spur erkannt werden. —

Viel einfacher ist es, das Wesen der Gewandbehandlung in den französischen Reliefs wiederzuerkennen. Wir sahen bereits, wie dieser Flachstil in erster Linie durch die tektonische Bestimmung des Reliefs selbst vorbereitet war. Doch beförderte seine bizarre Ausgestaltung unzweifelhaft jenen Drang nach Künstlichkeit, der den Bildhauern unserer Epoche tief im Blute steckte.[163]

Der Gedanke war ihnen noch nicht gekommen, dass der Wurf des Gewandes abhängig ist von den darunter verhüllten Körperformen. Auch dachten sie nicht daran, die Natur des Stoffes zu charakterisiren, sie wussten, sie sahen noch nicht, wie die Falten verlaufen, in welchem Zuge sie fallen. Sie sahen nur Linien und Flächen, wo in der Wirklichkeit Erhebungen und Massen sind. Es war der Weg der Unnatur, auf dem sie gingen.

Die Reliefs von Vézelay, Autun und Moissac sind das Bekannteste und zugleich das Befremdlichste, was dieser Stil hervorgebracht hat. Die enge, dichtgereihte Parallelfältelung erscheint hier wie mit dem Ciselirmesser eingeschnitten und der kreisförmige oder spiralig gewundene Verlauf wie mit dem Zirkel abgemessen. Wo fände sich dergleichen in deutschen Schulen und wie nahe verwandt ist ihm der Stil unseres Bamberger Meisters! Was dieser giebt, ist nur eine zahme Abschwächung desselben Systems, das von den Franzosen ausgebaut worden war. Der Burgunder bringt sogar eine Doppelreihe von Figuren in dieser engen Ebene unter. Er gebietet gleich über eine ganze Fülle von Ausdrucksmitteln, er häuft den Wirrwarr verschlungener Faltenmotive, von Schnörkeln, Windungen und Zickzacklinien.

Unser Bamberger Meister ist dagegen einfacher, abgeklärter; er reduziert das Mannigfache auf einige wenige Formeln. Deswegen glaube ich, dass er der Schule von Toulouse und Moissac noch näher steht. Hier folgen sich die Faltenzüge in bestimmten

Abständen, die einen ansehnlichen Theil der Körperfläche als glatten Zwischenraum freilassen. Auf den Schenkeln z. B. ist die Fältelung ganz regelmässig abgetreppt. Man halte dagegen den Erzengel Michael aus Bamberg und man wird dieselbe Manier in der Behandlung des Mantels wiederfinden, jenen streng stilisierten Linienzug, der sich in gleichen Intervallen wiederholt. Auch darf nicht übersehen werden, wie vornehmlich in der Gegend der Knöchel die Schleppen in jener bereits oft charakterisierten Weise plisséeartig zurecht gelegt werden. Schliesslich sprechen auch die Bordüren für eine Bekanntschaft mit südfranzösischen Sculpturen. Nur darf man nicht aus dem Auge lassen, dass hier alles in der Urform vorliegt, was der Meister vom Georgenchor bereits zu höherer Vollkommenheit ausgebildet hat.

Also alle jene Elemente seines Stiles, die er unmittelbar von byzantinischen Schmuckstücken des kaiserlichen Schatzes im Bamberger Dome entlehnt haben sollte, entwickeln sich in natürlicher Weise aus der französischen Plastik. Natürlich aber nenne ich diese Ableitung deswegen, weil durch sie der Zusammenhang unseres Meisters mit einer plastischen Schule hergestellt wird, die bereits durch geschlechterlange Arbeit die Steinmetztechnik und einen wirklich monumentalen Stil ausgebildet hatte. Die bisherige Annahme kann nicht aufrecht erhalten werden. Eine Bamberger Bildnerschule des XI. Jahrh., aus der er hervorgegangen sein sollte, hat es nicht gegeben. Es müssten sonst von ihr mehr Werke übrig geblieben sein, als jene unendlich geringen Holzsculpturen, die im Bayer. Nat. Mus. aus der v. Reider'schen[164] Sammlung aufbewahrt werden. In den Rahmen der übrigen deutschen Plastik passte unser Meister nicht hinein. Seinen Ursprung in der Sphäre der Elfenbeinschnitzer und Goldschmiede zu suchen, das hiesse einen Riesen aus dem Zwergenland entstammen lassen. Da also alle Auswege der Erklärung versperrt sind, bleibt nichts übrig, als eine Beeinflussung durch das Ausland zu vermuthen. · Dass dann aber allein Frankreich in Frage kommen kann, das habe ich nicht nöthig, erst zu beweisen.

Uebrigens giebt es Verbindungsglieder, die den Einfluss vermittelt haben könnten. In den Burgund angrenzenden Alpenländern, in der heutigen Schweiz, finden sich vielfach

Spuren französischer Einwirkungen, die hier durch die benachbarte Lage der Länder allerdings leicht erklärlich sind. Ich nenne vor allem die romanischen Sculpturen des Baseler Münsters. An den Bildwerken der Galluspforte ist der Einfluss von Vézelay und Autun längst erkannt worden[16]. Aber auch die Tafel mit den Apostelgruppen ist französisch beeinflusst. Wir begegnen dem längst bekannten Thema: der Dialogszene zwischen den Heiligen. All die charakterisierten Merkmale kehren wieder: die angelegentliche Erörterung, die von allerlei Gesten begleitet wird, die krause Behandlung der Gewänder, die ausdrucksvollen Köpfe. Doch ist die Arbeit wesentlich geringer, die Formen zeigen einen verwaschenen Charakter. Immerhin stehen sie unseren Bamberger Sculpturen weit näher, als irgend ein Werk der sächsischen oder bayerischen Schule. In der Haarbehandlung verräth sich deutlich die Neigung zu ähnlichen Formen, wie wir sie in Bamberg kennen gelernt haben. Wir dürfen also einiges Gewicht darauf legen, dass das einzige verwandte Beispiel für unsere Prophetengruppen in der nächsten Nähe der burgundischen Schule gefunden wurde.

Es wäre jedoch voreilig, dieser Schule unseren Bamberger Meister zuzuweisen. Wir erinnern uns, dass eine ganze Reihe von Kennzeichen mehr für die Herkunft aus der Languedoc sprach, ohne dass wir uns jedoch mit aller Bestimmtheit gerade für eine einzige Schule hätten entscheiden können. Im Allgemeinen erwies es sich, dass der Stil einer fortgeschritteneren Entwicklung angehörte. Sein Naturstudium übertraf fast alle Leistungen, die an uns vorübergegangen sind. In der Reliefbehandlung strebte er bereits massigen, volleren Formen zu. Der lineare Charakter der Fältelung war vereinfacht, was die Multiplikation der Motive anbetraf, aber desto raffinirter in der Wirkung. Er gefiel sich in der einseitigen Uebertreibung der Stilelemente. Darin liegt das unverkennbare Anzeichen einer s i n k e n d e n Stilepoche.

Auch nach dem Vergleiche mit der französischen Plastik werden wir nicht umhin können, unserem Meister einen hohen Grad von Selbständigkeit zuzugestehen. Waren auch fast alle Prinzipien seiner Darstellung und Formensprache auf fremde Quellen zurückzuführen, so hat er sie doch mit eigenem Geiste durchtränkt und weiter gebildet. Doch scheint mir die Forderung unerfüllbar, — wenigstens bei dem augenblicklichen Zustande des

Untersuchungsmaterials —, seine künstlerische Stellung in dem Grenzgebiet der deutsch-französischen Beziehungen dieser Ueber-gangsepoche genau zu präcisieren, gleichsam mit der Nadel fest-zustecken.

Ich begnüge mich auf die verwandten Züge, die er mit der Schule von Burgund und der Languedoc gemein hat, hinzuweisen. Denn es ist nicht meine Ansicht, der Meister vom Georgenchor sei ein Franzose gewesen. Die Nationalitäts-Frage ist mir höchst gleichgültig. Wer will sie auch heute entscheiden, da wir über die Lebensverhältnisse der mittelalterlichen Künstler nur auf die spärlichsten Berichte angewiesen sind. Mich interessiert lediglich die stilistische Natur der Apostel - und Prophetenreliefs. Und dass sie aus der deutschen Plastik allein nicht begründet werden kann, sondern — wie ich überzeugt bin — französische Beein-flussung verräth, möge dem Urtheile der Fachgenossen als Resultat der Untersuchung bescheidentlich vorgelegt sein.

## Die Grafen von Andechs und Meran.

Es entsteht nun die Frage, unter welchem der Bamberger Bischöfe unser Meister vom Georgenchor gearbeitet hat. Es kann wohl kein Zweifel darüber sein, dass der Besteller unserer Reliefs identisch ist mit dem Bauherrn, der im Anfange des XIII. Jahrh. die Kathedrale von Grund aus renovieren liess. Es war der Bischof Ekbert, Graf von Andechs und Meran (1203—1237). In dieser Annahme stimmen die jüngeren Forscher alle überein.[166] Nur Förster und Kugler[167] setzen sie früher an, der letztere mit der vorsichtigen Bemerkung: nicht früher als 1146. Dass diese Datierung ganz und gar irrig ist, habe ich später zu zeigen. Alles spricht für eine jüngere Zeit. Die gesammte Architektur gehört der Periode um 1200 an, wenige Theile ausgenommen. Also haben wir auch zu folgern, dass die plastische Ausstattung ebenfalls der Bauperiode unter Ekbert angehört.

Das Fürstengeschlecht,[168] dem dieser Bischof entstammte, gelangte gerade im Anfange des neuen Jahrhunderts zu grossen Ehren und ausserordentlicher Machtfülle. Die Meranier hatten sich durch standhafte Treue die Gunst des Stauffenkönigs Philipp

in hohem Maasse erworben. Der Herrscher lohnte die Verdienste
dem Erben seines ergebenen Vasallen Berthold, dem Grafen
Otto,[169] indem er ihm die Hand seiner Nichte Beatrix und damit
die Pfalzgrafschaft von Burgund gab (21. Juni 1208). Die
Würde war die höchste, die das Haus der Grafen von Andechs
je erworben hat und damit trat es in den Kreis der vornehmsten
Adelsgeschlechter des südlichen Deutschlands ein. Ueberdies hatten
Ottos Schwestern Gertrud,[170] die Gemahlin des Königs Andreas
von Ungarn und Agnes, die Gemahlin des Königs Philipp August[171]
von Frankreich, bereits vor seiner Erhebung den Glanz zweier
Kronen mit dem Namen der fränkischen Familie vereinigt. So
war es nur ein Akt politischer Klugheit, wenn das Bamberger
Domkapitel den jungen noch nicht 30jährigen Grafen Ekbert,[172]
den Bruder Ottos, um seiner mächtigen Verbindungen willen auf
den Bischofsstuhl erhob. Es hatte wohl daran gethan. Denn
von diesem Augenblicke an begann die Entfaltung reichen künstlerischen Lebens in der fränkischen Bischofsstadt. Um aber verstehen zu können, aus welchen Quellen der künstlerische Antrieb
kam, und welche Umstände den Geschmack des fürstlichen Bauherrn beeinflusst haben mögen, müssen wir die Geschichte seines
Hauses noch weiterhin verfolgen.

Allerdings würde es uns zu weit führen, wollten wir im
Einzelnen erörtern, wie der Schwerpunkt der politischen Thätigkeit der Familie und ihres Hauptes des Pfalzgrafen Otto sich ganz
nach Burgund und seiner Hauptstadt Besançon[173] verlegte. Wir
beobachten hier nur die Beziehungen, die mit französischen Geschlechtern angeknüpft wurden. Um lange Streitigkeiten zum
friedlichen Ausgleich zu bringen, wurde der Graf von Chalons
dem Hause der Meranier verbunden.[174] Vor allen aber trachtete
Otto danach, den mächtigen Grafen Theobald von Champagne
zu gewinnen.[175]

Seine Bemühungen glückten und wurden durch die Verlobung
seines Sohnes Otto II. mit Bianca von Champagne gekrönt. Dadurch
trat das Andechs-Meranische Geschlecht zum zweiten Male mit der
französischen Königsfamilie in verwandtschaftliche Beziehungen, da
die Schwester Biancas, Alix als die Gemahlin Ludwig VII. die Krone
Frankreichs trug. Diese Verschwägerung ist für uns von Wichtigkeit. Weniger durch die politische Machtstellung des Fürsten-

hauses, als durch den Umstand, dass es mit diesem bedeutsamen
Schritte in jenen Kreisen Fuss fasste, die das höchste Ideal künstlerischer Bildung, höfischer Sitte und ritterlicher Erziehung um-
schlossen. Und wenn gerade in Süddeutschland, speziell in Bayern,
wie wir sahen, die französische Mode schnell Aufnahme fand, so
mögen die Grafen von Andechs, die mit bayerischen Geschlechtern
eng verbunden waren, die Hauptvermittler gewesen sein.

Insbesondere bestand ein lebhafter Verkehr zwischen Burgund
und Franken. Der Pfalzgraf Otto weilte abwechselnd in beiden
Landschaften.[174] Hielten ihn häufige Fehden und politische Ge-
schäfte auf längere Zeit in Besançon fest, so luden ihn doch zahl-
reiche Burgen und reiche Stifter immer wieder ein, in Franken
zu residieren. Hier schlug er besonders gern seinen Sitz auf,
wo in Bamberg das prächtige Vermählungsfest Otto's mit Beatrix
(1208) stattgefunden hatte, verherrlicht durch die Gegenwart
Philipps des Stauffers. Die Verwaltung der Familienbesitzungen
erheischte oft seine Anwesenheit im oberen Mainthale. Es ist
also undenkbar, dass Ekberts Interesse nicht immer wieder von
neuem für Burgund und die französischen Beziehungen angeregt
worden wäre.

Ich bringe nun die Berufung des Meisters vom Georgenchor
mit diesen politischen und genealogischen Verbindungen seines
Auftraggebers in Zusammenhang. Mancherlei in seinem künstlerischen Charakter wies nach Burgund, mehr noch nach
Südfrankreich. Wir besitzen zwar keine Urkunde darüber,
woher Ekbert seine Künstler berief, die ihm den zerstörten Dom
wieder aufbauen und ausschmücken sollten. Wenn aber das einzige Dokument, die Sculpturen selbst durch ihren Stil nach Burgund
und den südlichen Provinzen weisen ebenso wie die politisch-ge-
nealogischen Beziehungen des fürstlichen Bestellers, so ist der
Schluss wohl erlaubt, dass beide Thatsachen in einem ursächlichen
Zusammenhange stehen. Deswegen brauchen wir noch nicht anzunehmen, dass Bischof Ekbert bei der Renovation des Domes
sich Künstler aus dem Auslande kommen liess, etwa aus
Burgund, der neuen Heimat seines Geschlechtes,
und damit dem Zuge der Zeit folgte, der die Bevorzugung des
Wälschen beförderte. Wir stehen allerdings unmittelbar vor der
Periode, in der die bischöflichen Bauherrn von Magdeburg, Trier,

Wimpfen i. Thal auswärtige Architekten beriefen, oder ihre eigenen fremdländischen Erfahrungen und Reisestudien in der Heimat nutzbar machten. Zudem läge der Gedanke nicht fern, dass nicht nur der Familienstolz den Meranier nach französischen Künstlern ausschauen liess, sondern die Nothlage, der Mangel an brauchbaren Kräften. Wir haben ja untersucht, wie weit sich der Betrieb der Plastik in Deutschland erstreckte und erinnern uns, dass allein Sachsen für künstlerische Aufträge in Frage gekommen wäre. Von dort her hat er aber ganz bestimmt keine Unterstützung erhalten. Der Schluss wäre also nicht so unberechtigt, der aus den deutlichen Fingerzeigen auf französische Beeinflussung der Sculpturen einen französischen Künstler als ihren Urheber annähme.

Dazu kommt noch ein letztes Moment.

Es wäre durchaus nicht das einzige Mal, dass Bischof Ekbert sich nach Frankreich wandte, um für seine künstlerischen Pläne gleich an der Quelle der neuen Kunstweise zu schöpfen. Er verfolgte mit Aufmerksamkeit die Entwicklung der künstlerischen Dinge. Ein Zeugnis dafür haben wir in den Westthürmen des Domes, die bekanntlich ein Abbild der weitberühmten Thürme von Notre-Dame in Laon sind. Ausser der Thatsache der Entlehnung aber interessirt uns hier noch besonders die Art der Vermittlung.

Die Thürme von Laon waren in der kirchlichen Baugeschichte ein Ereigniss, ein Wendepunkt. Villard de Honnecourt nennt sie die schönsten, die er auf seinen weiten Reisen gesehen hat. Das Entzücken der Zeitgenossen ist auch begreiflich; war doch der Geist der neuen Zeit in diesem luftigen, leichten Werk schon vollkommen verkörpert. Die schweren Massen, die geschlossenen Wandfelder der älteren Bauweise waren aufgelöst, zierliche Pfeiler umrahmten die hohen durchbrochenen Schallöffnungen, schlank und kuhn strebte das Werk zu erstaunlicher Höhe. Es war das herrlichste Denkmal, dessen die Champagne im Beginn des XIII. Jahrhunderts sich rühmen konnte.

Es ist nur nöthig, den Namen der Champagne auszusprechen, um uns die Verbindung der Meranier mit dem Grafen Thibaud de Champagne ins Gedächtniss zu rufen. Dann drängt sich die Kombination förmlich auf, die Verpflanzung des modernsten Kunst-

werkes jener Zeit sei allein auf dem Wege vor sich gegangen,
den die Familienbeziehungen zwischen dem Bamberger Bauherrn
und den französischen Grafen gebahnt hatten. Auch ist bekannt
genug, wie seit Chrestien de Troyes und der Gräfin Maria von
Champagne gerade dieser Hof als der Mittelpunkt aller künstlerischen und ritterlichen Bildung galt. Durch grossartige Bau-
unternehmungen traten Laon und Reims soeben an die Spitze
einer folgenschweren Bewegung. Ein baulustiger Bischof mochte
also Gründe genug haben, sein Augenmerk gerade der Champagne
zuzuwenden. Um wie viel näher aber stand Ekbert dieser reich-
fliessenden Quelle!

Wir werden deshalb kaum Widerspruch finden, wenn wir den
weiten Vorsprung, den Ekbert vor vielen Bauhütten Deutschlands
als Anhänger des neuen Stils durch die nach dem Muster von
Laon errichteten Westthürme errang, auf die Anregungen zurückführen, die ihm durch seine Familienbeziehungen zu den Grafen
der Champagne zu Theil werden mochten.

Damit würde aber auch die analoge Annahme gestützt werden
können, dass ihm ähnliche Verhältnisse den offenbar französisch
beeinflussten Meister des Georgenchores zugeführt
haben. Dennoch sträube ich mich, diese Beeinflussungen direkt auf
persönliche Uebertragung durch französische Meister zurückzuführen
und unsere Reliefs für französische Arbeiten zu erklären. Man
würde mir mit Recht die Differenzen vorhalten, die sie von der
echten französischen Plastik scheiden, obgleich ich glaube, dass
wenn unsre Reliefs in einer Kathedrale Frankreichs ihren Platz
hätten, kaum jemand darauf verfallen würde, sie für eine deutsche
oder gar gerade für die Bamberger Schule in Anspruch zu nehmen:
selbst dem sachkundigsten Kenner der Bamberger und bayrischen
Lokalkunst traue ich diese Findigkeit nicht zu.

Es ist zuzugeben, dass die mannigfachen Besonderheiten ihres
Stiles, die sie nur mit der französischen Plastik teilen, andrerseits
durch individuellen Ausdruck so abgeschliffen sind, dass man bloss
sagen kann, sie stehen derselben näher, als irgend
einer deutschen Schule. Wir wissen nicht woher der
Meister seiner Geburt nach stammt, aber wir sehen, dass er französische Kunst mit Verständniss studiert und in sich aufgenommen
hat. Auch haben wir ihn nur mit verhältnismässig frühen französi-

schen Werken vergleichen können, wodurch eine genaue Präci-
sierung seiner künstlerischen Stellung ungemein erschwert ist.
Aber wir wissen immerhin von dem Wanderleben mittelalterlicher
Künstler genug, um Uebertragungen eines fremden Stiles auf
weite Entfernungen zu begreifen.

Mag also der Meister des Georgenchores in Frankreich auf
Wanderungen beschäftigt gewesen sein, oder mag er auf persönliche Veranlassung seines Bauherrn burgundische oder südfran-
zösische Meister studiert haben, wobei es dahingestellt bleiben soll,
welcher Nation er angehört hat — genug, sein Stil ist französisch
beeinflusst.

Dass er im übrigen dem Bamberger Bischof nur in den ersten
Jahren seiner Regierung gedient haben wird, ehe Ekbert gegen
Ende seines Lebens bereits mit der gotisierenden Richtung Nord-
frankreichs bekannt geworden war, das ist wohl klar.[177]

# Teil II.

Die jüngere Gruppe.

Die gotischen Sculpturen und der

Meister der Heimsuchung.

# Die jüngere Gruppe.

Eine tiefe Kluft scheidet die jüngere Gruppe der Bamberger Sculpturen von den älteren Prophetenreliefs. Ein vollkommen anderes Wesen waltet in ihnen, welches in keinem Zug an den Charakter der älteren Werke anklingt. Diese Verschiedenheit gestattet auch nicht, die beiden Gruppen unmittelbar in ein stilistisches Abhängigkeitsverhältniss zu bringen. Dennoch scheint von allen Autoren,[118] die sie beschrieben haben, ein innerer versteckter Zusammenhang stillschweigend vorausgesetzt. Der Begriff der lokalen Kunstentwicklung ist nun einmal auf manchen Gebieten der mittelalterlichen Kunstgeschichte fast zum Grundsatz geworden. Es wird zumal in der romanischen Periode als selbstverständlich angenommen, dass der Ort, wo sich gerade ein plastisches Werk befindet, auch die Stätte seines Ursprunges gewesen sei. Vollends wenn es sich um kirchenreiche Bischofsstädte handelt, denkt man sich in ihnen jeweilig den Sitz einer plastischen Schule, welche Stadt und umliegende Landschaft mit Steinmetzenarbeit und sogar mit künstlerischen Bildwerken versorgt haben mag. So spricht man auch von einer fränkischen, sogar von einer Bamberger Schule des XIII. Jahrhunderts,[119] die auch im vorangegangenen Jahrhunderte hier geblüht haben soll, lediglich deswegen, weil sich hier ein paar tüchtige Statuen und anderes Bildwerk aus jener Zeit erhalten haben, denen man übrigens mit Recht eine hohe Stelle unter den Schöpfungen der romanisch-gotischen Uebergangsperiode einräumt. Dass aber zur Annahme einer Schule mit jahrelangem, stetigem Wachsthum mehr gehört, als das Wenige, was wir z. B. in Bamberg besitzen, das wird übersehen.

Von einer Schule können wir doch nur reden, wenn sich in einem Kreis von Werken ein Erbe von technischen Gewohnheiten oder charakteristischen Typen verfolgen lässt. Schulen bilden sich meist um die Person eines aussergewöhnlichen Meisters, dem Lernbegierige anhangen und dessen Art dieselben nachahmen. Oder sie entstehen dort, wo durch regen Baubetrieb Aufträge und Arbeitsgelegenheit sich häufen. Dann erwächst durch gegenseitigen Austausch und Ablernen von Methoden, Formen und Handgriffen eine gemeinsame Kunstweise, die technisch oder stilistisch von anderen abweicht. Sie wird zum Kennzeichen dieser lokalen Gruppe, die man als Ganzes wohl auch eine Schule nennen darf. Wenn sie sich nun durch irgend welche Umstände auflöst und die Werkstattgenossen über weite Gebiete sich zerstreuen, so wird ihren Arbeiten jener Stempel gemeinsamen Ursprunges gewiss nicht fehlen. Alle zusammengenommen schliessen sich dann zu einer Kette folgerichtiger Entwicklung aneinander.

Davon aber findet sich in Bamberg nichts. Und wir dürfen dergleichen dort auch gar nicht erwarten. Denn was war denn hier im XII. und XIII. Jahrhundert an grossen Monumentalbauten[180] und plastischer Ausschmückung ausgeführt worden, um eine grössere Anzahl von Steinmetzen dauernd zu beschäftigen und, wenn es Mönchskünstler waren, um ihre Fertigkeiten nicht einrosten zu lassen?

Gerade die Bamberger Kirchenbauten zeichnen sich durch eine spärliche Ausstattung mit Sculpturen aus. Auch sahen wir bereits, wie unwahrscheinlich, fast unmöglich es war, dass sich hier plötzlich ein Künstler von der Kraft und Geschicklichkeit des Meisters vom Georgenchor hätte erheben sollen. Er müsste denn aus dem Nichts herausgewachsen sein.

Jetzt stehen wir vor einer Gruppe von Sculpturen, die augenscheinlich nur wenige Jahrzehnte jünger ist. Es handelt sich um die Statuen am Südostportal, Kaiser Heinrich, Kaiserin Kunigunde, den hl. Stephan, Petrus und das erste Menschenpaar; ferner um die sogenannte Sibylle, die Maria und den Verkündigungsengel. Auch die jüngeren Werke des Nordportales gehören hierher,

schliesslich die Figur eines Klerikers im Innern, der Grabstein
Papst Clemens II. im Peterschor und der Reiter.

Es ist natürlich, dass wir auch bei ihnen nach den Ver-
bindungsgliedern suchen, durch die sie mit den älteren Werken
zusammenhängen. Bode[181] sagt, sie fehlen, und man kann sich
davon leicht selbst überzeugen. Wie ist dann aber die Erscheinung
dieses jüngeren Meisters in Bamberg zu erklären? Ohne gene-
tischen Zusammenhang können wir einen Künstler nicht denken.
Oder sollen etwa auch für die Maria der Heimsuchung immer
noch die alten Bücherdeckel aus dem Schatze Kaiser Heinrich II.
verantwortlich gemacht werden? Man hat wirklich daran gedacht.
denn die Fabel von den klassischen Neigungen der Bamberger
Bildhauerschule will nun einmal nicht aussterben.[182] Aber schon
die innere Unwahrscheinlichkeit der Hypothese zeigt, dass man
mit dergleichen Ableitungen nicht auf dem rechten Wege war.

Es ist wohl kein voreiliger Schluss, dass wenn die jüngere
Gruppe und die ältere von einander stilistisch unabhängig sind,
jene ebensowenig aus Bamberg selbst hervorgegangen sein kann,
wie diese. Die Bestätigung ist auch bereits gefunden worden.
Dehios glückliche Entdeckung hat gezeigt,[183] dass wenigstens
zwei Figuren nach ausländischen Originalen gearbeitet worden
sind. Und wenn wir hören, dass dies französische Werke sind.
die ebenfalls der Champagne entstammen, so wird uns das nicht
mehr in Erstaunen versetzen, nachdem wir in dem ersten Theile
der Untersuchung bereits das Vorspiel zu diesen Vorgängen kennen
gelernt haben.

Durch Rückschluss können wir nun folgern, dass auch der
Meister vom Georgenchor keine Schule gemacht hat, sondern
hier nur vorübergehend thätig war. Damit tritt er in eine Reihe
mit jenen Baumeistern, die sich an das Muster von Laon zu
halten hatten und offenbar auch von auswärts berufen waren.
Alle Thatsachen zusammengestellt beweisen aber, dass es in
Bamberg wohl kunstsinnige und baulustige Bischöfe, aber keine
heimische, landeigene Kunst gegeben hat. Die Werke von Werth
sind importirt oder berühmten Vorbildern nachgearbeitet. Dazu
gehören auch die jüngeren Domsculpturen.

Doch ich greife dem Gange unserer Untersuchung weit
vor. Einstweilen kennen wir allein von der Maria und Sibylle

die zugehörigen Originale. Der Gedanke liegt jedoch nahe, auch die übrigen Werke vom Heinrichsportal und im Innern des Domes möchten auf dieselbe Quelle zurückgehen. Dies zu untersuchen, soll unsere nächste Aufgabe sein. Und sollten sich unsere Vermuthungen bestätigen, so würde ich es für den grössten Gewinn halten, wenn dadurch einiges Licht über den Stil dieser Sculpturen sich verbreitete. Denn noch ist man sich über ihn so wenig im Klaren, dass man zwischen ganz widersprechenden Ansichten schwankt. Schon die Hauptfrage ist nicht beantwortet: gehören sie der ausgehenden romanischen Epoche an, oder sind sie die ersten Früchte der Frühgotik. Auch sucht man ihre Herkunft bald aus einer fränkischen Schule, bald aus der sächsischen Plastik herzuleiten. Gern stellt man sie neben die Naumburger Stifterstatuen. Neuerdings aber hat man sie sogar nach Magdeburg weisen wollen. Kurz es sind viele Urtheile über sie gefällt worden, aber man hat ihnen noch keine Untersuchung gewidmet. Das Wichtigste hat Dehio mit dem Nachweis der Reimser Originalgruppe geleistet.

Ehe wir aber die eigentliche Analyse beginnen, ist wohl noch Eins geboten.

Wenn uns auch der Weg nach Reims vorgezeichnet ist und wenn wir auch sonst schon durch die Geschichte des Domes nach der Champagne gewiesen wurden, so müssen doch wohl vorerst die Erscheinungen erörtert werden, die dem französischen Einfluss den Boden bereitet haben. Es war keine Willkür, wenn die Bischöfe in Deutschland dem Eindringen französischer Kunst Vorschub leisteten. Sie befanden sich damit im Einklang mit dem Zug der Zeit. Mancherlei ist darüber bereits in einem früheren Kapitel gesagt worden. Doch konnten wir dort nur auf die Hauptbewegung vorbereiten, die erst mit der eigentlich gotischen Epoche in Fluss kommt.

## Die Französische Gotik.

Ein neuer Stil tritt niemals fertig und ausgereift in die Geschichte ein. Er unterbricht nicht eine angebahnte Entwicklung, sondern ist die Frucht triebkräftiger Keime am Stamme des älteren

Stiles. Sein Wachsthum ist anfänglich langsam, zögernd. Viele Widerstände müssen überwunden werden. Wir reden daher von tastenden Versuchen, durch die sich sein Erscheinen ankündigt.

Der Eintritt der Gotik[184] gewährt aber ein ganz anderes Bild. Mit überraschender Schnelligkeit verbreitet sie sich und auf einmal ist sie überall da. Es ist, als ob sie erwartet worden wäre. Ein Bedürfniss nach neuen Formen und einem befreienden Geiste muss ihrem Einzuge entgegengekommen sein, nicht nur dort, wo sie zuerst auftauchte, sondern auf dem ganzen weiten Felde künstlerischer Thätigkeit. Deshalb ist auch ihre Wirkung eine ungeheuere. Sie durchdringt das ganze Leben, die breitesten Volksschichten zeigen ihren Einfluss. Sie ist eine wahrhaft volksthümliche Kunst geworden.

Und doch war sie so vornehmen Ursprunges und in ihrer äusseren Erscheinung das Kind eines so auserlesenen Kreises, dass ihr Ausgang in der breiten Sphäre des bürgerlichen Kunstbetriebes nicht vorauszusehen war.

Denn es kann darüber wohl kein Zweifel mehr bestehen, dass die gotische Plastik aus der Welt des französischen Ritterthums ihre äussere Form und ihre geistige Stimmung geschöpft hat und ihrer Herkunft nach eine aristokratische Kunst war. Um so merkwürdiger ist also die nachhaltige Kraft, mit der sie in den allgemeinen künstlerischen Verhältnissen Wandel geschaffen hat und ihr alles überwältigender Siegeszug, nachdem sie erst einmal den engen Bereich ihres Ursprunges überschritten hatte. Wo sie hinkam, verschwand fast augenblicklich der alte Stil.

Eine ihrer frühesten Eroberungen war Bamberg. Deswegen sehen wir uns veranlasst, der gewaltigen Bewegung nachzugehen und sie bis auf ihren Herd zurückzuverfolgen.

Jedoch will ich mich nicht unterfangen, hier die Gesetze darzulegen, unter denen sich die Gotik entfaltete, denn dazu bedürfte es eines grösseren Rahmens, als er uns hier gesteckt ist. Ich will nur die Umstände andeuten, die ihre Aufnahme — und wir reden hier natürlich nur von der gotischen Plastik — beförderten.

Bei dem Verhältniss der deutschen zur französischen Kunst ist die Selbsttäuschung charakteristisch, deren sich der Deutsche schuldig machte, indem er die Gotik selbst erfunden zu haben

6

glaubte.[165] Der Italiener hat sich der neuen Kunst niemals in gleichem Maasse hingegeben. In der Plastik scheint er ganz selbständig, weniger in der Architektur. Aber merkwürdiger Weise sucht auch er ihre Herkunft in Deutschland, und Vasari nannte den Spitzbogenstil stets die barbarische deutsche Weise. Beides kann nur ein Zeichen dafür sein, wie tief die neue französische Kunst gerade den deutschen Geist befriedigte. Er muss also auf gleichen Bahnen gegangen sein, die ähnlichen Zielen zuführten. Und das kann nur darin seine Ursache haben, dass die Grundlagen der geistigen Bildung hier wie dort nicht wesentlich verschieden waren. [166]

Die schönen Kapitel in Karl Lamprechts[164] Deutscher Geschichte (Bd. III und IV) schildern diese Dinge und Vorgänge so meisterhaft, dass ich mich begnüge, auf sie zu verweisen. Ich hebe hier nur das Resultat hervor und betone, dass der Austausch der neuen französischen Errungenschaften auf geistigem und künstlerischem Gebiete leicht und mühelos von Statten ging, umsomehr als ihnen in Deutschland vorgearbeitet war. Die Ideale der Gotik wurden nicht wie ein exotisches, fremdartiges Gut eingeführt, sie waren auch hier geahnt, ersehnt und erstrebt worden. Dennoch hatte Frankreich einen unwiderbringlichen Vorsprung gewonnen, da es sich der latenten Ideen früher bewusst geworden war.

Um nun die Aufnahme der fertigen Gestaltungen zu befördern, kam noch ein anderer Umstand hinzu.

Die ganze Zeit, die in jedem Zug den Charakter der Jugendlichkeit an sich trägt, ist ausgezeichnet durch eine frische Empfänglichkeit für das Neue, der auf der anderen Seite eine erstaunliche Produktivität entspricht.

In erster Reihe ist es die gesteigerte Thätigkeit der Phantasie, der dieser Aufschwung zu danken ist. Wie sehr sie durch die schwärmerische Mystik und die Abenteuerlichkeit der Kreuzfahrten erregt war, ist in der Geschichte der Litteratur oft zur Sprache gekommen. Und wenn auch die poetischen Künste den Hauptvortheil aus dieser Disposition zogen und die litterarische Blüthe jener der bildenden Kunst voranging, so halte ich diese Vorgänge dennoch für wichtig genug, um sie hier zu erwähnen. Denn welche Kunst würde ohne das Spiel der Phantasie zu denken sein und sei sie so objektiv-formal wie die Plastik.

Gerade ihrer formalen Natur entsprachen im übrigen günstige Bedingungen. Sie lagen im Charakter des mittelalterlichen Menschen.[187] Sein jugendliches Temperament war nicht nur leicht poetisch anzuregen und dem bunten Reize der Fabel- und Märchenwelt ergeben, es wandte sich mit der gleichen Lebhaftigkeit auch der wirklichen Welt zu und wurde hier durch das aufregende Kriegshandwerk, dann aber vornehmlich durch die rasch zunehmende Verfeinerung des gesellschaftlichen Daseins vollauf in Anspruch genommen. Es lag in den sozialen Zuständen begründet, dass dabei nur die höheren Kreise, der Adel, in Frage kamen. Ihm war fast allein die Pflege der geistigen und künstlerischen Güter anvertraut. Auch die äussere Erscheinung des Lebens in Mode und geselligem Verkehr bildete er aus, während die Masse des Volkes nur einen dunklen, kaum erkennbaren Hintergrund dabei abgab. Und gerade diesen Dingen gab er sich mit einem Ernst und Eifer hin, als handle es sich um die höchsten Lebensfragen.

Den künstlerischen Reflex dieser Vorgänge gab die Litteratur; und es ist leicht zu beobachten, wie hier bei einer ungemein schwachen psychologischen Begründung das formal-reale Interesse gegenüber dem stofflichen weit mehr hervortritt. Die poetischen Vorwürfe, die Themata wechseln wenig. Es sind immer dieselben Gefahren und Abenteuer, denen die ritterlichen Helden ausgesetzt sind. Wohl aber lassen Romane und Epen es sich angelegen sein, typische Gestalten zu schildern. Sie geben nicht individuelle Menschen, sondern vollkommene Ideale: den Ritter ohne Furcht und Tadel und die minnigliche Frau. Dergestalt breitet sich im wirklichen Leben wie in der poetischen Darstellung ein konventioneller Charakter aus, dem sich allerorten Dinge und Menschen fügen müssen. Die Etikette wird zu einer schwer zu beherrschenden Kunst. Alle Sinne sind geschärft für die Feinheit der Form, die sich auf die geringsten Kleinigkeiten des peinlich geregelten Verkehres, des höfischen Kleiderschnittes und auf die Correktheit der Phrase erstrecken, ja die Wallungen des Gemüthes mussten jenen überspannten Musterhelden nacheifern, wie sie die Romantik des Frauendienstes aufgestellt hatte.

Eine Zeit, der das weltliche Wesen und die strengen Formen so sehr am Herzen lagen, konnte den festen Boden unter den Füssen nicht verlieren. Im Grunde entsprangen alle jene Aeusserlichkeiten einer leidenschaftlichen Hingabe an die Wonne der Welt; denn sie waren nichts anderes als die umständliche Ausgestaltung des edleren Vergnügens und heiteren Genusses. Ein gesundes Lebensgefühl und die Freude an der Gegenwart waren ihre psychologischen Voraussetzungen.

Daneben ging wohl ein ernster Zug durch den Sinn dieser jugendlichen Menschen. Wir hören genug von schwermüthiger Entsagung und grüblerischem Hange. Auch erhob sich ihr Gemüth im Fluge der Begeisterung in die Welt des Idealen. Aber es scheint nur die Kehrseite der übersprudelnden Lust und es ist daher falsch, diese transcendentale Stimmung für den Grundton der Zeit zu nehmen. Mit weitgeöffneten Augen erfasste man Natur und Wirklichkeit, wenn auch nur in jenem allgemeinen, grellfarbigen Charakter, der dem Verständniss eines noch werdenden Menschen entspricht. Die Lyrik giebt den Beweis dafür. Von den bildenden Künsten ist es aber vornehmlich die Plastik, die aus diesen fördersamen Elementen Nutzen zieht. Die wichtigsten Fähigkeiten waren gelöst: der Sinn für das formale Wesen und die Beobachtung der Natur.

In Starrheit war die ältere Plastik befangen geblieben. In strenger Ordnung stehen die Statuen der romanischen Portale, eine Reihe langgestreckter Figuren, stumm und regungslos. Obgleich sie dicht gedrängt sich fast berühren, achtet keine ihres Nachbarn. Die Welt um sie her besteht nicht für sie. Ihr Blick scheint nach innen gekehrt. In den Gesichtern liegt eine gewaltsame Spannung, die sich nicht lösen kann. Denn Leben und Bewegungen verharren in engen Fesseln.

Aber mit dem Einzug jenes befreienden Geistes, den man die Gotik nennt, fällt der Bann. Schon die Einzelfigur macht eine ungeheure Wandlung durch. Die Menschen erwachen aus ihrem Krampfe und stehen mit einem Male fest auf der Erde. Daher die Füsse, die in der älteren Kunst mit ausgestreckten Zehenspitzen den Boden zu suchen schienen, mit ganzer Sohle auftreten. Die Herrschaft über die Glieder ist gewonnen und kommt darin zum Ausdruck, dass das Gesetz der Schwere nicht mehr im leblosen Steine als eine dumpfe Macht wirkt, sondern von einem bewussten Willen durch Muskelspannung und Gewichtsvertheilung sanft ausgeglichen erscheint. Stand- und Spielbein sind deutlich unterschieden. Auch in der Hüft- und Schulterstellung ist die Ponderation gut beobachtet.

Das Gesetz der Frontalität ist mit einem Male abgeschüttelt. Arme und Hals gewinnen ihre Beweglichkeit. Der Kopf wird allseitig gewendet, je nachdem die Aufmerksamkeit erregt ist.

Damit waren die Bedingungen zu einer freier bewegten Plastik gegeben. Die Glieder gehorchen einem Willen und einem leicht erregbaren Temperament. Es bedurfte nur noch der Motive für Stellung und Haltung. Wenn man im älteren Stil von solchen Motiven überhaupt reden kann, so waren sie der Plastik von tektonischen Gesetzen vorgeschrieben. Die Wahl war also nicht frei.

Um nun mit dieser Strenge ganz zu brechen, packte die neue Kunst das Leben selbst.

So wie die leibhaftigen Menschen sich trugen und hielten, so bildete sie sie in Stein. Aber wohlverstanden nur jene Menschen eines auserlesenen Kreises, der den Inbegriff feiner Sitte umschloss.

Dieser war eben die ritterliche Welt der höfischen Gesellschaft. Die Männer und Frauen, die hier zu Hause waren und die den Ton angaben für alle Vorschriften des Wohlanstandes, wurden die Vorbilder der Plastik, wie sie im Leben selbst die bewunderten Muster irdischer Vollkommenheit waren. Was der künstlerische Blick von ihrem äusseren Wesen erfassen konnte, das wurde im Steinbild verkörpert. All jene Regeln des weltmännischen Betragens, die in den Dichtungen mit so breiter Umständlichkeit erörtert sind, werden nun fruchtbar im Dienste der Plastik. Wie man den Mantel zu tragen und die Schleppe zu heben, wie man sich zu neigen und zu bewegen, sich zierlich zu halten und mit schleifendem Schritte zu nahen hatte, die Geste der Hand und das Lächeln des Mundes — kurz das Tausenderlei der konventionellen Formen ist der reiche Schatz, aus dem der bildnerische Künstler seine Anregungen schöpft. Und mit welcher Frische geht er an's Werk!

Obgleich die Plastik noch immer in dem engen Bereich der Portalausschmückung sich bewegt, schreitet sie schnell zur Szenenbildung vor. Die Geschichten des neuen Testamentes werden nun von den Figuren an den Gewänden der grossen Eingangshallen dargestellt, in deren hohen und weiten Räumen gleich wie in Gallerien noch heute diese Statuen ihren würdevollen Platz haben.

Ich kann mir nicht versagen, eines der charakteristischen
Beispiele hier zu erwähnen, um den Beweis für meine Ausführungen zu liefern. Ich meine jene Szene der Darbringung im Tempel,
eine Gruppe von vier Personen, die in der Mittelhalle des Kathedral-
portales in Reims steht.

Die beiden mittleren Personen sind Maria, die das Kind hält,
und der greise Simeon, der es ihr aus den Armen nehmen will
und deshalb ein Tuch in Bereitschaft hat, nach jenem uralten
byzantinischen Gebot, demzufolge einen hehren Gegenstand mit
blossen Händen anzufassen, für Entweihung galt. Die göttliche
Jungfrau zeigt noch jenen schlichten Typus, der aus der älteren
Kunst abgeleitet ist und bietet ebenso wie der würdig und einfach charakterisirte Greis weniger Interesse, als die beiden Gestalten nebenan, die nur als Zuschauer der Szene beiwohnen.
Es sind Joseph und Hanna. Nach dem biblischen Texte und alten
ikonographischen Regeln ist ihre Anwesenheit hier nothwendig.
Aber nur aus derartigen Vergleichen mit älteren Vorbildern und
aus ihren Attributen können wir sie wiedererkennen.

Denn wer möchte in jenem schmucken Edelmann den gries-
grämigen Joseph vermuthen und in der jugendlichen Frauengestalt
die achtzigjährige Hanna der Bibel? Hier ist sie eine schlanke,
hoch gewachsene Dame vornehmer Herkunft, die sich mit leichter
Eleganz dem Vorgange mit dem Kinde zuwendet. Sie hat das
eine Ende ihres Mantels, wie es die Sitte gebietet, unter den
Arm gesteckt, so dass vorn ein bewegliches Faltenspiel die
Wirkung ihres sonst anspruchslosen Kostümes hebt. Durch die
Anmuth ihres Wesens zieht sie allein den Blick auf sich. All
der Liebreiz, der von ihr ausgeht, sammelt sich in dem feinen
Köpfchen, welches ein zierlich gefälteltes Schleiertuch schmückt.
Erst in dem hellen Lächeln der schmalen, liebenswürdigen Züge
und dem heiteren Blick erkennen wir die feine Absichtlichkeit
der ganzen Haltung. Da wird es offenbar, dass nicht nur natürliche Grazie, sondern wohlerzogene Züchtigkeit ihre Bewegungen
leitet, ja noch mehr, in der leisen, schalkhaften Koketterie verräth sie sich als die Meisterin höfischer Manieren.

Wie frisch und keck tritt dagegen der geschmeidige Ritter
an der anderen Seite der Szene auf. Er hat den Mantel auf der
rechten Schulter geknüpft und mit dem linken Arm aufgerafft,

so dass seine Gestalt von malerischen Falten ganz umflossen ist.
Schon der Wurf dieses prächtigen Kleidungsstückes — es ist
modische Tracht — verleiht der mannhaften Erscheinung den
Eindruck von Kühnheit und Stolz. Wie wird er aber noch gehoben
durch die herausfordernde Haltung des Kopfes mit dem üppigen
Schmuck des luftig flatternden Haares. Dazu der Uebermuth seines
Auftretens. Der religiösen Funktion, die neben ihm sich vollzieht,
widmet er nur flüchtiges Interesse, obgleich die Opfergabe in seiner
Hand auf eine angelegentlichere Betheiligung schliessen liesse.
Er lässt seinen Blick zur Seite schweifen, mit einer Art sieges-
gewisser Schalkheit. Und dazu stimmt vortrefflich das spottlustige
Lächeln des Mundes. Auf den gespitzten Lippen scheint ein keckes
Witzwort zu liegen, so sprechend ist der Ausdruck, so bezeichnend der flottgedrehte Schnurrbart und die selbstbewusste Heiter-
keit des offenen Gesichtes. Wem der Blick aber gilt, kann wohl
nicht zweifelhaft sein; offenbar der jugendlichen Partnerin gegenüber. Denn dorthin ist seine ganze Haltung gerichtet. Und diese
Beziehung entspricht auch ebenso der geschlossenen und nach
innen gerichteten Composition der gesammten Gruppe.

Ich kenne keine Figur der mittelalterlichen Plastik, die die
aristokratische Galanterie des Hofmannes mit solch packender
Lebenswahrheit schilderte, wie dieser heilige Joseph in Reims.
Um aber die Keckheit der Darstellung recht zu verstehen, muss
man die Rollen vergleichen, die die heiligen Personen hier spielen
und wie die biblische Geschichte sie vorschreibt. Ist es zuviel
gesagt, dass die jugendlichen Menschenbilder dieser würdigen
Szene wie einem heiteren Feste beizuwohnen scheinen? Nur
vorübergehend weise ich auf dieses Moment hin, lediglich um die
Auffassung zu charakterisiren, die das Künstlergeschlecht der frühen
Gotik von heiligen Dingen hegte. Auch gilt es, hier die weitver-
breitete Ansicht zu beseitigen, nach der die Gotik ihre Gestalten
in einer Art weltentrückter Gefühlsextase schuf.

Ganz im Gegentheil: in allen Einzelheiten zeigt sich hier
eine heitere Beobachtung des weltlichen Treibens.
Jene Eleganz der Haltung überzeugt wie ein Abbild der Wirklichkeit. Und trotz des sanft ausgeglichenen Charakters der Formensprache überall eine bestimmte Sachlichkeit in der Wiedergabe des Stofflichen und Körperlichen. Die Figuren sind noch

frei von jenem weitausgebogenen Gesammtschwung, ohne den wir eine gotische Statue nicht denken können. So wie sie dastehen, sind es Kinder der Welt. Julius Lange[188] bemerkt einmal feinsinnig, dass das Mittelalter allerdings mit dem Blicke nach oben lebte. Jene Figuren hingegen sahen gerade vor sich hin oder direkt nach unten, als ob sie nicht theilnähmen an der Stimmung der Gläubigen, die die Kirche betraten und durch den Linienzwang der Architektur ihren Blick nach oben wenden mussten.

Damit ist auf jenen Dualismus im mittelalterlichen Leben angespielt, der zwischen Diesseits und Jenseits, zwischen irdischem Behagen und himmlischer Sehnsucht schwankte. Er ist mehr oder weniger jeder Epoche eigen und in der religiösen Kunst am deutlichsten fühlbar. Wie stark nun das geistige Dasein des XIII. Jahrhunderts von ihm ergriffen war, kann nicht von dieser Untersuchung beantwortet werden. Wir haben es hier nur mit der Plastik zu thun. Die aber war in ihrer ersten Jugendzeit ganz gewiss der „Frau Welt" ergeben. Erst später kommt jene transcendentale Stimmung über sie. Ihre innere Wandlung fällt mit äusseren Schicksalen zusammen. Als sie nämlich nur noch dekorative Kunst war, im äusserlichsten Sinne, und in die Hände zünftig geschulter Handwerker gerieth, andrerseits als sie in immer breiteren Volksschichten Wurzel schlug, da trat auch eine schematische Oberflächlichkeit der Formbehandlung ein, die leer und inhaltlos war, aber wegen einer gewissen lyrisch-sentimentalen Haltung für ideal genommen wird. Auszunehmen sind jene Sculpturen, die sich an reale Vorbilder halten, daher die Grabplastik mit ihrem genauen Kostümstudium Tüchtiges und Bleibendes geleistet hat.

Diese Bemerkungen gelten vornehmlich für Deutschland. In Frankreich aber blieb die Plastik ihrem ursprünglichen Wesen länger treu. Von Haus aus war sie eine aristokratische Kunst, das beweisen ihre Typen und ihre Modelle, das gilt auch von ihrer Formensprache und ihrer geistigen Haltung.

Wenn sie nun hier länger auf gleichen Wegen blieb, so lag das daran, dass sie die lebendigen Muster nicht aus dem Auge verlor, zumal in der Champagne, wo sie sich auch zuerst selbst gefunden hatte. Im Mittelpunkte alles höfisch-ritterlichen Wesens in Europa entfaltete sich auch die schönste Blüthe frühgotischer Plastik. Das Ineinandergreifen beider Erscheinungen bezeugt deutlicher, als umständliche Analysen die Weltfreudigkeit dieses Geschlechts, dem allein die Gegenwart und der leibhaftige Mensch das beste Objekt künstlerischer Darstellung dünkte.

Es ist schwer zu ermessen, wie ungeheuer dieser plötzliche Umschwung künstlerischer Anschauung auf die Zeitgenossen gewirkt hat. Unter ihnen haben wir aber nicht nur jene Kirchgänger zu verstehen, die in Reims ihr vollkommeneres Ebenbild in den Statuen des Portals wiedererkennen mussten, sondern all jene weiten Kreise, die in Deutschland und darüber hinaus unter dem Einflusse der Champagne standen. Seinen Wirkungen begegnen wir in Bamberg. Wir befinden uns daher mit unserer Untersuchung nicht auf dem beschränkten Gebiete einer kleinen Bischofsstadt Mitteldeutschlands, sondern gehen einer Strömung nach, die in breiter Bahn sich aus dem Quellgebiete im nord-östlichen Frankreich über die östlichen Grenzen ergoss. Und indem wir uns jetzt anschicken, die speziellen Beziehungen unserer Domsculpturen zu denen in Reims zu entwickeln, studieren wir die ersten Boten frühgotischer Plastik in Deutschland. Dass diese aber französischer Abstammung sind, soll als der Kernpunkt der ganzen Frage bewiesen werden. —

## Die Gruppe der Heimsuchung.

Die stattliche Reihe der Portalstatuen der Kathedrale von Reims bietet stilistisch ein ziemlich einheitliches Bild dar, obgleich sich verschiedene und zeitlich weit auseinanderliegende Richtungen hier kreuzen. Aber zwei weibliche Figuren, fallen ganz aus dem Zusammenhange heraus: die Maria und Elisabeth der Heimsuchung.[189]

Ihr fremdartiger Eindruck beruht weniger auf einer besonders starken Differenz der Arbeit, als vielmehr des Wesens. Sie scheinen aus einer anderen Welt zu stammen. Aeusserlich genommen haben sie nach Tracht und Formbehandlung nichts mit den übrigen Figuren gemein. Die Anlage auf das Breite und Volle, der Wurf des schmucklosen Gewandes mit der kunstreichen Fältelung verrathen, dass ihnen ein Werk als Modell gedient hat, welches an statuarischer Sicherheit und künstlerischem Werthe einer reiferen Periode angehört. Auch fehlt ihnen der frische Zug und jugendliche Reiz gotischen Empfindens. Es kann kein Zweifel darüber sein: in ihrer getragenen Ruhe und vornehmen Würde sind sie die unverkennbaren Abkömmlinge der antiken Plastik.

Die imposante Gestalt der antiken Maria ist nicht das Ideal der Gotik. Die Glieder sind zu voll, die schwellenden Formen des Leibes zeichnen sich zu deutlich unter der Hülle ab. Der Mensch der Gotik ist hager und schlank, sein Körper unter den schweren Stoffen versteckt. Nur die Schultern, die Ellenbogen, die Hüften und Kniee prägen sich in der Kleidung aus, meist spitz und knochig.

Aber dieses prächtige Menschenbild gleicht mehr einer römischen Juno, als der zarten und züchtigen Jungfrau, wie die mittelalterliche Phantasie die Maria sich dachte. Es war daher unmöglich, dass diese antike Erscheinung das höchste Ideal hätte verkörpern können, welches die religiöse Vorstellung des XIII. Jahrhunderts in der Maria besass. Die fast üppige Frauengestalt konnte nur so lange einen Ersatz bieten, bis die christliche Plastik ein wirkliches Idealbild geschaffen hatte. Noch in der gleichen Periode ward es gefunden. Das war die zu unendlichem Ruhme gelangte Figur der hl. Jungfrau in Amiens. Sie ist unzählige Male wiederholt worden, schliesslich ganz fabrikmässig. Es scheint mir, dass ein bestimmter gotischer Typus der gekrönten Mutter Gottes, von dem fast jede Dorfkirche ein Beispiel besitzt, in der Erfindung auf jene schönste Idealbildung von Amiens zurückgeht. Hier ist sie die schlanke Maid, die zur Himmelskönigin erhoben wird. Voller Anmuth weiss sie lieblich zu lächeln und mit bewusster Zierlichkeit den freien Arm zu bewegen, während sie auf dem anderen das göttliche Kind trägt. In ihr ist durch eine wunderbare Vermischung des Ueberirdischen mit weltlichen Vorstellungen der Geist der Zeit zu überaus charakteristischem Ausdruck gelangt. Sie kann als Inbegriff der Gotik gelten. Obgleich fast zum Range einer Göttin erhoben, ist diese Maria dennoch mit allen irdischen Reizen ausgestattet, als hätte es gegolten, ein vollkommenes Frauenbild im Sinne der höfischen Welt zu schaffen. Sie ist nicht fromm, nicht erhaben, aber auch nicht demüthig. Sie ist stolz und ihrer Schönheit sich voll bewusst. Wenn sie dem göttlichen Sohne sich zuneigt, so ist das nicht das weltverlorene Glück der Mutter mit ihrem Kinde, sondern das graziöse Spiel, durch welches eine schöne Frau entzückt und Bewunderung erregt. Unverkennbar hat die künstlerische Phantasie hier anmuthige Erfahrungen des Lebens dargestellt. So haben noch gegen Ende des Jahrhunderts die heiligen Frauen einen Beigeschmack weiblicher Koketterie, die nur den liebenswürdigen Künsten der vornehmen, weltlichen Damen abgesehen sein kann. Gewiss kein Zug, der für eine lediglich dem Idealen ergebene Stimmung beweiskräftig wäre. — In das rechte Licht wird diese Maria erst gerückt, wenn wir sie neben den Marientypus stellen, der aus der romanischen Kunst in Chartres abgeleitet ist. Ich meine jene bescheidene Maria der Verkündigung und Darbringung aus Reims, ein flachbrüstiges, unscheinbares Wesen, welches demüthig wie eine Magd das Haupt senkt. Sie steht dicht neben der Prachtgestalt der antiken Maria, so dass wir nun schon drei Versuche kennen gelernt haben, in denen die Aufgabe behandelt wird. Sie lag der Zeit des begeisterten Mariencultus sehr am Herzen. Die endgiltige Lösung war die Maria von Amiens. Diejenige von Chartres verschwindet schnell. Die antike Maria aber hat meines Wissens nur ein einziges Mal eine Nachfolgerin gehabt. Und das ist die Maria der Heimsuchung in Bamberg.[190]

Aber sie ist doch ein wesentlich anderes Gebilde.

Schon was der prüfende Blick zuerst erfasst, die Proportionen sind nicht mehr dieselben. Und wenn sich an der Reimser Maria wegen der Feinheit der Meisselführung und des vollendeten Geschmackes der zarten Fältelung Zweifel erheben könnten, ob wirklich eine Hand des XIII. Jahrhunderts derartige Fertigkeit besass, so überzeugt sich hier das Auge leicht, dass diese tiefen Faltenzüge und die stumpfere Behandlung des Stofflichen durchaus mittelalterlich sind. Da also schon der Gesammteindruck eine auf anderem Grunde beruhende Anschauung verräth, so mag eben deswegen das Geheimniss ihres Zusammenhanges lange verborgen geblieben, andererseits die Entdeckung desselben nur einem fein beobachtenden Blicke möglich gewesen sein. Wir verdanken sie der Kennerschaft Dehios. Und doch war auch in dem zweiten getrübten Bilde in Bamberg das „klassische Gepräge"[191] längst erkannt worden, ehe es in Reims in der ersten Nachbildung eines antiken Originales auch von dem berufensten archäologischen Urteil bestätigt wurde.

Welcher Zufall oder welcher tiefere Grund den französischen Meister veranlasst haben mag, gerade eine antike Statue für die hl. Jungfrau zu benützen, kann nur mehr vermuthet, aber nicht entschieden werden.

Ganz gewiss war es in erster Reihe das fertige System, welches er in der antiken Plastik vorfand und anstaunte. Dann aber begegnete er in ihr einer wahrhaft erhabenen Art, den menschlichen Körper zu betrachten und darzustellen. Denn ihre Mustergiltigkeit ist in den verschiedenen Stilepochen der christlichen Kunst mannigfach gedeutet, aber immer wieder anerkannt worden. Sie kann ihren Werth als höchste Idealschöpfung niemals verlieren. So mag auch in diesem Falle die schöne Vollkommenheit des heidnischen Bildes den mittelalterlichen Meister berückt haben. Und damit befand er sich im Einklang mit jenen italienischen Bildhauern, die ebenfalls die alte Kunst zu Rathe zogen, wenn ihnen ihr eigener Formenschatz nicht genügte, die höchsten Vorstellungen zu verkörpern Niccolo Pisano nahm eine junonische Statue, um daraus eine jungfräuliche Maria zu machen. Die süditalienischen Meister in Capua, denen Niccolo auch anzugehören scheint, hatten ebenfalls keine Bedenken, einen römischen Marmor zu kopieren und dies Werk ihrer Hände dann mit heiligen Namen zu belegen.

Fast zu der gleichen Zeit spielen sich dieselben Vorgänge in Reims ab, wo plastische Werke aus der Römerherrschaft noch heutigen Tages [191] erhalten sind und im XIII. Jahrhundert gewiss noch zahlreicher zu finden waren. Was diese Benützung antiker Sculpturen auszeichnet, ist die Geschicklichkeit der Copistenarbeit. Mit Feingefühl und innerem Wohlgefallen sind die Bewegungen der Faltenzüge wiedergegeben und das hohe Wesen der antiken Gesichtsbildung nachempfunden. In Reims sogar in noch höherem Grade, als in Pisa und Capua.

Auch wird bei der Umgestaltung in's Moderne nur wenig an dem klassischen Modell geändert. Es ist nicht viel, was von dem eigenen Stilgefühl der Zeit in die neue Figur übergeht, denn der moderne Meister steht gläubig vor seinem Vorbild. Was Befangenheit scheint, ist zum guten Theil ehrliche Bewunderung. Und das ist gewiss ein sehr bemerkenswerther Zug, da er unmit-

telbar vor dem Eintritt der Gotik sich äussert, in Italien, wie in
Frankreich, auch in Deutschland, nur dass er hier aus zweiter
Hand stammt. Diese Freude an klassischer Kunst scheint also
ein Vorgefühl der selbstbewussten Schaffenslust gewesen zu sein,
die erst nachher in frühgotischer Zeit sich ermannt, in selbster-
fundenen Formen zu arbeiten. Vielleicht ist manche Errungen-
schaft der neuen Kunst durch diesen Zwischenzustand vorbereitet
worden. Nur mit Befremden kann man die Thatsache anerkennen,
dass unmittelbar nach jenen langgestreckten Säulenfiguren der
romanischen Plastik, die mehr zu hängen, als zu stehen scheinen,
in der gotischen Kunst Statuen auftauchen, in denen die Ponderation wie eine langbekannte Vorschrift gehandhabt ist. Und doch
war sie längst vergessen. So darf vielleicht der Gedanke hinge-
worfen werden, gerade durch die Betrachtung der antiken Plastik
sei dieses statuarische Gesetz der neuen Kunst leicht und mühelos
vermittelt worden. Allerdings hat sich gleich von vornherein ein
Fehler eingeschlichen: die Gotik hebt die Schulter über der
ausgebogenen Hüfte, statt sie nach antiker Weise sinken zu
lassen. Je ungeschickter nun die Hände wurden, denen die
gotische Plastik sich anvertrauen musste, d. h. je mehr sie in
die volksthümlich-bürgerlichen Kreise eindrang, desto stärker
wurde die Bewegung der Hüfte und desto mehr erinnerte die
Haltung der Gestalt an die Krümmung des Bogens. Damit war
sie an der Grenze der Karrikatur angelangt. Blicken wir aber
vom Ende zurück an den Anfang — um wie viel verständniss-
voller und feiner ist da die Stellung der Figur behandelt, als ob
höhere Meisterschaft die Hand des Bildners geleitet hätte! Doch
wenn ich zu vermuthen wage, die Antike habe ihm diesen Dienst
erwiesen, so bin ich mir wohl der hypothetischen Natur dieser
Bemerkung bewusst, zu der ich übrigens vornehmlich durch Beobachtungen von archäologischer Seite her angeregt worden bin.

Wie dem auch sei, Haltung und Stellung bilden eines der
sichersten Kriterien gerade der Frühgotik. Die Charterer Maria,
der älteste Typus, ist noch steif und bewegungslos, streng frontal.
Der Engel Gabriel an ihrer Seite dagegen schon völlig frei,
gelenkig und bewegt. Aber ebenso schnell stumpft sich das Auge
für die natürliche Haltung ab, oder anders betrachtet, das gotische
Stilgefühl erstarkt gleich rasch. Es ist daher nicht zu verwundern,

dass auch in unserer Bamberger Maria die Stilprinzipien bereits
stärker betont sind.

Die Hüfte, die an der Reimser Figur nur leise eingezogen
war, ist an der deutschen Figur kräftig ausgebogen. Das entlastete
Bein, dort lose neben das Standbein gesetzt, wird hier schwerfällig
nachgezogen. Eine schwingende Bewegung, die nach rechts aus-
schlägt, beginnt hier in dem schleppenden Fusse und ergreift
sodann die ganze Gestalt, sodass die Bauchparthie sich hervorwölbt
und die Schultern lässig abfallen.

Das ist bereits der charakteristische Schwung der neuen
Kunst, wenn er auch nur in gemilderter Form erscheint. Immerhin, das gotische Stilgefühl ist da und in jeder Einzelheit
unverkennbar. Wie anders ist das Gewand behandelt! In Reims
ist es aus dünnem Stoffe, der leicht über die vollen Formen fliesst.
Er dient nur dazu, die Gliederpracht des stattlichen Weibes zu
heben. Im deutschen Bildwerke ist der Stoff schwer, die Falten
eingeschnitten, der Mantel umschliesst und verhüllt. Auf ihn hat
der Künstler den Hauptaccent gelegt und ihn zu dominierender
Wirkung gehoben, indem er alles ins Schwere und Reiche wendet.
Den Ueberfall des Mantels über den linken Arm macht er zu einer
kompakten Masse, die von einem dichten Gewühl von Falten-
zügen durchfurcht wird. An der französischen Figur war dieses
Motiv nur ganz schwach, ein spärliches Stück des Stoffes genügte.
Hier aber ist es ein dicker Wulst, der die Statue so sehr auf
der einen Seite belastet, dass das Gleichgewicht der Massen völlig
aufgehoben ist. Die Stoffmenge zerrt gleichsam den Arm, über
den sie gehängt ist, herab.

Durch die festere Natur des Stoffes ist auch eine andere
Faltengebung bedingt. Hier ist sie tief gefurcht, gedrängt und
langzügig. Ruhige Flächen fehlen, die Erscheinung besteht aus
tiefen Thälern und steilen, gratigen Rücken. Nur um das Knie
herum liegt der Stoff glatt an, so dass es spitz und scharf aus ihm
hervordringt. An der Reimser Figur ist alles weich, ebenmässig
und schmiegsam. An ihr ist auch die Verwendung der Palla als
Kopftuch zu beachten. Der Stoff ist über das Haupt gezogen.
Wie ein Schleier liegt die Hülle auf dem dichten Haar, das Antlitz
blickt frei und offen heraus. Der Bamberger Maria hängt das
Gewand kapuzenartig über die Stirne, tiefe Schatten werfend, als

solle es das Gesicht verstecken. Die Draperie ist auch nicht
ganz verstanden, denn der Mantel ist auf der Brust geschlossen,
während in dem antiken Vorbilde der ungenähte Stoff des Peplons
in übereinandergreifenden Zügen um Büste und Schultern lose
herumgeschlungen ist. — Schliesslich ist auch zu beachten, wie
sich die Falten, dort wo das Gewand am Boden aufstösst, an
der deutschen Figur häufen und knittrig durcheinander geworfen sind.

Was die Behandlung des Körpers betrifft, so sahen wir schon,
wie sich die Gestalt gestreckt hat. Die Glieder sind schlanker,
magerer geworden, das wohlgerundete Oval des antiken Antlitzes
ist hier schmaler und steiler. Die breite Fülle des umrahmenden
Haares dort schlüpft hier ganz unter die Kapuze, nur ein paar
Löckchen lugen noch hervor. Dort das Auge gross und weit geöffnet,
hier halb von den zusammengezogenen Lidern geschlossen. Der
schöne, fast üppig gezeichnete Mund ist herber, leicht gespitzt.
Statt des fleischigen, runden Kinnes fühlt man hier deutlich die
knochige Bildung unter der strafferen Haut.

Der Veränderungen sind also viele und wesentliche.[193]

Ebenso kehren die Merkmale einer stilisierenden Uebertragung
bei der Figur der Elisabeth wieder. Dass im Oberkörper die
beiden Seiten vertauscht sind, will weniger besagen, da dergleichen
sehr häufig in der mittelalterlichen Plastik wiederkehrt. Aber
viel bezeichnender ist die Aenderung in der Handhaltung, in
der sich eine wohlüberlegte Absicht versteckt. Die klare Gebärde
der Begrüssung hat der Bamberger Künstler vertuscht und zwar
dadurch, dass er den Mantel über die Hand zog und sie ausserdem einen Gegenstand, der aber abgebrochen ist, tragen liess.
Dieses Attribut oder was es nun gewesen sein mag, ist jedoch
keineswegs für ihn die Hauptsache, sondern wiederum allein das
Arrangement des Mantels. Ihm genügte augenscheinlich der dünne
Stoff und das einfache Gefältel nicht. Er wollte eine vollere
Wirkung, und so verdoppelte er das Motiv der Raffung des Gewandes. Das eine Ende des Rückentheiles hält Elisabeth als
dicken Bausch unter ihrem rechten Arm. Den schleppenden
Vordertheil aber hat sie mit der Linken emporgehoben, so dass
ein Ueberfall sich in schwerem und breitem Flusse fast über die
eine ganze Hälfte der Statue ergiesst. Es ist ein Effektstück

schwülstiger Draperie. Dem gotischen Geschmack zu Liebe ist
derart die gedämpfte und vornehme Behandlung des Reimser
Originales ins Überreiche gesteigert worden. Das sind die Anfänge
zu jener Stoffverschwendung und rauschenden Faltengebung, von
der die menschliche Gestalt im Laufe der Entwicklung fast er-
drückt wird. Der Sinn für Maass und Ordnung beginnt nachzu-
lassen. Man sucht durch tiefe Einschnitte Lichter und Schatten
scharf nebeneinander zu stellen und dadurch ein unruhiges, auf-
geregtes Leben zu schaffen. Dabei fehlt das Verständniss für den
Organismus der Statue. Es musste sogar fehlen, solange der
unter dem Gewande verhüllte Körper, seine Formen und im
letzten Grunde sein anatomischer Bau nicht begriffen waren

Die Oberfläche wird als etwas Selbständiges behandelt, willkürlich und lediglich um der Effekte der Draperie willen.

Hand in Hand geht damit ein stärkerer Ausbruch des Innen-
lebens. Gerade der reiche Empfindungsgehalt giebt der hochaufge-
richteten Gestalt der Elisabeth ein bedeutsames Pathos. Mit einem
tief erregten Blick hat die Greisin ihr Haupt erhoben, so dass
der breite, sehnige Hals sich unter dem Schleier entblösst, der
in seiner Kraft mehr auf mannhafte Energie, als weibliche Ge-
brechlichkeit schliessen lässt. Auf dem gealterten Antlitz zeugen
scharfe Furchen und herbe Linien von einer gewaltsamen Spannung,
deren Grund aber verborgen ist, so dass dem ehrwürdigen Frauenbild ein seltsamer Reiz eignet. Ein Widerspruch liegt in ihrem
Wesen: innere Leidenschaft scheint von einem festen Willen
gedämpft. Die Brauen sind zusammengezogen, das Auge liegt
tief im Schatten der vorspringenden Stirn. Ein starkes Kinn und
magere Wangen, dazu die priesterliche Binde und das Schleiertuch
auf dem Haupte steigern noch den Eindruck eines weltabgekehrten
Menschen. Auch galt sie stets für ein Wesen höherer Art und
noch heute ist sie allein unter dem Namen der „Sibylle"
bekannt.

Mit der Reimser Figur verglichen ist die Auffassung des
Charakters unendlich viel tiefer und grossartiger.
In allen Einzelheiten der Gesichtsbildung und Haltung ist er
glücklich durchgeführt, die Anlehnung an das französische Original
dabei so unverkennbar, dass sich hier ein merkwürdiges Gemisch
schöpferischer und abhängiger Thätigkeit ergiebt.

Auf die Zuthat aus eigenem Vermögen möchte ich aber
besonderen Nachdruck legen, da die Selbständigkeit des Künstlers
nicht nur gerade für diese analytische Würdigung seiner Werke,
sondern auch in absoluter Beurtheilung das werthvollere Gut ist.
Was er nun aus eignem Vermögen gegeben, das soll uns jetzt
dazu dienen, das Verhältniss zu seiner Quelle genau zu präcisieren,
von dem sich eine bestimmte Vorstellung wohl bereits angebahnt
hat. Die Hauptzüge der Anlage stimmen überein. Wo der Künstler
aber abweicht, ist er nicht etwa schwächer, unfähiger, sondern
consequenter. Seine Aenderungen sind allein durch ein schärferes
und regeres Stilgefühl diktirt. Ganz bestimmte Dinge werden
vergrössert, einseitig übertrieben. Andere schrumpfen zusammen
und schwächen sich ab. Diese Beobachtung ist festzuhalten, wenn
wir uns nun den übrigen Bamberger Sculpturen zuwenden. Sie
soll uns den Blick für ähnliche Erscheinungen offen halten, in
denen offenbar der Kern unseres Themas verborgen liegt: die
Persönlichkeit des jüngeren Bamberger Meisters, den wir nun
nach seiner Hauptleistung den „Meister der Heimsuchung"
nennen wollen.

Allerdings ist sonst keine der Reimser Figuren so gewissen-
haft in Bamberg wiederholt worden. Das mag durch das geschlossene Wesen der antiken Figuren bedingt gewesen sein.
Ihnen gegenüber war der kopirende Meister von vornherein befangen, während an den anderen Statuen sein kritisches Empfinden gleich viel lebhafter mitsprach; er stand den gotischen
Schöpfungen als gotischer Mensch gegenüber.

## Kaiser Heinrich und die hl. Kunigunde.

Dehio hat in Erwägung gezogen, es möchte auch zwischen
den beiden Figuren des Kaisers Heinrich und der Kunigunde in
Bamberg und den Gestalten des Königs Salomo[194] und der Königin
von Saba in Reims ein ähnlicher Zusammenhang bestehen, wie
der vorausgeschilderte. Aber er hat sich sehr vorsichtig ausgesprochen, obgleich er von seiner Beobachtung durchaus überzeugt war. Dass er in diesem Falle nicht so entschieden für
seine ausgezeichnete Entdeckung eingetreten ist, hat seinen guten

Grund. Ihm waren die Zwischenglieder noch unbekannt, die von dem Reimser zum Bamberger Typus hinüberleiten, und ohne diese wichtigen Mittelglieder musste das bisher so klare Verhältniss getrübt und verschleiert erscheinen.

Bei der Königin von Saba und der Kaiserin Kunigunde ist es noch leicht, sich von der Uebereinstimmung in der gesammten Anlage zu überzeugen. Derselbe Charakter der schlanken, fast zierlichen Gestalten fällt sofort in die Augen. Ferner der lange Zug der Falten, wie er von Hüfte und Schooss in grossem Schwung zum rechten Fusse herabfliesst. Nur ist die Kunigunde ungegürtet und die Hände sind anders bewegt. Mit elegantem Griffe der rechten Hand fasst die morgenländische Königin die Schleppe ihres Mantels; Kunigunde hält in der Rechten ein Kirchenmodell. Die grüssende Bewegung der Linken mag wohl bei beiden ziemlich die gleiche sein. Aber im Kopf ist ein anderer Typus an die Stelle des Reimser getreten. Die Königin von Saba mit ihren feinen Zügen, die eine weiche wellige Haarfülle umrahmt, ist offenbar von demselben Meister gearbeitet, der den Engel zur Linken des hl. Remigius geschaffen hat. Die Köpfe gleichen sich so ausserordentlich, als ob für beide ein und dasselbe Modell gedient hätte. Ich glaube sogar, dass dabei der Typus der antiken Maria der Heimsuchung in dem allgemeinen Eindruck als bestimmender Faktor mitgewirkt hat. Wenigstens sind dies die beiden einzigen Köpfe, in denen die vollere Formengebung jener Idealfigur nachklingt.

Die Bamberger Kunigunde hat nun in der That nichts von diesem Reimser Typus. Es ist ein schmales Gesicht, die Züge sind schärfer, der schmale Mund hart an der Grenze zu jenem unmotivirten Lächeln, welches die gotischen Gesichter so häufig mehr verzerrt, als belebt. Auch zeigt das Auge mit der wenig geöffneten Lidspalte eine andere Bildung, es fehlt die ausgebohrte Pupille. Diese wesentliche Abweichung darf jedoch nicht etwa als Gegenbeweis der Abhängigkeit angeführt werden. Der Fall ist anders zu erklären. Der Bamberger Meister hat sich einen eigenen Gesichtstypus gebildet, der namentlich in den weiblichen Figuren in allen ihm oder seiner Werkstatt zugehörigen Bildwerken wiederkehrt. Nur ein Mal kann ich ihn mit einem in Reims vorkommenden Kopfe in Vergleich stellen: an den Statuen der Kirche

und Synagoge springt, trotz der Umbildung, die Verwandtschaft
mit den gleichnamigen französischen Figuren in die Augen. Wir
werden später noch darauf zurückkommen.

Aehnlich wie hier, liegt das Verhältniss bei den Statuen Sa-
lomos und Kaiser Heinrichs. In der Gewandung wiederum
eine augenscheinliche Anregung, die von Reims ausgeht. Dort
nimmt nun die betreffende Figur eine Sonderstellung ein. Sie ist
auch schon litterarisch bekannt. Schnaase[195] hat sie bereits abgebildet, um zu zeigen, wie in der Gewandbehandlung der frühgotischen Figuren oft noch deutliche Erinnerungen an die Antike
auftauchen. Möglich, dass analog der Gruppe der Heimsuchung
auch dieser Figur ein antikes Original als Modell gedient hat.
Wie eine Toga ist der Mantel unter dem linken Arm hervorge-
zogen und über die rechte Schulter geworfen.[196] Doch ist in der
Meisselführung und im Detail nichts zu entdecken, was klassischen Vorbildern abgesehen wäre. Die breitere Behandlung
stimmt vielmehr eher zu dem reingotischen Charakter der übrigen Statuen. Doch soll nicht geleugnet werden, dass in der volleren Anlage, im Wurf des Mantels, im Gesichtstypus, bei dem
Dehio mit Glück an einen Odysseuskopf[197] erinnert hat, deutliche
Anklänge an Werke des Alterthumes sich kundgeben. Nur über-
raschen sie nicht in dem Maasse, wie an den weiblichen Statuen.
Dennoch hat man im Kaiser Heinrich, lange bevor diese Reimser
Figur zum Vergleich herangezogen war, bereits eine „klassische
Haltung" zu erkennen geglaubt. Anlass dazu gab natürlich die
togaartige Draperie des Mantels, obschon sie lange nicht mit der
Freiheit behandelt ist, wie in Reims. Die Falten laufen enger,
dabei furchiger, der Stoff fällt schwer und schlaff am Leibe herab
und sackt sich auf dem Oberschenkel.

Wie anders hat der Reimser Meister dasselbe Motiv aufgefasst, dadurch, dass er den Arm in die Mantelschlinge wie in
eine Binde hineinlegt. Dergestalt spannt der Stoff sich straff, die
Schwere des Armes zerrt ihn und presst ihn glatt gegen die
Brust und wie überall, wenn Druck und Widerstand in der
Kunst deutlich charakterisiert sind, empfangen wir auch hier
den Eindruck von etwas Lebendigem. Der Sinn des Motives
ist aber an der Heinrichsfigur verschwunden, weil es nur matt
und äusserlich wie nach einer schwachen Erinnerung wiederholt

wird. Der Arm ragt frei aus dem Mantel heraus. Um nun die
antike Abkunft ganz zu verleugnen, ist der Mantel mit Schliessen
und dem quer über die Brust laufenden Halteriemen ausgestattet
und derart deutlich als jenes Prunkstück der höfischen Tracht
gekennzeichnet, wie es die Fürsten bei festlichen Gelegenheiten
trugen. [198] Der Vorgang ist sehr bezeichnend. Der jüngere Künstler
will vor allen Dingen das modische Kostüm geben, hält sich aber
in der plastischen Behandlung an das antike Muster, wie er es
in der Reimser Figur vorfindet. Natürlich schleichen sich Missver-
ständnisse und Entstellungen ein. Der ausgleichende Formcharakter geht verloren; er wird härter, spröde und trocken. Und wie
die Faltenzüge scharf und gradlinig einschneiden, so tritt auch
das Knie wieder spitz und eckig hervor. Was er vollbringt, ist
nur noch ein dumpfer Nachklang des ursprünglichen, klassischen
Wesens. [199] — Die Attribute erfordern natürlich eine veränderte
Handhaltung. Im Ganzen genommen sind also hier die Abweichungen viel wesentlicher, als bei irgend einer der vorher besprochenen Sculpturen. Die beiden Meister scheinen sich auf divergieren-
den Linien zu bewegen.

Bei einem Vergleich der beiden Köpfe verstärkt sich dieser
Eindruck. Im Kopf des Heinrich ist nichts mehr von alldem, was
an einen Odysseus erinnern könnte. Nur ganz im Allgemeinen
gemahnt er an den Reimser Typus, hauptsächlich aber nur durch
Wuchs und Schnitt des Haares. Sowie man ins Einzelne geht,
verlieren sich die Analogien. Meisselführung und Formenbehand-
lung sind durchaus anders. Doch wäre der Schluss, dass der
Typus des Kaiser Heinrich selbständig erfunden sei, voreilig; denn
wenn er auch nicht von den Portalstatuen abgeleitet ist, so zeigt
er doch eine überraschende Verwandtschaft mit einer ganzen Anzahl jener Reimser Königsstatuen, die die Fialen vor den Hoch-
wänden schmücken. Ich gebe hier in drei Abbildungen die
Köpfe eines Theiles dieser Figuren, die auf der Nord- und Südseite vertheilt sind. Daneben halte man den Bamberger Kaiser-
kopf. Beim ersten Blick könnte man sich verleiten lassen, die
vier Köpfe wenn nicht einem Meister, so doch einer Werkstatt zuzuschreiben, — so stark ist die Aehnlichkeit. Sie beruht vornehmlich auf der Bildung des tiefliegenden Auges, das dem Kopf eine
schwermuthig-ernste Stimmung giebt. Auch das breite Gesicht mit

den starken Backenknochen, dem freien, grossgebildeten Munde,
vor Allem aber der gleiche Schnitt, die gleiche Tracht von Bart-
und Haupthaar sind die überraschend gemeinsamen Grundzüge
dieses Typus. Bis in das Detail hinein lässt sich hier die Uebereinstimmung verfolgen. Die niedrige Stirn mit vorgewölbtem Stirnbein, das zurückweichende Auge, über welches jenes breite Polster
unterhalb des Augenbrauenbogens hinüberhängt und einen schweren
Schatten wirft, die schmale Nase mit breiter Spitze, vornehmlich
dann die knappe Bildung der Wange mit dem beträchtlichen Abstand der Backenknochen — all das ist ausserordentlich nahe
verwandt. Mancherlei Gemeinsames wird man auf die Vorschriften
der Mode zurückführen wollen. Doch ist die technische Behandlung
viel zu gleichartig, als dass man durch diesen Hinweis auf die
Zeittracht die Annahme einer plastischen Zusammengehörigkeit
schlechthin entkräften könnte. Man beachte das flutende, leicht
gewellte Haupthaar, das in losen Ringeln endigt, ferner den spärlichen Bartwuchs über der Mitte der Oberlippe, der sich nach den
Seiten zu verdichtet und in den Backenbart verläuft. Auch wie
die Krone auf das Haupt gedrückt ist und gerade in die Stirn
einen schmalen Streif kurz geringelter Löckchen hineinschiebt, ist
überaus charakteristisch. Noch sei dann auf die eigenartig schöne
Bildung der Krone selbst aufmerksam gemacht, die über dem
edelsteingeschmückten Reif in weichgerundeten Blattgebilden endigt.

Doch wenn auch ein allzu kritisches Auge in den Details
geringe Verschiedenheiten genug finden mag — die Hauptsache
kann nicht abgeleugnet werden: dass nämlich die Anlage und der
Stimmungsgehalt der beiden Typen, — wenn wir in diesem Falle
zwischen Reimser und Bamberger Typus überhaupt noch unterscheiden wollen — auf die Erfindung eines einzigen
Künstlers zurückgehen. Will man nun nicht annehmen, dass
beide von einem dritten abgeleitet sind, was indessen nur eine
hypothetische Ausflucht wäre, so muss man die Abhängigkeit des
Bambergers vom Reimser für gesichert halten.

Also hätten wir ein neues Bindeglied mehr, das diese weit
getrennten Werkstätten mit einander verknüpft. Nachdem wir
aber erst einmal jene wichtige Zwischenstufe der Fialenstatuen in unser Beobachtungsfeld hineingezogen haben, werden
sich uns leicht noch andere Vergleichungspunkte ergeben.

## Der Reiter.

Als ein kühnes Wagniss ist dem Bamberger Meister die
Reiterfigur am Stirnpfeiler des Georgenchores angerechnet worden.[200]
Ein so grosses plastisches Werk in Angriff zu nehmen, zeugt
auch in der That von Unternehmungsgeist und Muth. Und beson-
ders musste es Staunen erregen, dass gerade hier in Bamberg der
Stil, nachdem er sich kaum aus der Strenge der Apostelreliefs
befreit hatte, so schnell für eine derartige Leistung vorbereitet
war. Auf deutschem Boden steht sie ausserdem fast einzig da.
Nur noch ein Beispiel für eine Reiterfigur haben wir aus dieser
Zeit das offenbar jüngere Kaiser Otto-Denkmal[201] auf dem
Markte in Magdeburg. Es ist aber unter anderen Bedingungen geschaffen, als das unserige: es steht auf freiem Platze, ist also eins
der frühesten öffentlichen Monumentaldenkmäler. Ganz anders
liegen die Verhältnisse bei unserem Reiter. Im Kirchen-Innern,
vor einer Wand auf Consolen aufgestellt, kann er seine Abstammung von der Mauerplastik nicht verleugnen. Bei dem gänzlichen
Mangel nun an ähnlichen Vorarbeiten in Deutschland kann es keinem
Zweifel unterliegen, dass auch für diese Aufgabe die älteren
Denkmäler in Frankreich, wenn nicht das direkte Vorbild, so
doch die entscheidende Anregung gegeben haben.

In den westlichen Provinzen, in Anjou und Poitiers,[202] hatte
man schon in der romanischen Periode mannigfache Versuche
gemacht. An der Façade von Notre-Dame de Civray (Vienne) steht
noch heutigen Tages ein Pferde-Torso, der leider arg verstümmelt ist,
so dass sich von den Einzelheiten der Oberfläche nur wenig mehr
erkennen lässt. Aber das, worauf es uns ankommt, liegt durchaus
klar: der Gaul mit seinem Reiter ist ebenso ins Profil gestellt
und in deutlicher Schrittstellung nach vorn bewegt. So weit der
Schluss möglich ist, sind auch die Formen in kräftigem Naturalismus durchgebildet. Seinen Dimensionen nach ist es ein Werk
grossen Stiles.

Noch mehr Erstaunen erregen die bewegteren Reiterfiguren an
der Kathedrale von Angoulême, die, allerdings etwas jüngerer Zeit
angehörig, das Pferd bereits in flotter Gangart darstellen, im
Uebrigen aber genau dasselbe Schema der Profilstellung vor der

Mauer befolgen. Damit gewinnen wir wieder einen Beweis, wie die
französische Plastik der allgemeinen Entwicklung vorausgeeilt war.
Für jedes Problem hat sie im Mittelalter wenn nicht die Lösung,
so doch den ersten Anstoss gegeben. Bei den zahlreichen Beziehungen nun, die Bamberg mit Frankreich verbinden, kann die
Erklärung, dass auch die Reiterfigur von dort übernommen sei, kaum
zurückgewiesen werden. Allerdings verlieren sich in diesem Falle
die Fäden in dem allgemeinen Bereich der französischen Plastik;
sie weisen nicht direkt nach Reims.[203] Wohl aber hat der königliche Reiter selbst dort wieder sein Vorbild in jener jugendlichen
Königsgestalt, die eine Fiale der Südseite bekrönt.[204]

Sie gehört zu den besten ihrer Art und zeichnet sich auffallend durch den Geschmack der malerischen Gewandbehandlung
aus. Alles an ihr ist darauf angelegt, die mannhafte Ritterlich-
keit des jungen Königs ins rechte Licht zu rücken. So dient die
weite Umhüllung des kühn um die Schultern geworfenen Mantels
nur dazu, die geschmeidige Gestalt von einem wirksamen Hintergrunde abzuheben. Der wallende Stoff ist in einem lebendigen
Motiv vor dem Leibe aufgerafft und über den linken Arm gelegt,
während ein Finger der Hand den Halteriemen ele-
gant vor der Brust anzieht. Die Rechte aber hält das
Scepter und stützt es mit Würde auf den Schenkel. — Diese Hauptzüge sind in unserer Bamberger Figur genau wiederholt. Durch-
schlagend aber für die Verwandtschaft der beiden Statuen ist die
erstaunliche Aehnlichkeit der Köpfe, von der man sich besonders
in der Profilstellung überzeugen kann. Es ist die günstigste Ansicht
für den vornehmen, edlen Typus mit der eigenartigen Bildung
des Untergesichtes, an dem das energisch vorspringende Kinn und
die magere, gerade Linie der Kinnlade die bezeichnendsten Merkmale sind. Alle Formen sind knapp, herb, bestimmt. Das schmale
Oval des bartlosen Gesichtes, der kräftig gezeichnete Mund und
vor allem das bis in den Nacken herabhängende reiche, lockige
Haar verleihen diesem stolzen Antlitz den Reiz sprühender Jugend, die in phantasievollem Ungestüm Welteroberungspläne
entwirft und die Verwegenheit zum kühnsten Abenteuer in sich
trägt. Von hohem, schlankem Körper, in Kriegsfährniss und
Waffenhandwerk gestählt, pariert der Reiter sein gewaltiges Streit-
ross. So hält er vor uns — ein blühendes Menschenbild voll Saft

und Kraft. Mit der gleichen Wärme, wie der Epiker und Romancier, schildert der Künstler in ihm das Ideal unerschütterlichen Heldentumes. Wunderbar, wie sich ruhige Würde und elastische Beweglichkeit in ihm paaren: jeder Zoll ein König und ein Held zugleich.

Die feine Nachempfindung der Wiedergabe zeigt recht eindringlich, wie die Reimser Figur in der Phantasie des Bamberger Künstlers haften geblieben ist. Aber er hat sich doch nicht rückhaltlos an sein Original gebunden.

Wieder, wie bei der Elisabeth ist die Charakteristik durch einen glücklichen Accent ins Pathetische gesteigert. In Reims steht die Figur in Ruhe, sie blickt gerade vor sich hin: eine milde Gelassenheit ist über sie gebreitet. Hier hat der Reiter das hochgetragene Haupt zur Seite gewandt. Sein Blick ist auf ein festes Ziel in der Ferne gerichtet. Ein Bild unerschrockenen Muthes ist er in seinem herausfordernden Trotz der vollkommene jugendliche Recke der Ritterzeit.

Ungeachtet der offenbaren Freiheit in der Darstellung des Charakteristischen, steckt der deutsche Bildner doch sonst noch ganz in den traditionellen Gewohnheiten der Plastik. Er ist sich noch gar nicht bewusst geworden, dass seine Aufgabe sich mit einem Male veränderte, als er seine Königsfigur gleichsam von der Mauer weg aufs Pferd setzte. Von jeher gewöhnt, alle Statuen en face zu sehen, soll er plötzlich seine Figur ins Profil stellen. Da zeigt es sich denn, dass sein Auge und seine Hand noch nicht die Fähigkeit besitzen, den Umriss des Rückens in den Gesammtkontur der menschlichen Gestalt hineinzupassen. Er kann sich von dem Schema der Mauerfigur, die durch ihre Rückseite mit der Säule verwachsen ist, nicht freimachen. Dort, wo die Statue mit dem tektonischen Gliede zusammenhängt, hört das Studium der Körperform und der Gewandung auf. Als nun der Künstler die Figur in scharfem Profil rittlings zu Pferde darstellte, da liess er die steil abfallende Rückenlinie ruhig stehen. Von der Seite gesehen, erscheint daher der Reiter wie abgeschnitten: von der Achsel am Oberarme und Sattelbock entlang läuft eine scharfe senkrechte Linie; man sieht, wie willkommen ihm die hohen steilen Pauschen des Turniersattels waren, um dahinter die organischen Formen des Körpers verbergen zu können. Von hinten, über den Schweif des Pferdes weg, stellt sich der Rücken als eine unbelebte, brettartige Fläche dar; die Falten des Mantels, die auf der Brust und an der Seite sich bauschen und voll gerundet herabfliessen, schrumpfen auf dem Rücken zusammen und sind nur noch durch oberflächlich eingemeisselte Linien angedeutet. Mir scheint es, als ob diese Beobachtung recht geeignet wäre zu zeigen, dass der Reiter selbst nicht frei erfunden ist. Das Werk ist nicht aus einem Gusse, nicht als Ganzes der Phantasie des Künstlers entsprungen, sondern offenbar zusammengesetzt worden. Eine so grossartige Aufgabe, wie ein Reitermonument, hat erst in der italienischen Renaissance ein Donatello und Verocchio gelöst. Unser Meister darf daher dieselbe Nachsicht des Urtheils beanspruchen, wie die gotischen Bildhauer, die das gleiche Wagniss in den Reiterdenkmälern der Scaliger in Verona und Mailand unternahmen. Was aber der Schöpfer des Cangrande della Scala vor unserem Meister an Geschlossenheit der Composition voraus hat, ist wohl allein durch den zeitlichen Abstand von mehr als einem halben Jahrhundert völlig erklärt.

Wir haben also wiederum eine Figur in engste Beziehung mit den Königsstatuen auf den Fialen der Reimser Kathedrale bringen können. Vor allem war es der künstlerische Reiz der wallenden Manteldraperie, der den Bamberger Meister bestochen hat. Allerdings hat die technische Behandlung Einbusse erlitten: nicht allein, dass die Grösse der Motive abgeschwächt ist, auch der Fluss der Falten ist gebrochen, ein geringerer Geschmack, eine härtere Manier hat sich eingestellt.

Gerade diese Eigenschaften sind aber von dem allgemeinen Formencharakter abgeleitet, der sich sämmtlicher Reimser Fialen-Statuen bemächtigt hat. Sie gehören offenbar einer jüngeren Periode an und sind daher erst nach der Mitte des Jahrhunderts anzusetzen. An künstlerischem Werth können sie sich mit den Glanzleistungen an den Portalgewänden nicht messen; denn sie zeigen, dass die Plastik bereits den entscheidenden Schritt gethan hat, der von der Höhe abwärts führt. Den Anstoss dazu mag eine Massregel der Oekonomie gegeben haben. Denn man konnte dieses Heer von Statuen, welches über den ganzen Kirchenkörper aufgestellt war, unmöglich nur den besten Meistern in Arbeit geben; man bedurfte geringerer Hände, die geschult waren, nur nach Zeich-

nungen oder Modellen auf grosse Fernwirkung zu arbeiten.
Unter diesen Bedingungen entwickelte sich e i n  n e u e r  S t i l,
der im Vergleich zu den fein durchgeführten Portalstatuen ganz in
die Breite geht.  Er strebt auf weit sichtbare Motive und einfache
Bewegung hin, auf scharfe Contraste zwischen hellen Partien und
dunkeln Schatten.  Er zieht daher eine weite geschwungene Faltenbildung vor: bauschig geraffte Gewandstücke und breite Flächen.
Ich verweise wiederum auf die früher herangezogenen Abbildungen der Königsfiguren und erinnere an unsere letzten Beobachtungen an der Gewandung des Reiters und seines Vorbildes.
Die Art, wie an diesem Reimser Modell der grosse Königsmantel
um die Schultern geworfen, über den Arm geschlagen und in
dick geballten Puffen gerafft wird, stimmt vortrefflich zu der Gewandbehandlung des Kaiser Heinrich, des Petrus und des Reiters.

Es ist immer wieder dasselbe Kostümstück, das mit Tasseln
und Riemen auf den Schultern festgehalten wird, das auch gelegentlich auf der Vorderseite in querlaufendem Faltenzuge breit
drapiert ist.  Erscheint einmal in Bamberg der Accent gedämpft
und die Behandlung vornehmer, so war das bedingt durch die
andersartige Aufstellung auf niedrigen Consolen, also in unmittel-
barer Nähe des Beobachters.  Im allgemeinen aber ist der Ge-
wandstil bereits manieriert und beinahe schwülstig, wie in den
Figuren der Heimsuchung.  Man ist versucht, sogar technische
Einzelheiten auf dieselbe Quelle zurückzuführen.  Zuweilen ist in
Reims die Falte an ihrer Endigung rund ausgebuchtet, gekehlt.
Was dort vereinzelt erscheint, nimmt der Bamberger Meister zur
festen Gewohnheit an. Man beachte nur, wie an dem querlaufenden
Zug des Mantels vom Kaiser Heinrich fast jede einzelne Falte mit
immer der gleichen Kehlung ansetzt, als wäre sie mit einem Hohl-
messer eingeschnitten.  Aber das sind nebensächliche Beobachtungen.  Viel wichtiger ist es, bei diesem Vergleiche die Augen
auf das Ganze gerichtet zu halten.  Der  G e s a m m t e i n d r u c k
i s t  d e r  e n t s c h e i d e n d e.

## Die Papstfigur.

Der Kreis von Statuen, die in ihrer Anlage mit Reimser
Sculpturen zusammengehören, ist damit noch nicht erschöpft.

Der Elisabeth gegenüber steht am Georgenchor des Domes die Figur eines geistlichen Würdenträgers. Die Gestalt ist hier senkrecht aufgestellt. Doch weist das unter den Kopf geschobene Kissen auf eine liegend gedachte Grabfigur. Nehmen wir sie einstweilen als Standfigur. In der Linken ein Buch, hat sie die Rechte erhoben, um mit ausgestreckten Fingern den Segen zu ertheilen. Mit Unrecht hat man sie für einen Bischof gehalten; sie ist deutlich als Papst charakterisiert. Auf dem Haupte trägt sie die spitze Tiara in jener Kegelform des sogenannten Pileus,[205] wie sie im Mittelalter üblich war. Nur ein schmaler Reif schmückt ihren unteren Rand, der hier wahrscheinlich in Farbe aufgetragen war. Als weiteres Abzeichen ihrer hierarchischen Würde hat die Figur das auf mittelalterlichen Sculpturen selten vorkommende pectorale auf der Brust, eine Tafel aus edlem Metall mit 12 Edelsteinen verziert, ein dem alten Testament entnommenes Symbol des Hohenpriesterthumes. Die kirchlichen Gewänder, mit denen der Papst angethan ist, sind mit grosser Sorgsamkeit durchgeführt und für die Kostümgeschichte um so wichtiger, als noch deutliche Farbenspuren die geschützteren Stellen bedecken.

Für uns kommt hier nur die plastische Behandlung in Betracht: der Wurf der Casel, die durch die segnende rechte Hand gehoben wird, der Zug der Falten, die von beiden Schultern über die Mitte des Leibes bis fast auf die Fussspitzen herabfliessen. Es ist dieselbe Art, die wir bereits an der Statue Kaiser Heinrichs und am Reiter beobachtet haben. Es wird daher nicht befremden, wenn sich auch für dieses Werk ein Modell in Reims findet: es ist die Papstfigur, die an dem linken Gewände des rechten Seitenportales steht. Die übereinstimmenden Merkmale können nicht missdeutet werden. Ganz die gleiche Stellung, die segnend erhobene Hand, nur dass die Linke statt des Buches einen Bischofsstab umfasst, vor allem aber auch dasselbe pectorale, dieselbe Tiara und der gleiche fliessende Faltenzug der Casel. Die Uebereinstimmung erstreckt sich hier sogar bis in den Kopf mit dem glatten Gesicht und den knappen Zügen und auf die gleiche ringelartige Behandlung des Haares, das kurz gehalten mit einem spärlichen Lockenstreifen unter der Tiara hervorquillt; auch sei auf die energische Kinnlinie aufmerksam gemacht. Was uns aber veranlassen müsste auf jeden Fall eine künstlerische

Beziehung anzunehmen, auch ohne den Hinweis auf die vorher besprochenen Gruppen der Heimsuchung und der anderen Sculpturen, das ist die genaue Uebernahme der Einzelheiten des Kostümes: die auffallende Form der Tiara und des Pectorale. Man begegnet ihnen wiederholt an den französischen Kathedralstatuen, z. B. ausser in Reims noch in Chartres, Avignon etc. Aber in Deutschland ist im XIII. Jahrhundert meines Wissens dieses Bamberger Beispiel das einzige; erst im XIV. Jahrhundert kommt sie mehr in Gebrauch, meist als Abzeichen des Petrus, wie z. B. an der Petrusfigur der Regensburger Domfaçade.

So weist auch hier alles Charakteristische nach Frankreich. Dazu kommt noch ein entscheidendes Moment. Die Bamberger Papstfigur gehört auf den Deckel des Sarkophages im Peterschor, der zum Gedächtniss des Papstes Clemens II. errichtet worden ist. [206] Begründet wird die Attribution durch einen Vergleich mit der Sterbeszene auf der östlichen Stirnseite des Steinsarges, die wahrscheinlich nach einem legendarischen Berichte dargestellt ist. Der Papst, an seiner Tiara kenntlich, liegt auf dem Totenbette, während von rückwärts ein geflügelter Engel an ihn herantritt und ihm eine Botschaft zu verkünden scheint. Auf diesem Relief ist der Kopf des Papstes unbestreitbar identisch mit dem der Papststatue im Georgenchor. Der Gesichtstypus, die Abzeichen der hierarchischen Würde, die Behandlung stimmen genau überein. — Die anderen Seiten des Steinsarges sind mit allegorischen Darstellungen [207] ausgestattet, deren Sinn nicht ganz klar ist. Ihrem Formcharakter nach können sie aber nur zur französischen Kunst gehören. Namentlich die Thiergestalten sind bezeichnend. Der Löwe, dem von einer weiblichen Figur der Rachen aufgerissen wird, und der Drache, der sich auf eine andere Frauengestalt stürzt, zeigen jene scharfe und klare Behandlung des Thierleibes, die tiefe und knappe Zeichnung der Muskeln und Adern, wie sie an den Bestiarien allgemein sind, die als Wasserspeier die Dachgesimse gotischer Kirchen schmücken. [208] Mit derselben Gattung von Thierdarstellungen ist auch am ehesten der prächtige Naturalismus der Formengebung zu vergleichen, der in dem Löwen sich mit einer lebendigen Bewegung glücklich vereinigt. Auch im Einzelnen können wir sogar Analogien mit Reims nachweisen. Unter den Statuen am rechten Gewände des rechten Neben-

portales hält ein bärtiger Greis einen Schild, auf dem das christliche
Lamm und eine Kreuzfahne dargestellt sind. Ganz dasselbe gerade
nicht häufige Symbol kommt an einer Figur in dem rechten Seitenportal in Reims vor; im Bogenfelde kehrt auch die Figur wieder,
die, als Allegorie auf die Mässigkeit, Wasser in einen Weinkrug
giesst.[109] Die Komposition an den Sarkophagreliefs ist allerdings auffällig. Die Figuren scheinen zu sitzen, sie sind gelagert.
Aber man hat ihnen keine Subsellien gegeben, so dass sie im
freien Raume zu schweben scheinen. Die Bewegungen sind lebhaft, fast hastig. In der Behandlung sind Anklänge an den Meister
der Heimsuchung unverkennbar, namentlich erinnert das Haar
an das der Eva. Man hat die Arbeit für italienisch erklärt, eine
Annahme, die wohl niemand mehr wird halten wollen. Dass für
den Sarkophag Marmor verwendet wurde, während für alle übrigen
Sculpturen die Steinbrüche der Umgegend Bambergs (insbesondere
Zeil) das Material geliefert haben, ist befremdlich; noch mehr,
dass auch die Papstfigur in Sandstein gearbeitet ist. Die Widersprüche sind schwer zu lösen. Aber über die künstlerische Herkunft der Reliefs, die augenscheinlich in die Gruppe der jüngeren
Sculpturen hineingehören, dürfte nun wohl kein Zweifel mehr
bestehen. Sie sind ebenso französisch beeinflusst, wie alle anderen
Arbeiten des Meisters der Heimsuchung.

## Kirche und Synagoge.

Aehnlich ist das Verhältniss der beiden Statuen der Kirche
und Synagoge, die zu den Seiten des Fürstenportales ihren Platz
haben. Die beiden Gestalten sind ein uralter Vorwurf der christ-
lichen Kunst.[110] Sie sind weit verbreitet und auf allen möglichen
Werken der Kleinkunst und der Malerei verwendet worden. Die
Attribute sind ihnen traditionell eigenthümlich, sogar der mimische
Ausdruck der Gesichter. Für die einzelnen Beispiele der grossen
Plastik können daher nur stilistische Merkmale über den Ursprung
Auskunft geben. Die schönsten Werke dieser Gattung, die
Statuen von Trier, Magdeburg, Bamberg und vor allem die herr-
lichen Gestalten am Strassburger Münster — alles Werke der
jugendfrischen, aufblühenden Gotik —, haben insgesammt starke

Spuren französischer Beeinflussung an sich. Aber gerade die
Bamberger Figuren, nächst denen in Strassburg unzweifelhaft die
schönsten, übertreffen an Adel und köstlicher Grazie die Reimser
Schöpfungen so ausserordentlich, dass hier die direkte Abhängig-
keit nicht so überzeugend nachgewiesen werden kann, wie an der
Maria und Elisabeth.

Immerhin wird ein Vergleich der beiden Köpfe der Synagoge
ergeben, dass auch hier ausser typischem Herkommen ein spe-
cieller Zusammenhang vorliegen muss. Namentlich in der Gesichts-
form und in der Behandlung des Schleiers zeigen sich deutliche
Reminiscenzen an das Reimser Exemplar. Allein für sich betrachtet würde man allerdings kaum die Bamberger Figur in
Abhängigkeit von der französischen bringen. Aber da die beiden
Figuren, wie wir später ausführen werden, demselben Meister,
der die bisher besprochenen Sculpturen geschaffen hat, angehören,
so ist auch hier die Beeinflussung von Frankreich her sichergestellt.

Die Statuen werden sogar für das Studium der französischen
Rezeption, sollte sie einmal als selbständige Aufgabe behandelt
werden, von Bedeutung sein; denn sie zeigen nach welcher Richtung sich das Stilgefühl der deutschen Plastik entwickelt, nachdem
es erst einmal den Impuls durch die französischen Meisterschöpf-
ungen empfangen hatte. Man sucht ein Körperideal von schlanken
Formen, zierlicher Anmuth der Bewegungen und erstrebt auch im
seelischen Ausdruck mehr gefällige Liebenswürdigkeit als Wucht und
Ernst. Doch gilt dies nur für die besten Sculpturen des XIII. Jahrhunderts, schon im XIV. sind die Figuren plump und zwerghaft
oder manieristisch entartet, haltlos, überschlank, engbrüstig. —
Ich sagte bereits, dass in diesem Falle, analog dem Reiter, das Verhältniss der Bamberger und Reimser Plastik sich gänzlich umkehrt.
Die Bamberger Statuen gehen in jedem Bezug weit über die zwei
entsprechenden Leistungen in Reims hinaus. Die Arbeiten des
französischen Künstlers bewegen sich bereits auf der abschüssigen
Bahn, die die ganze gotische Plastik in dem Augenblick betrat,
als sich durch ihre Verwendung als Massendekoration und den
handwerksmässigen Betrieb das künstlerische Empfinden abstumpfte
und das technische Können ein Allgemeingut routinierter Steinmetzen wurde. Die Haltung der Synagoge zeigt bereits den

vollkommenen Bruch mit den Gesetzen der Ponderation, die an den Statuen der Gewände noch mit meisterlicher Sicherheit gehandhabt werden. Die linke Hüfte ist so weit ausgebogen, dass die Figur nach der anderen Seite fast zusammenknickt. Das Verhältniss des Kopfes zum Körper ist ganz verschoben; der Kopf ist zu gross; der Rumpf schmal, schlecht entwickelt. Auch an der Ecclesia macht sich ein nüchterner, gesellenhafter Geschmack bemerklich.

Wie schlank, edel gewachsen sind dagegen die Gestalten in Bamberg! Wie zart und schleierartig umschliesst das dünne Gewand die jungfräulichen Glieder, welch reine Anmuth ist über die Gesichter gebreitet! Stolz steht die triumphirende Ecclesia da, das malerische Motiv des heruntergeglittenen Mantels hebt die bescheidene Draperie des Gewandes und giebt ihr Würde und Bedeutung. Dabei ist der Reiz einer naturalistischen Behandlung hier mit dem glücklichsten Geschmack verbunden. Die Binde, die die Augen der Synagoge bedeckt, drückt fest in die weiche Fülle des Haares und lässt die Form des Lides und des Nasenrückens leise hindurchschimmern. Dazu das sanfte, wehmüthige Lächeln des Mundes! Schnell hat sich daher die rege Phantasie des Volkes gerade dieser Gestalt bemächtigt und sie mit rührenden Sagen umwoben. —

Hiermit wollen wir unsere Betrachtungen über die Abhängigkeit der Bamberger von den Reimser Sculpturen [111] abschliessen. Die Wagschale, die so hoch zu Gunsten der französischen Werke gestiegen war, wird durch diese köstliche Schöpfung wieder heruntergedrückt.

## Adam und Eva, Jüngstes Gericht, Verkündigungsengel.

Wir haben bisher nur einzelne Werke und nicht einmal alle Hauptstücke der jüngeren Gruppe an uns vorübergehen lassen. Noch sind jene Sculpturen zu besprechen, für die es Vorbilder in der französischen Plastik nicht giebt. In erster Reihe sind hier die Figuren von Adam und Eva zu behandeln. Sie bedeuten eine künstlerische That, die unserem Meister hoch angerechnet sei. In der Geschichte der antiken und modernen Plastik wird mit Recht jener Moment gefeiert, in welchem die Kunst es unternimmt, den Körper in seiner Nacktheit darzustellen. Dieser Schritt verheisst stets eine zukunftsvolle Entwicklung, denn er geht von der Grundbedingung eines gesunden Wirklichkeitssinnes aus. Eine statuarische Kunst, die nicht den unverhüllten Körper als das vornehmlichste Objekt ihres Studiums und ihrer Darstellung betrachtet, kann keine vollkommenen Schöpfungen hervorbringen. Der Ansatz dazu ist hier in den Figuren Adams und Evas gemacht worden. Vorbilder wird es in diesen Grössenverhältnissen kaum irgendwo gegeben haben, jedenfalls nicht in Reims, denn hier erscheint das erste Menschenpaar nach den Vorschriften des kirchlichen Schauspieles bekleidet, und Eva ist nur an dem kleinen Drachen, den sie in der Hand trägt, kenntlich.

Es scheint also, dass zum ersten Male in Bamberg ein nackter Körper in statuarischem Sinn dargestellt ist. Die Kühnheit des Versuches muss allerdings für mancherlei Mängel entschädigen. Es sind hagere, schlank gewachsene Menschen von dürftigen Formen, die in ihren gestreckten Proportionen deutlich das gotische Körperideal wiedergeben. In ihnen haben wir die dürftige Stütze für all den Kleiderwust und Faltenschwall unverhüllt vor uns stehen, mit dem der gotische Künstler seine Statuen ausstattete. Wie wenig Wert er auf den Körper selbst legte, der die Grundlage eines jeden statuarischen Gebildes ausmacht, das zeigen diese beiden Akte. Die schwach entwickelte Muskulatur, die knapp über die Glieder angespannte Haut, und die darunter deutlich abgezeichneten Rippen des Torax lassen wohl auf ein Modellstudium schliessen, das sich aber wohl nur auf die allgemeinsten Beobachtungen erstreckt haben wird.[212] Nirgends ist ausser der scharfen Abgrenzung des grossen Brustmuskels ein Muskel in seinem Verlauf, in Ansatz und Endigung klar erkannt und wiedergegeben. Ueberall nur eine schematische, oberflächliche Charakteristik, die mehr die Konturen als die Formen selbst ins Auge fasst. Am besten wird dies daraus zu erkennen sein, dass der weibliche Akt von dem männlichen sich kaum anders, als durch die übrigens besonders kleinen Brüste und die Einziehung des Rumpfes in der Taille unterscheidet. Die Kraft und Straffheit des Mannes im Gegensatz zu den weicheren und runderen Formen des Weibes

zu kennzeichnen, hat der Bildhauer nicht einmal den Versuch gemacht, sodass der Schluss berechtigt scheint, beide Figuren seien
nach einem und demselben Modell gearbeitet. Beide Körper haben
denselben flachen Brustkorb, die enge Bildung der Lenden, die
schlaffe Bauchmuskulatur und die gerade Beckenlinie. Arme und
Beine sind durch spitze Gelenke auffällig, ebenso durch die scharfe
Kante des Schienbeines. In der Stellung gleichen sie sich vollkommen. Auf dem linken Beine stehend, haben sie das rechte ent-
lastet und leicht daneben gesetzt. Durch die Stellung ist eigentlich
ein Sinkenlassen der linken Hüfte bedingt, aber nur an der Eva
durchgeführt. Nirgends ist dagegen eine Spannung oder Anstrengung
angedeutet. Der Künstler hat den elementarsten Fall der Ruhestellung gewählt.

Die Arbeit charakterisiert sich in jedem Betracht als ein
erster Versuch.

Für die Würdigung des Meisters aber und des plastischen
Stiles dieser Periode sind diese nackten Statuen von ausserordentlicher Bedeutung. Es zeigt sich, in welch nahem Verhältniss das
Zeitalter zur Natur stand. Nicht bloss die toten Stoffe, alles Vegetabilische wird offenen Auges studiert und wiedergegeben: selbst
der nackte Körper wird, wenn auch mit ungeübtem Auge, so doch
mit dem redlichen Bemühen, der Wirklichkeit gerecht zu werden,
betrachtet.

Auch an der Darstellung einer historischen, figurenreichen
Scene versucht sich unser Meister. In dem Bogenfelde des Fürstenportales hat er eine Schilderung des Jüngsten Gerichtes
gegeben. Sie hält sich an das Programm, wie es namentlich in
der französischen Plastik allmählig durchgeführt worden war. Im
Tympanon thront der Weltenrichter, zur Rechten die Erlösten,
zur Linken die Verdammten, daneben in der Laibung des Rund-
bogens „Abrahams Schooss" und ein posaunenblasender Engel.
Die entsprechenden Gegenfiguren auf der rechten Seite, wo offenbar ausser einem zweiten Engel eine Darstellung der Hölle sich
befunden haben wird, sind verloren gegangen. Als Composition
verdient die Scene volle Anerkennung. Auf engem Felde sind
mit grossem Geschick die zahlreichen Figuren klar und symmetrisch geordnet. In der Mitte thront die mit einem weiten
Mantel bekleidete Figur des segnenden Christus, dessen entblösste

Brust die Wunde zeigt; dicht an ihn gedrängt stehen zu seiner
Rechten die Engel mit den Marterwerkzeugen, hinter ihnen die
Erlösten, darunter eine schlanke Frauengestalt, die einen Mann
mit einer Krone auf dem Haupte zu den Stufen des Thrones
führt. Es ist Kunigunde und Kaiser Heinrich. Drei kleinere Figürchen, die mit gefalteten Händen aufblicken, schliessen die Scene
ab. Gegenüber wird die Schaar der Verdammten, Laien und
Kleriker, Könige und Bischöfe von einem grinsenden Satanas mit
einer Kette zur Hölle geschleppt; in der Mitte aber knieen im
Vordergrunde, zu beiden Seiten des Heilandes, Maria und Johannes
und greifen mit ihren Händen nach seinen durchbohrten Füssen.
Zwischen ihnen sieht man zwei Menschlein aus den Särgen sich
erheben.

Was die Herkunft dieser Darstellung im Allgemeinen betrifft,
so bin ich der Ueberzeugung, dass ihre ikonographische Ausbildung im südlichen Frankreich und in Burgund durchgeführt worden
ist. Zeitlich gehen die dortigen Beispiele allen Versuchen in
Deutschland weit voraus. Die wesentlichen Züge waren dort bereits festgelegt, ehe sie von den Nachbarländern übernommen
wurden. Um dies genau darzulegen, genügen die Arbeiten von
Jessen [113] und Voss [114] für die plastischen Denkmäler durchaus
nicht mehr, so dass eine neue Untersuchung dieses Themas wichtige internationale Beziehungen ergeben würde. Ich halte es nicht
für ausgeschlossen, dass auch für unseren Fall direkte französische
Anregungen durch ein bestimmtes Vorbild zu Grunde liegen.
Jedenfalls ist in der Formengebung und Gewandbehandlung dieselbe Schule zu erkennen, aus der die übrigen Stücke dieser
Gruppe hervorgegangen sind.

Doch bin ich nicht in der Lage ein Werk zu bezeichnen,
das in allen wesentlichen Zügen als Vorlage gedient hätte. Auffällig ist insbesondere die Anordnung der Maria und Johannes des
Täufers, die die Füsse Christi umfassen. Auch ist es bemerkens-
wert, wie die beiden Scenen der Verdammniss und der Erhebung
der Seligen zusammen in das Tympanon hineingezogen werden,
während die sonst unentbehrlichen Beisitzer, Apostel, Aeltesten
und Propheten fehlen. Die Darstellung ist also nur in einer Ab-
kürzung gegeben, offenbar aus Rücksicht auf den Raum. Je
beschränkter er aber war, desto höher ist die Freiheit in der

Verteilung der Figuren anzuschlagen. Allerdings hat der Künstler
von der Ausflucht Gebrauch gemacht, die hintereinander stehenden
Figuren übereinander anzuordnen. Doch wird ihm daraus kein
besonderer Vorwurf gemacht werden können, ebensowenig wie
den Miniaturmalern seiner Zeit, die auf dieselbe Weise die Schwierigkeiten der perspektivischen Darstellung zu bewältigen versuchen.
Geschickter konnte kaum das Halbrund des Tympanonbogens
benutzt werden, um die Szene nach oben glücklich abzuschliessen.

Der seelische Ausdruck bewegt sich in maassvollen Grenzen.
Jene Ausbrüche von Wut, Schmerz und Verzweiflung, die die
mittelalterlichen Höllenszenen zu wahrhaft furchtbaren Schreck-
mitteln für die Gemüter der Gläubigen machten, sind hier gemildert,
ebenso wie die Freude der Seligen nur eine gelassene Ruhe zur
Schau trägt, abgesehen von dem grinsenden Lachen der kleinen
Figürchen in der äussersten Ecke links. Mit der Darstellung in
Oberzell auf der Reichenau verglichen, die noch wesentlich den
Charakter der maiestas domini an sich trägt, ist hier ein gewaltiger
Fortschritt gemacht, den Stoff psychologisch aufzufassen und zu
vertiefen. Nicht ohne Reiz ist in diesem Sinne die Stellung der
Kunigunde und des Kaisers Heinrich. Der heilige Kaiser wird von
seiner frommen Gemahlin dem Throne Christi zugeführt, also im
Widerspruch zu einer rein historischen Auffassung, da doch der
Kaiser fast ein halbes Jahrhundert vor Kunigunde canonisiert
worden war. Und wenn er mit zierlich erhobner Hand und mit
einer fast tänzelnden Leichtigkeit der Bewegung der Führerin
folgt, so klingen hier in der himmlischen Scene ohne Zweifel jene
höfisch gesuchten Manieren an, wie sie für die weltlichen Feste
in den Burgen und Pfalzen der Minnesänger unerlässlich waren.
Das ist der Ritter und seine Dame, die mit heiterem Anstand
vor den Richterstuhl des Ewigen treten, als ob sie im Prunksaale
des Sängerkrieges den Preis für ein kunstgerechtes Lied empfangen
sollten, — beide weit entfernt von jenem mönchisch strengen
Bilde, das die Legende von dem Kaiser und seiner keuschen
Gemahlin entworfen hatte.

Mannigfache Einzelzüge sprechen für die hohe Selbständigkeit
unsres Meisters, die auch im Formalen unverkennbar ist. Gestalten
wie die Kunigunde und der kniende Johannes gehören zu den
glücklichsten Schöpfungen unsres Bilderkreises und der ganzen

Periode. Wenn man unter Typik nicht nur jene knechtische Wiederholung unabänderlicher Formen und Compositionsschemen verstehen will, den Byzantinismus der Kunst im üblen Sinne, sondern
die durch Zeit und Umstände bedingte Gemeinsamkeit der künstlerischen Auffassung, die stets in einer bestimmten Periode zu
innerlich und formal verwandten und von einander abhängigen
Schöpfungen führt, so wird man auch in diesem jüngsten Gericht
eine Menge typischer Züge finden. Aber überall neben ihnen zeigt
sich eigene Erfindung und individuelle Formgebung, sogar in dem
Maasse, dass mit den mir bekannten Vergleichungsstücken eine
schlagende Uebereinstimmung nicht zu finden ist. Deshalb kann
man auch leicht darauf verfallen, gerade diese Composition als
eine echt deutsche Arbeit anzusprechen.[115] Ich glaube nicht daran.
In welchem Maasse nun auch der Gegenbeweis gelingen mag, er
wird doch immer an einem Punkte scheitern: die Zugehörigkeit
des Werkes zur Werkstatt des Meisters der Heimsuchung liegt
auf der Hand und damit wird auch die allgemeine Haltung des
Werkes mehr auf französische Einwirkungen zurückzuführen sein.

Die späteren, also rein gotischen Arbeiten in Deutschland,
die den gleichen Stoff behandeln, zeigen allerdings viel Aehnlichkeit
mit unserer Bamberger Darstellung. Insofern kann man sie mit
jenen in eine Reihe stellen. Hier aber kommt es auf den Ursprung
der künstlerischen Ideen an, auf die ersten Versuche und vorbildlichen Lösungen — und diese sind zweifelsohne in Frankreich
reicher und zahlreicher vorhanden, als in Deutschland. Sie werden
von den Tympanondarstellungen in Autun an immer wieder und
wieder variiert und haben bereits zu einem gerade für die plastische Dekoration des Portales und der Façade gut ausgebildeten
System geführt.

Nachdem also einmal erst die französische Spur in unsrer
Bamberger Werkstatt gefunden worden ist, können wir auch
hier einen Anhauch, der aus derselben Richtung erfolgte, annehmen, wenn er auch nicht gerade von Reims selbst herwehte.

Noch bleibt uns übrig, den Verkündigungsengel im Inneren
des Domes zu betrachten, der bisher immer als die Gegenfigur
der Maria angesehen wurde. Da wir diese jedoch mit der Elisabeth
in Verbindung bringen mussten, so steht jener isoliert, wenn wir
nicht annehmen wollen, dass hier eine Doppelbeziehung der

Jungfrau sowohl zur Elisabeth, wie zum Gabriel vorliegt.[214] Ob eine solche Verbindung der Heimsuchungs- und der Verkündigungsszene ikonographisch möglich ist, scheint mir zweifelhaft. Ich halte es für wahrscheinlicher, dass die zugehörige Maria verloren gegangen ist. Der Engel gehört allerdings stilistisch zu den Figuren der Heimsuchung, obgleich man ihn wegen des breiteren Stiles einem anderen Meister hat zuweisen wollen, so lange man die Abhängigkeit der Maria und Elisabeth von den antikisierenden Vorbildern in Reims nicht kannte. Wir sehen jetzt klarer und werden keinen Anstand nehmen, ihn der gleichen Zeit und sogar derselben Werkstatt zuzuschreiben, wie man auch in Reims den völlig gotischen Verkündigungsengel mit der Gruppe der Heimsuchung in die engste Verbindung bringen muss, ohne dass man je doch alle drei Figuren auf eine einzige Hand zurückführen dürfte. Die kräftige, hohe Jünglingsgestalt in Bamberg weicht in Maassen und Proportionen von der Maria beträchtlich ab. Die Figur ist derber, kräftiger. Auf freiem, schlankem Halse sitzt ein schmaler Kopf, von dichtem, lockigem Haar, das tief in den Nacken fällt, umrahmt. In der Gesichtsbildung liegt zwar augenscheinlich der Typus der Maria zu Grunde; aber die Züge sind zu einem breiten, fast grinsenden Lächeln verzogen. Die Stellung ist schon gotisch geschwungen, in der Gewandbehandlung kehrt dieselbe Hand wieder, die an der Kunigunde und dem hl. Stephan gearbeitet hat.

Auf Petrus und Stephanus genauer einzugehen, ist nicht mehr geboten, da sie in ihrem Gesamtcharakter sowohl, als auch im Einzelnen mit den übrigen Portalfiguren eng zusammengehören. Damit wäre also eine wenn auch mittelbare Abhängigkeit von Reims für sie ebenfalls erwiesen. Doch ist sie auch fast direkt nachzuweisen, wenn man den Mantel des Petrus, besonders den bauschigen Theil auf dem rechten und den latzartig hängenden auf dem linken Arme mit der Art der Gewandung auf den Fialenstatuen vergleicht. Bei einem flüchtigen Blick auf unsere Abbildungen Nr. 23, 24 ist es leicht, das Gemeinsame zu erkennen. Für sich selbst betrachtet, erweckt die Petrusstatue schnell Sympathieen. Der wackere Ernst, der in der gefurchten Stirn und dem festen Blicke liegt, flösst Vertrauen ein; man möchte ihn ansprechen. Denn er ist lebendiger, als die feierlichen Figuren nebenan, das Antlitz fast momentan gespannt, als sollte soeben der heftige

Ausbruch einer Gemütsbewegung erfolgen, der er nicht mehr
Herr werden kann. — Für Stephanus habe ich ein bestimmtes
Vorbild nicht gefunden. Künstlerisch steht er mit den Hauptfiguren
nicht auf gleicher Höhe, aber stilistisch ist er zu unserer Gruppe
hinzuzurechnen.

Ein letztes geringes Werk, auch im Innern des Domes, dem
Verkündigungsengel gegenüber, ist noch die Statue des hl. Dionysius, die einen modern ergänzten Kopf in den Händen hält. Die
Behandlung ist so oberflächlich und schematisch, dass wir mit
dieser kurzen Erwähnung uns begnügen können.

## Die jüngere Gruppe als Ganzes.

Erst jetzt, nachdem wir alle Werke der jüngeren Gruppe
besprochen haben, ist es möglich den Zusammenhang zwischen
den zahlreichen, unter sich so verschiedenen Statuen zu erörtern.
Die Frage ist: gehören alle Werke einem Meister an, haben
Hilfskräfte an der Arbeit theilgenommen, oder lösen sich im Laufe
einer Entwicklung mehrere Künstler ab. Man entschied sich bis
vor kurzem für eine Trennung der Gruppen, erst Bodes sicherer
Blick hat mit Bestimmtheit den einheitlichen Charakter erkannt
und nur einen einzigen Hauptmeister angenommen. Ich stimme
nach meinen Studien mit ihm in diesem Punkte vollkommen
überein. Allerdings sind auf den ersten Blick der trennenden Merkmale mehr, als der gemeinsamen. Aber nachdem wir die Abstammung der Schule und die mannigfachen Quellen, aus denen sie
schöpfte, kennen gelernt haben, ist auch die Zusammengehörigkeit
dieser Werke leichter zu verstehen.

Wir gehen von der Gruppe der Heimsuchung aus. Der
Gesichtstypus der Maria kehrt wieder in der Kunigunde, ist in
dem lachenden Kopf des Verkündigungsengels erkennbar und hat
auch für die Eva als Grundlage gedient. Er klingt sogar in der
Kirche und Synagoge wieder deutlich an. Vergegenwärtigen wir
uns noch einmal seine Grundlagen. Das Gesicht ist ein schmales
Oval, das sich auf einem kräftigen, energisch gebildeten Kinn
aufbaut. Die Züge sind knapp, es fehlt ihnen Zartheit und Weichheit; die feine, gerade Nase endigt in lebhaft angespannten Flügeln,

der Mund mit den klar gezeichneten und voll geschwungenen
Lippen ist meist zu einem leichten Lächeln gespitzt. Höchst
charakteristisch ist die Augenbildung: unter den hochgeschwungenen Brauen führt ein breites, wenig gewölbtes Polster zu dem
oberen Augenlid, so dass das Auge flach gebettet erscheint:
die Lidspalte ist schmal und gedehnt, in ihrer unteren Begrenzung
bereits fast geradlinig. also der charakteristisch gotischen Form
sehr nahe, eine deutliche Senkung trennt das untere Lid von
der Wange. — Das Haar ist als lose, lockere Masse behandelt,
die einzelnen Strähne fliessen in weich geringelten Locken von
dem Scheitel über die Schläfen in den Nacken, hie und da löst
es sich und fällt in Stirn und Wange herab. Es ist wohlgeordnet,
aber doch frei gegeben.

Man kann sich leicht überzeugen, dass dieser Typus durch
die ganze Reihe der weiblichen Statuen hindurchgeht. Für ihre
künstlerische Zusammengehörigkeit ist damit ein wichtiges Beweis-
mittel gewonnen. Schon im vorigen Kapitel machte ich auf die
Faltengebung aufmerksam und brauche hier nur noch einmal
daran zu erinnern, wie die Fältelung im Gewande Marias auch
am Reiter wiederkehrt, wie bei Petrus und Heinrich dieselben
Grundsätze befolgt werden; wie schliesslich auch die Kunigunde,
der heilige Stephanus und der Verkündigungsengel zusammengehören. Nur die Kirche und Synagoge fallen aus der Reihe heraus.
Die Behandlung ist bei ihnen ausserordentlich viel zarter, durch-
sichtiger; der Stoff dünner, schmiegsamer, deutlich zeichnet sich
in ihm die Schulter, die Brust, die Kniescheibe ab. In den beiden
Figuren ist augenscheinlich ein Fortschritt gemacht; deshalb hat
man sie auch stets als frühesten Beweis für den Eintritt des gotischen Stilgefühls angeführt, ehe man sich bewusst war, dass die
ganze Gruppe schon gotischen Ursprunges sei. Sie bringen jedenfalls die Tendenzen des neuen Stiles zum klaren Ausdruck: die
Neigung zum Gestreckten, Biegsamen und Zarten.

In den männlichen Kopftypen ist eine reichere Abstufung
durchgeführt. Was hat der grinsende Stephanus mit dem heldenhaften Antlitze des Reiters gemeinsam? Sollen das verwandte
Statuen sein, womöglich Werke ein und desselben Meisters?
Auch hier muss uns die französische Beeinflussung den Fingerzeig
für die Erklärung der scheinbaren Widersprüche geben. Kaiser

Heinrich und der Reiter schliessen sich unzweifelhaft an Reimser
Vorbilder an, während die Köpfe des Petrus und Adam durch
Analogieen nicht zu belegen sind. Die schematische, perrückenhafte
Behandlung des Haares, die auch dem Stephanus und dem Verkündigungsengel eignet, würde sogar zur Annahme einer befan-
generen Hand verleiten können, denn statt des weichen Flusses
sehen wir hier lauter Ringel, mit dem Bohrer ausgehöhlt, der ja
übrigens an den Köpfen der Königsstatuen in Reims auch verwendet wird. Die Grundzüge der Gesichtsbildung sind jedoch
zweifellos dieselben, wie in den vorher besprochenen Typen. Ich
mache nur auf die hochgeschwungenen Brauen und darunter auf
das flache Orbitalpolster zwischen Stirnbein und oberer Lidfurche,
auf dasselbe schmal geöffnete Auge, die Nase mit ihren charakteristischen Flügeln aufmerksam, schliesslich auf die Mundbildung,
die z. B. bei Petrus und Adam völlig übereinstimmt.

All diese Beobachtungen, denen ich noch die Baldachine mit
ihren architektonischen Zwergmotiven hinzufügen könnte, machen
es zur Gewissheit, dass hier unter einem Meister eine ganze Werkstatt thätig war.

Jedoch scheint mir der Versuch nicht angezeigt, den Zusammenhang zu zerreissen und die einzelnen Stücke an verschiedene Hände
zu vertheilen. Wir dürfen nicht vergessen — um diesen Haupt-
satz noch einmal zu wiederholen —, dass das Aussergewöhnliche
künstlerischer Reife, wie es sich in der Gruppe der Heimsuchung
dokumentiert, durch die Vollkommenheit der Originale vorbereitet
war. Sie sind von einem edleren Stamme. Das Verdienst ist also
nicht so der Hand und der Erfindungsgabe des Meisters, als vielmehr dem hier nur wiederauflebenden klassischen Erbe zuzuweisen.
Die Einheit der Sculpturengruppe bleibt also gewahrt. Und damit
ist auch die Einheit der Leitung gewährleistet. Es ist ein einziger künstlerischer Wille gewesen, der diese
Werke geschaffen, wenn auch verschiedene Ge-
hilfen ihm zur Verfügung gestanden haben mögen.

Fassen wir nun noch einmal kurz die Ergebnisse der vor-
ausgegangenen Vergleiche zusammen.

Eine grosse Anzahl von Vorbildern für die Werke des
Bamberger Meisters sind in Reims aufgefunden worden. Mit dem
Nachweis seiner Quelle ist aber noch nicht seine künstlerische

Inferiorität dargethan. Er ist damit durchaus nicht auf die niedrige
Stufe eines Copisten gesunken. Als freier Mann steht er seinen
Vorbildern gegenüber: er wählt und verwirft, er verstärkt hier und
mildert dort, kurz er benutzt nur die Anregungen, soweit sie ihm
für seine künstlerischen Zwecke genügen. Seine Zwecke stehen
aber zum Theil höher, als die der französischen Meister. Sie
liefern herrliche Arbeiten, Statuen von hohem Geschmack und
edlem Wohllaut der Proportionen. Aber sie haben auch alle die
stille Unbeweglichkeit architektonischer Glieder an sich, deren
Stelle sie zuweilen auch wirklich vertreten. Es sind nur Steinbilder, die mit Würde ihren Platz ausfüllen, wie treue Wächter,
die nicht von der Stelle rücken. Keine Leidenschaft erregt sie,
keine Spannung ermüdet sie. Nur hie und da erhellt das gotische
Lächeln die liebenswürdigen Züge eines Engels oder einer heiligen
Frau. Welch tiefes Gefühl hebt aber den Blick der greisen Ma-
trone in Bamberg. Wie ist sie voll Leben und innerem Drang,
es hält sie nicht an ihrem Orte. Und wo fände sich irgendwo in
Reims der begeisterte Ernst und die jugendliche Kühnheit, die
das Antlitz des Reiters verklären! Sein Auge sucht ein fernes Ziel,
wie etwa jene frommen Ritter nach Jerusalem geblickt haben
mögen, als sie die Stätte ihrer Sehnsucht endlich vor sich hatten.
In ihm spiegelt sich die hochgesinnte Stimmung seines heldenhaften
Zeitalters. — Bei solchem hohen Können wird dem Meister niemand Selbständigkeit absprechen, die allerdings mehr auf einer
dichterischen Begabung und einer leicht erfindenden Phantasie
beruht, als in technischer und formaler Sicherheit. Mag man auch
gerade im Hinblick auf die Vollendung der Reimser Plastik in
dem, was der Bamberger Meister geleistet hat, nur noch einen
Hauch französischen Geistes wiedererkennen, so wird man doch
seine Ueberlegenheit als Poet nicht ableugnen können. Aber die
Grazie der Bewegung, der Geschmack der Draperie, alles das,
was den Romanen von jeher auszeichnete, der Formensinn, die
Eleganz und die Pose fehlen ihm. In seiner Faltenführung, in
Einzelheiten der Gesichtsbildung ist er trocken, hart, spröde. Er
hat schon eine feste Methode, die er ohne Bedenken ausnützt.
Das Kind einer jüngeren Zeit, sieht er bereits mit den Augen
des geschulten Gotikers. Damit ist auch sein Standpunkt
genau bezeichnet. Schon seine Verwandtschaft mit der jüngeren

Künstlergeneration in Reims, die auf den Fialen der Hochwände thätig war, schliesst es aus, ihn mit den frühen Meistern des Hauptportales auf gleiche Stufe zu stellen. Nach Einzelheiten seiner Technik könnte man sich sogar zu der Vermuthung veranlasst fühlen, er habe an den Fialenstatuen selbst mitgearbeitet, so schwer es auch ist, einen solchen Satz zu beweisen.

Jedenfalls kann darüber kein Zweifel sein, dass er in Reims seine Schule durchgemacht hat. Die Statuen, die er in Bamberg mit solch feiner Nachempfindung wiedergiebt, können keine Nachbildungen sein, die allein nach vorgelegten Skizzen oder Modellen gearbeitet wären, — er muss die Reimser Figuren mit eigenen Augen gesehen und unter den Händen gehabt haben. Die Auswahl der Motive, die künstlerische Vertiefung der Charaktere und die Lebendigkeit der Auffassung sind mir Beweise, dass ihnen ein persönlicher Eindruck vor dem Originale selbst vorangegangen ist. Auch darf nicht unerwähnt bleiben, dass das Modell in der Hand Kunigundens eine auffallende Aehnlichkeit mit dem Chorbau der Kathedrale von Reims hat.[117]. Wenn wir es also für gesichert ansehen, dass er in Reims selbst gewesen ist, sei es nun als werkthätiger Steinmetz, der in der Domfabrik beschäftigt war oder als gerade des Weges ziehender Künstler, der Studien sammelte und mit offenen Augen sich umschaute (wie modern und romantisch auch diese Auffassung klingen mag), so entsteht die weitere Frage, mit welchen Hilfsmitteln er die Nachbildungen in Bamberg geschaffen hat. Darüber können wir nur noch Vermuthungen aufstellen. Auf sein Gedächtniss allein kann er sich unmöglich verlassen haben. Ob ihm aber Skizzen, die er aus Reims mitgebracht hatte, bei seiner Arbeit in Deutschland den festen Anhalt gegeben haben, oder ob es Thonmodelle waren, das ist kaum zu entscheiden. Für die Annahme von zeichnerischen Grundlagen spricht eher das vielgenannte Beispiel des Villard de Honnecourt, dessen Skizzenbuch uns einen erwünschten Einblick in die Werkstatt eines Künstlers des XIII. Jahrh. gewährt. Der weitgewanderte Mann, der bis nach Ungarn gekommen ist, hat nie unterlassen, architektonische Grundrisse und plastische Werke, die unterwegs sein Interesse erregten, zu skizzieren. Er wird nicht der Einzige gewesen sein, der auf diese Weise seine Studien betrieben hat. Es ist daher das Nächstliegende, sich auch den Meister der Heimsuchung als einen wandernden Bildhauer zu denken, der vielleicht im Auftrage des deutschen Bischofs in Reims die gewünschten Originale zu copieren hatte oder der aus der dortigen Bauhütte von ihm nach Bamberg berufen worden sein mag.

Ebenso hypothetisch sind die Erwägungen über seine Nationalität. Aus unserer bisherigen Untersuchung haben wir dafür wenig Anhaltspunkte gewonnen. Höchstens wäre einige Klarheit aus einer Gegenüberstellung seiner Werke mit den Sculpturen im übrigen Deutschland zu erwarten. Man hat bisher geglaubt, dass unser Meister mit der sächsischen Schule in Verbindung stehe, speziell mit der Naumburger Werkstatt. Nichts hat der Erkenntniss seines Stiles so sehr geschadet, wie diese Annahme. Wie unbegründet sie war, das kam bereits in dem Schwanken der Anschauungen zum Ausdrucke, denn bald wollte man unseren Bamberger vor, bald hinter den Naumburger setzen.

. Man versuchte eine Entwicklungsreihe zwischen zwei Werkstätten herzustellen, die ganz und gar nichts miteinander gemein haben. Schon · das Körperideal der beiden Meister ist durchaus verschieden. Die Naumburger Stifterfiguren [118] sind ein derbes Geschlecht von starkem, untersetztem Wuchs mit dicken und breiten Köpfen, die Bamberger Statuen dagegen schlankere Gestalten von feinerem Knochenbau. Der Gesichtstypus weicht stark ab. Der sächsische ist fast viereckig, die Nase kurz, die Wangen voll, das kleine Kinn tritt nur wenig aus der weichen Umgebung heraus. Mund- und Augenbildung ist weniger edel, die Stirne massiv und breit; vollkommen andersartig ist das Haar behandelt. Hier ist eine Freiheit und Leichtigkeit der Bildung erreicht, die dem Bamberger Meister noch gänzlich fremd ist. Ebenso die heftige Auffassung der Charaktere, die namentlich in der mannigfach variirten Stellung einen erstaunlichen Reichthum der Motive verräth. — Auch die weiblichen Figuren sind in nichts mit den Idealgestalten der Heimsuchung zu vergleichen, oder auch nur mit der Zierlichkeit der Kunigunde. Die Verschiedenheit der Meister beruht nicht nur auf einer ganz andersartigen Technik, sondern vor allem auf einer durchaus unabhängigen künstlerischen Auffassung. Der Naumburger schildert das hausbackene Geschlecht der Burgherren, schlicht und recht wie sie waren. Ein getreuer

Chronist und einfacher Kopf giebt er nur das wieder, was er vor
Augen hatte. Der Bamberger bewegt sich hingegen auf dem Boden des Idealen. Kaiser Heinrich ist ihm eine hehre Gestalt, angethan mit dem Schimmer von Majestät und Heiligkeit, wie ihn die
Legende um ihn gewoben hatte. Wie wacker und biderbe nimmt
sich neben ihm der Markgraf Ekkehard aus. Der Inbegriff des
abenteuernden Ritterthumes ist der Reiter; nach ihm haben wir
unsere Vorstellung von Parcifal und all den Phantasiehelden der
höfischen Epen und Romane zu bilden. Was ein Held nach
dem Herzen der Zeit war, das verkörpert er, so sehr auch
sein Gaul schon an die Rosinante des spanischen Satirikers ge-
mahnen mag. Vollends, was macht er aus den sinnvollen Gestalten
der Kirche und Synagoge oder gar der Jungfrau Maria und der
Elisabeth? Es ist, als ob eine Ahnung antiken Wesens sein schaf-
fendes Künstlerherz erfüllt hätte. Niemand aber wird vor der Uta
und Regelindis an etwas anderes denken, als an jene tüchtigen
Edelfrauen, die in der Burg ihre Mägde und Knechte in strammer
Zucht hielten und nur gelegentlich bei Turnieren und hochgeziten
sich mit dem poetischen Zauber der Minne schmückten.

Ein fremdartiger Reiz, der das Gewöhnliche, Alltägliche
ausschliesst, eignet dem Bamberger Meister und er mag ihn dem
hohen Schwung der französischen Plastik abgesehen haben.

Wenn nun auch der Naumburger von der allgemeinen Strömung, die von Frankreich aus die deutsche Kunst ergriffen und
im Innersten verwandelt hat, nicht ganz unberührt geblieben ist,
so hat er doch seine eigentliche Grundlage in der sächsischen
Schule; er fusst auf einer heimathlichen Tradition und man kann
ihn für einen wirklich deutschen Künstler ansehen. Das ist aber
bei dem Bamberger Meister nicht der Fall. Was wir mit Sicherheit
von ihm sagen können, ist nur, dass er seine Schule in Reims
durchgemacht hat und dass ihm kein einziger künstlerischer Zug
eigen ist, der es gestattete, ihn als einen unverfälschten Abkömm-
ling einer der deutschen Schulen aufzufassen.[1] Die nächste Verwandtschaft zeigt er mit den Sculpturen von Trier, Wimpffen
i. Thal und Strassburg — alles unzweifelhaft französisch beeinflusste
Werkstätten. So führen uns also auch diese Spuren auf französische Quellen zurück, ohne uns aber so völlig aufzuklären, dass wir
etwa den Meister bestimmt für einen Franzosen ansprechen könnten

Es bleibt noch die Frage zu beantworten, unter welchem Bischof er in Bamberg gearbeitet hat. Man hat ihn immer unter der Regierung Bertholds von Leiningen, (1256—1285), angesetzt auf Grund jener Nachricht vom Jahre 1274, die einen Ablass zum Zwecke der Domrenovation meldet. Ich habe noch andere Gründe, das Schaffen unseres Meisters gerade in diese Zeit zu verlegen. Einmal stilistische. Durch das neu erbrachte Moment der Abhängigkeit von Reims müssen wir vor allem die zeitliche Feststellung mit den Daten der französischen Vorbilder in Einklang bringen. Leider sind nun die Reimser Sculpturen nicht so genau bestimmt, als es wohl wünschenswerth wäre. Von 1212—1295 wird mit einer Unterbrechung (von 1243—1251) an der Kathedrale gebaut. Um 1240 war die Façade begonnen, wurde aber zu Ende des Jahrhunderts wieder abgebrochen, weil man eine Verlängerung der Schiffe um zwei Joche nöthig fand. Der Statuenschmuck des Portales, soweit er fertig war, wurde bei der neuen Anlage wieder verwendet. Dehio setzt die Heimsuchung in das zweite Viertel des XIII. Jahrh., ebenso Gonse,[220] der auch alle übrigen Statuen des centralen Hauptportales bis zur Mitte des Jahrhunderts als vollendet annimmt und nach meinem Dafürhalten damit ganz gewiss das Richtige trifft. Die Königsfiguren auf den Fialen, wenigstens ein Theil, haben wohl, mit Ausnahme einiger späterer Zusätze, vor Ausgang des Jahrh. an Ort und Stelle gestanden. Nach allem, was wir bisher über die Zusammengehörigkeit unseres Meisters mit der Reimser Bauhütte gesagt haben, müssen wir folgern, dass auch er nach 1250 thätig gewesen ist. In der Mitte der siebziger Jahre wird noch energisch am Dom gearbeitet, wahrscheinlich sogar bis gegen Ende des Jahrhunderts. Und damit ist auch die Arbeitszeit des Meisters der Heimsuchung und seiner Werkstätte in ihren Grenzen angedeutet, wobei wir, wie gewöhnlich im Mittelalter, uns nicht auf genau bestimmte Jahre verlassen können, sondern nur ungefähr mit Jahrzehnten bei unsrer Datierung uns bescheiden müssen. Also etwa in den achtziger Jahren haben wir uns die Werke unsres Meisters entstanden zu denken.[221]

Wenn ich ihn aber gerade mit Berthold von Leiningen in Zusammenhang bringe, so leiten mich wieder die schon mehrfach erwähnten Beziehungen der Meranischen Familie zu dem Adel der Champagne. Berthold gehörte auch dem, um den Bamberger Dom

so hochverdienten Hause der Grafen von Andechs an. Seinem
Eingreifen gelang es, dem Bamberger Domkapitel einen Theil der
Meranischen Erbschaft zu sichern. Er brachte ja auch, wie der
Ablass von 1274 beweist, die Arbeiten am Dome wieder in Gang.
Dass nun auch die Statuen nur von einem Meranier in Auftrag
gegeben sein können, wird noch durch ein anderes Moment wahr-
scheinlich gemacht. Am Heinrichsportal nämlich ist auffälliger
Weise die Figur des heiligen Stefan, des Märtyrers, dargestellt.
Die Geschichte des Domes sagt uns nicht, warum man gerade
diesen Heiligen an so bevorzugter Stelle ehrte; er gehört nicht
zu den Patronen des Gotteshauses.[112] Wohl aber steht er den
Pfalzgrafen von Burgund so nahe, wie kein anderer Heiliger; er
ist der vornehmste Patron der Erzdiözese Besançon, und als Otto
und Beatrix von Meran ihre Herrschaft in Burgund antraten, war
es ihre erste Fürsorge, dort in seiner Hauptkirche St. Etienne zwei
Altäre zu stiften.[113] Er spielte in Burgund auch im Verkehrsleben eine
so grosse Rolle, dass nur nach „Stefaner Münze"[114] gerechnet
wurde. So mag das Meranische Geschlecht seit seiner Erhebung
den heiligen Stephan ebenfalls als seinen vornehmsten Schutzpatron
betrachtet haben, den es wohl mit Stiftern und Hauptheiligen des
Domes in eine Reihe setzen durfte.

Auch das Denkmal des Reiters ist am ehesten aus der Geschichte dieses Hauses zu verstehen. Man hat ihn neuerdings —
wie mir scheint, ganz willkürlich — für Konrad III. erklärt,
während ihn die Tradition allein den heiligen Stefan von Ungarn
nennt.[115] Wir haben Belege dafür, dass er noch im vorigen
Jahrhundert so hiess: die neu vorgeschlagene Namensänderung
geht auf eine erst in den dreissiger Jahren gefundene Notiz zurück,
nach der Konrad an jenem Pfeiler unter der Statue begraben
liegen soll. Wie kam man dazu, die alte Ueberlieferung zu stürzen?
Konrad hat sich durchaus nicht in hervorragender Weise um den
Dombau verdient gemacht[116] und es ist nicht einzusehen, warum
man mehr als ein Jahrhundert nach seinem Tode ihm noch eine
solche Ehrung hätte erweisen sollen. Ist es nicht auch befremdlich,
dass man es wagte, mitten in der Umgebung von Statuen der
vornehmsten Heiligen am hohen Chore in der Nähe des Haupt-
altares, ein Profandenkmal zu errichten?

Wohl aber erklärt sich der traditionelle Name Stefans von

Ungarn leicht aus der Bamberger Bischofsgeschichte. Einmal stand
er mit Kaiser Heinrich dem Heiligen, dem Stifter des Domes und
der Kunigunde in naher Beziehung, da er des Kaisers Schwester
zur Gemahlin hatte. Dann mag in Bamberg sein Kultus, nachdem er noch vor Ende des XI. Jahrh. heilig gesprochen war,
unter Ekbert in Schwung gekommen sein, der die Verbindung mit
dem ungarischen Königshause — Andreas von Ungarn war sein
Schwager — in guten und schlechten Tagen aufrecht erhalten
hatte. Als er aus dem Lande fliehen musste, hatte er in Ungarn
Schutz genossen; und als Andreas 1217 einen Kreuzzug unter-
nahm, waren Ekbert und sein Bruder, der Pfalzgraf Otto, in
seinem Gefolge.

Daraus erhellt, dass die traditionelle Benennung des Reiters,
die eine scheinbar auffällige Verbindung mit Ungarn herstellte,
eine historische Grundlage hat. Warum sollten wir sie daher zu
Gunsten einer durchaus nicht besser gestützten Benennung auf-
geben? Sehe ich recht, so ist sowohl die Stefansfigur am Portale,
wie der König Stefan im Inneren des Domes von den Meraniern
als ein ruhmrednerisches Wahrzeichen für die Geschichte ihres
eigenen Hauses errichtet worden. Durch die Statuen wurde die
Erinnerung an die glanzvolle Zeit der burgundischen Pfalzgrafschaft wachgehalten und dem Familienstolz dieses Fürstenge-
schlechtes, das mit den beiden mächtigen Königshäusern von
Frankreich und Ungarn verschwägert war, ein unvergängliches
Denkmal gesetzt. Trifft diese Combination zu, so kann nur Berth-
hold von Leiningen, der letzte Bischof, der den Meraniern zugehörte, diese pietätvollen Stiftungen gemacht haben.

## Ausblick in das XIV. Jahrhundert.

Man hat die Werke des Meisters der Heimsuchung bisher
der romanischen Periode zugewiesen und sie mit den Naumburgern
zugleich als eine Blüte jener Entwicklung gefeiert, die mit
den sächsischen Sculpturen in Hildesheim und Halberstadt anhebt.
Obgleich nun der Naumburger Meister innerhalb Sachsens sehr wohl
an den Schluss einer ununterbrochenen Reihe kunstreicher Steinmetzen gesetzt werden darf, mit denen er in Stil und Auffassung
mancherlei gemein hat, so ist er doch — wie das von Reber bereits

hervorgehoben hat — in seinem Wesen schon gotisch. Vollends
kann kein Zweifel mehr darüber bestehen, dass der Bamberger
Meister ein Gotiker von reinstem Wasser ist.[127]
Er kommt unmittelbar aus der hohen Schule der Gotik, aus ihrer
eigentlichen Heimat, und die Lehren, die er dort empfangen, ver-
wertet er hier auf deutschem Boden, im Dienste eines deutschen
Bauherrn als etwas Neues und Unerhörtes.

Immerhin ist es merkwürdig, dass dies Verhältnis so lange
unerkannt bleiben konnte, da doch Deutschland mit gotischen
Sculpturen übersät ist, die Vergleichungspunkte also überall offen
zu Tage liegen. Statt dessen hat man die Statuengruppe einer Kunst
zugewiesen, die in ihrem inneren Wesen und äusseren Formen mehr
noch mit antik-klassischen Traditionen gemein hat, als mit der recht
eigentlich mittelalterlichen Kunst der Gotik. Schnaase[128] noch bespricht den Meister der Heimsuchung mit dem Meister des Georgenchores in einem einzigen Kapitel, man möchte sagen, er nennt sie
mit einem Atemzuge, wenn auch schon die Figuren des Ostportales
als ein besseres Beispiel für den „neuen Stil" in den Vordergrund
gerückt werden. Die ausserordentliche Wesensverschiedenheit der
beiden Meister hat er jedoch nicht scharf präcisiert, vielmehr
sucht er überall den sanften Fluss einer stetigen Entwicklung zu
schildern.

Man muss sich aber klar werden, dass zwischen den Apostel-
und Prophetenreliefs und den Ideal-Figuren der Heimsuchung mit
ihren verschwisterten Statuen eine ungeheure Kluft liegt. Jene
sind die verspäteten Ausläufer einer Entwicklung, die in der
Provence beginnt und auf das Herzland Frankreichs überspringt.
Diese treten als die frischimportierten Erstlinge des neuen mittelalterlichen Stiles auf, der in der Champagne sich soeben zu einem
Welteroberungszuge vorbereitete. Ihrem ganzen Charakter nach,
wenn auch nicht nach ihrem Datum, gehören die Reliefs noch
zur Kunst des XII. Jahrhunderts, während die grossen Standbilder des jüngeren Meisters den Inbegriff des plastischen Vermögens
darstellen, wie es im XIII. Jahrh. sich ausgebildet hatte.

Im Vorübergehen sei der Stil beider Gruppen noch einmal
gegenübergestellt. Im Allgemeinen möchte ich auf die zunehmende
Tendenz zum Weichen, Runden und Schwungvollen hinweisen.
Der Schädel des Jonas mit seiner mächtigen Wölbung und seinen

harten, eckigen Formen zeigt ganz die robuste Energie, mit welcher der ältere Künstler den Meissel handhabte und dem Material zu Leibe ging. Der Steincharakter des Werkes liegt unverhüllt zu Tage. Bei Kaiser Heinrich wird der Bart und das Haar als flutende Masse behandelt, die Uebergänge vom Auge und der Schläfe zur Wange verlaufen sanft, der Stoff des Kleides und die Haut des Körpers sind in ihrer Natur erfasst, es ist, als ob erst jetzt zum ersten Male der Künstler sie betastet und befühlt hätte und all sein Können daran setze, diese Weichheit auch in der Sprödigkeit des Steines wiederzugeben. Der starke Eindruck der Naturwahrheit haftet dem Werke an. Aber mit der grösseren Herrschaft über das Material und die natürlichen Formen stellte sich auch alsobald die Neigung ein, die flotte Führung des Meissels durch das ganze Werk in dem besten Lichte zu zeigen. Schon an dem Schleiertuche über den Augen der Synagoge macht sich das Raffinement des geschickten Meisters bemerkbar, der sein Werkzeug spielen lässt. Mehr noch dort, wo die hohe Gestalt sich unter dem zarten Gefältel des dünnen Stoffes reizvoll ausprägt. Das sind neue Gedanken in der Plastik, von denen die strenge Richtung der älteren Zeit noch keine Ahnung hatte. Für sie war das Gewand noch ebensogut ein Objekt stilisierender Willkür, wie jedes vegetabilische Gebilde, das für die Bekleidung einer Archivolte, eines Gesimses, oder irgend eines architektonischen Gliedes als Ornament verwendet wurde. Der neue Stil aber sieht vor allem schon überall die stoffliche Natur des Kleides und seine eigentümliche Art in Wurf, Schnitt und Fältelung.

Wir erinnern uns, wie schwer der Meister der Apostelreliefs damit rang, seine Figuren richtig zu stellen und sie natürlich zu bewegen. Allerdings war er durch die besonderen Umstände der Flächendarstellung doppelt gebunden. Die Portalstatuen aber haben schon die Freiheit einer selbstbewussten Haltung, vollends die beiden allegorischen Figuren der Kirche und Synagoge. All die neuen Herrlichkeiten, deren die Plastik sich jetzt erfreute, waren aus dem vollkommen andersartigen Verhältnis der Kunst zur Natur erworben. Der Meister vom Georgenchore wusste wohl auch, dass in der Wirklichkeit seine Vorbilder zu suchen waren, und dass er am Modell studiert haben muss, schliessen wir aus den lebensvollen Köpfen seiner Propheten. Aber er sah doch nur dann von der

Arbeit auf, um einen Seitenblick auf die Natur zu werfen, wenn ihn sein eingeschulter Formenschatz im Stiche liess. Der Meister der Heimsuchung schaute der Natur mit ganzem Auge ins Gesicht. Für ihn war sie in jeder Beziehung Lehrmeisterin. Was ihm an der Welt, die vor ihm ausgebreitet lag, gefiel, waren allerdings nur die Menschen und Formen eines bestimmten Kreises, aber diese schilderte er mit all der Sicherheit und idealisierenden Begeisterung, die jungen Kunstepochen zu eigen sein pflegt. So ist denn auch in dem Uebergang aus der romanischen Epoche zur gotischen der Begriff von der Natur der entscheidende Punkt, auf dem die Wendung sich vollzieht.

Damit hängt auch die Nebenfrage zusammen, wie denn mit einem Male das weltliche Wesen in der kirchlichen Kunst so schnell und sicher Fuss fassen konnte. Die Apostelreliefs sind ihrem Thema nach eine Ueberlieferung der ältesten Kirche, an welche die antike, togaartige Gewandung ebenfalls anklingt. Auch die äussere Anordnung in Bogenarkaden findet ihre Urform in der Sarkophagplastik der altchristlichen Kunst. In jeder Beziehung sind sie also mit ehrwürdigen Traditionen verknüpft. Die Statuen Kaiser Heinrichs [229] und der Kunigunde, ebenso der Reiter sind aber ein Zeitbild. So wie sie sich kleiden und wie sie sich gehaben, spiegeln sie das Wesen der ritterlichen Welt wieder, sie sind die Muster der herrschenden gesellschaftlichen Kreise, ein modisches Abbild der Grossen und Hochgestellten, zu denen die Lebenden bewundernd aufblickten. Man sah die Heiligen der Vergangenheit plötzlich in den heiteren Daseinsformen der Gegenwart. Die Kunst hatte einen kühnen Schritt gewagt, aber sie hatte ihn erst gethan, als sie sich an der Hand der lebenspendenden Natur auf sicheren Wegen fühlte.

Nach alledem sollte man meinen, dass die Bamberger Statuen von jeher als etwas ganz Unvermitteltes und Unorganisches hätten erkannt werden müssen, wenn man sie mit dem älteren Stil verglich und als „spätromanische Sculpturen" bezeichnete, wie das Anton Springer [230] und mit ihm eine ganze Reihe von Forschern gethan haben. Warum hiessen sie nicht von Anfang an die Vorboten der Gotik in Deutschland?

Die Antwort kann nur lauten: deswegen, weil sie mit der deutschen Gotik so wenig gemein haben. In der That — was

man als deutsche gotische Plastik des unmittelbar folgenden Zeitraumes feiert, das hat mit unseren Werken kaum die geringste
Aehnlichkeit.

Wir müssen die Frage etwas genauer untersuchen und wenden unsere Aufmerksamkeit vor allem der Werkstatt des
Meisters der Heimsuchung zu und den Wirkungen, die er
etwa in Bamberg hervorgerufen hat. Denn es ist doch zu erwarten,
dass ein Künstler von dieser Wucht und Bedeutung irgendwelche
Spuren an der Stätte seiner Arbeit zurück gelassen hat.

Nur wenig kommt aber in Betracht. Aus seinem Atelier oder
in Anlehnung an seine Weise sind zunächst noch zwei Grabdenk-
mäler hervorgegangen, die im Innern des Domes an den grossen
Gewölbepfeilern der Nordseite stehen.[281] Sie sind übrigens, bezeichnend genug, den beiden um die Kathedrale so hochverdienten
Bischöfen Ekbert von Andechs und Berthold von Leiningen gesetzt worden, wieder ein Merkmal, das unsere Ausführungen über
den Zusammenhang der Meranier mit der Baugeschichte des
Domes zu stützen vermag.

Die Gestalt des Verstorbenen ist auf beiden Grabmälern, die
nach einem Schema und vielleicht von einer Hand gearbeitet sind,
in schwachem Relief im Profil dargestellt. Der Bischof in
vollem Ornat, die Mitra auf dem Haupte, den Krummstab in der
Linken, ist in Schrittstellung nach links gewendet und erhebt die
Rechte zum Segen. Unter den Kopf ist ein Kissen geschoben.
Die Behandlung der nur wenig erhabenen Gestalt ist oberflächlich
und geringwertig. Der Zug der gleichlaufenden Falten und die
schematische Durchführung des Kostümlichen, dazu das unver-
standen angebrachte Kissen unter dem Kopfe einer schreitenden
Figur bezeugen einen handwerksmässigen Betrieb der Kunst. Dies
Werk kann nicht mehr unter den Augen des Hauptmeisters
entstanden sein; doch hat es sich an eine seiner Arbeiten ganz
sichtlich angelehnt: die Reliefgestalten der Bischöfe sind nichts
anderes, als eine im Profil aufgenommene Wiederholung der
Papstfigur Clemens II. In den Gesichtszügen ist die Nachahmung
deutlich zu erkennen; auch die Hilflosigkeit in der Wiedergabe
eines scharf gezeichneten, individuellen Kopfes ist bezeichnend.
Die Formen sind verschwommen und aufgedunsen.

Ferner müssen hier noch die Figuren an der Ballustrade des

nördlichen Westthurmes [232] ihren Platz erhalten, wenn auch nicht
mehr als vollwertige Arbeiten des Werkstatthauptes, so doch als äus-
serst geschickte Dekorationsfiguren seiner Schule. Verwittert wie sie
sind, würden sie nur wenig mehr von der einstigen Behandlung ahnen
lassen, wäre nicht der Kopf des Aaron — das Gegenstück stellt den
Moses dar — durch Zufall gut erhalten geblieben oder vielleicht
auch einmal erneuert worden, jedenfalls dann aber im Anschluss
an das alte Original. Die ausserordentlich wirksame Auffassung
des Kopfes, die dem hohen Standpunkt Rechnung trägt, zeugt
von einer langen Erfahrung und gut ausgebildeten technischen
Sicherheit. Was an ihm auffallen könnte, die Behandlung der
tiefliegenden Augenpartie, des Mundes und Bartes hat übrigens
an frühgotischen Figuren z. B. in Strassburg genug Verwandtes, [233]
um als zeitgemäss zu gelten und den Hinweis zu entkräften, der
gerade das Grosszügige und Malerisch-Eindrucksvolle durch die
Nacharbeitung eines Barockkünstlers erklären möchte.

Dies Werk im Verein mit den vorausgenannten ist der letzte
Ausklang der grossen plastischen Kunst Bambergs im XIII. Jahrhundert.

Dann tritt ein jäher Abbruch ein. Die Plastik des XIV. Jahrhunderts steht ebenso unvermittelt neben den Meisterwerken der
Frühgotik, wie diese neben den Apostel- und Prophetenreliefs des
romanischen Stiles. Jedes Verbindungsglied fehlt. So auffallend die
Erscheinung ist, so leicht ist der Beweis zu führen. Vor allem
für Bamberg selbst. Der Stil eilt im Fluge einem geistlosen Schematismus entgegen.

Eine Marienfigur [234] und eine hl. Kunigunde [235] im Inneren
des Domes, dicht neben den hohen Schöpfungen des Meisters der
Heimsuchung aufgestellt, geben gute Beispiele. — Die Maria, die
das bekleidete Christuskind im Arme hält, ist im Vergleich zu der
anderen Figur noch massvoller gehalten. Die Gewandbehandlung
zeigt zwar in der Führung der Falten den übertrieben langen
Schwung der schulgerecht betriebenen Gotik; auch in der Stellung
waltet bereits die Unsicherheit der Hüfthaltung, das Studium der
Körperformen ist verflacht; aber der Schwulst der Draperie
und die sentimentale Stimmung des Gesichtsausdruckes sind doch verhältnissmässig noch zurückgehalten und gedämpft. — Die Ausbildung
oder richtiger gesagt die Verkümmerung des Stiles, ist dagegen in der

Kunigunde bereits vollendet. Die schmächtige Figur der Heiligen verschwindet ganz unter einem schleppenden Mantel von schwerem, dickem Stoffe, dessen Wurf den Bildner allein interessiert. Für die Formengebung hat er kein Auge mehr. Die Arme an dem viel zu kleinen Oberkörper sind verschrumpft und zu schwach für die Last des Kirchenmodelles, das ihnen aufgebürdet ist. Um dem puppenhaft-oberflächlich durchgeführten Gesicht einen sanften Ausdruck zu verleihen, ist der Mund übertrieben klein gebildet und nach unten gezogen, der Blick nach oben gerichtet. Ganz typisch ist die Bildung des Auges, der obere Lidrand hoch geschwungen und weit ausgezogen, der untere aber fast gradlinig. Als Ganzes betrachtet, bildet die Figur ein steiles Dreieck von unbewegtem Umriss, das sich auf einer breiten Basis aufbaut, da der Schwung der Manteldraperie nach unten zu in die Breite ausladet.

Was schon aus diesen Sculpturen hervorgeht, das bestätigen auch die übrigen Bildwerke des XIV. Jahrh. im Dom und den anderen Kirchen Bambergs. Sie haben nichts von dem Geist und von der Formensprache des älteren Künstlers gewonnen, der ihnen ein Lehrmeister und Wegweiser hätte werden sollen. Die allgemeine Entwicklung nimmt ganz andere Wege, als er sie eröffnet hatte.

In den Grabdenkmälern des Grafen Friedrich von Hohenlohe [336] und Friedrichs II. Grafen von Truhendingen (ebenfalls im Dome) zeigt sich in der Behandlung der Gestalt eine Neigung zum Ueberschlanken; der hagere Leib des Bischofs kommt unter den stoffreichen Gewändern gar nicht zur Geltung, da weniger die Formen, als die Proportionen des langgestreckten Körpers betont werden.

In dem Gesicht, das fast den Eindruck einer Maske hervorruft, ist ein tüchtiges Naturstudium dargelegt. Die abgezehrten Züge sind mit ausserordentlicher Schärfe wiedergegeben und zeigen ein bemerkenswerthes Können. Danach scheint die Grabsculptur das Verhältniss der gotischen Plastik zur Natur am besten wiederzuspiegeln. Ein Realismus, der alles Einzelkleine des Stofflichen mit Liebe beobachtet und darstellt, macht sich hier breit, ohne dass er sich jedoch aufschwingen könnte, den Idealgestalten Halt und innere Wahrheit zu geben. Am Grabe Ottos des III. in der Kirche an dem Michelsberge [337] kommt dieses Verhältniss zu klarem Ausdrucke. Die liegende Gestalt des

Bischofs mit dem schweren und faltenreichen Ornat ist trefflich durchgeführt, aber die kleinen Figuren der Seitenreliefs — darunter wieder das kaiserliche Stifterpaar — zeigen die schnelle Abnahme gerade der wertvollsten Eigenschaften, die die Plastik des vergangenen Jahrhunderts gebracht hatte : den Sinn für die richtigen Grössenverhältnisse des Körpers und das Verständniss für natürliche und edle Typenbildung.

Wie weit ist der Abstand, der sich in den Figuren der törichten und klugen Jungfrauen an der Hochzeitspforte von U. L. Frauen dokumentiert, [138] wenn wir sie mit den herrlichen Gestalten der Kirche und Synagoge in Vergleich stellen: verkümmerte Wesen in ungeschickt gezierten Stellungen mit grinsend verzogenen Gesichtern. Der monumentale Stil, über den der Meister des XIII. Jahrh. gebot, ist gänzlich verschwunden, um einer unermüdlich wiederholten, kleinlichen Manier Platz zu machen, wie sie sich schnell in den Bauhütten der allerorts aufwachsenden grossen Dome ausgebildet hat. Würzburg, Nürnberg [139] und Regensburg mit ihren imposanten Kirchenbauten stehen in dieser Zeit an der Spitze, und wenn ich recht sehe, so hat Bamberg für die wenigen gotischen Bauten von dort her seine Steinmetzen, die man kaum mehr Künstler nennen darf, bezogen. Ein allgemeines Interesse können diese Arbeiten als Einzelwerke oder statuarische Denkmäler nicht mehr beanspruchen, und so bescheide ich mich gern gegenüber dem Urteil der Lokalforscher, denen hier allein das Wort gebührt. Unsere kurzen Bemerkungen sollten nur melden, dass die Wirksamkeit unseres Meisters keine weiten und fruchtbaren Folgen gehabt hat. Dabei haben wohl auch äussere Umstände mitgewirkt. Bambergs Glanzzeit war auf politischem und sozialem Gebiete mit dem Ausgange des XIII. Jahrh. jäh abgeschlossen. Als in dem benachbarten Nürnberg das Bürgertum zu erstarken begann, regten sich auch hier ähnliche Bestrebungen, scheiterten aber an dem Widerstande der Bischöfe und erschütterten die allgemeinen Zustände in dem Maasse, dass auch für die Entfaltung künstlerischer Neigungen kein Boden mehr war. Dennoch übertreffen die Sculpturen des XIV. Jahrhunderts an Zahl beträchtlich die Schöpfungen, die uns aus dem XIII. geblieben sind; an künstlerischem Werte aber können sie sich mit diesen Meisterwerken durchaus nicht messen.

Die gotische Plastik hat also, wie wir gesehen haben, schnell ein anderes Gesicht erhalten. Sie trat anfangs hoch und würdig auf, ihr Grundzug war echt monumental. Sie verfiel aber einem kleinlichen, philisterhaften Geiste. Wir sprachen von ihrem aristokratischen Charakter und es läge nahe, jetzt von einer bürgerlichen Kunst zu reden. Das gäbe aber doch ein falsches Bild, wie sehr wir auch durch den Vergleich mit der Litteratur dazu verführt werden könnten. Ich halte mich bloss an die Erscheinung, an die Leistung selbst. Eine Idealgestalt, wie die Bamberger Elisabeth, die sogenannte Sibylle, hat das XIV. Jahrh. nicht hervorgebracht und damit ist der ungeheure Abstand deutlich gekennzeichnet. Doch es handelt sich hier nicht allein um das Maass künstlerischer Grösse, sondern auch um die Einzelheiten der Behandlung, um den Stil. Auch darin ist der Unterschied derselbe. Die Formensprache der Sibylle weicht von derjenigen der jüngeren Plastik so ausserordentlich ab, dass damit die lange Verkennung ihrer Zugehörigkeit zur gotischen Kunst vollkommen gerechtfertigt ist. Oder wer möchte es wagen, den Bamberger Reiter neben die berittenen Gnomen zu stellen, die im Regensburger Dome[240] als Beispiele eines Reitermonumentes nach dem Geschmacke der blühenden Gotik uns erhalten geblieben sind. D e r g r o s s e Z u g , d e r S i n n f ü r d a s s t a t u a r i s c h e S t a n d b i l d i s t v e r l o r e n g e g a n g e n , man kennt nur dekoratives Gefüllsel, womit man die Kolossalfaçaden der Dome und die Riesenlaibungen der Portale überkleidet. Die Einzelleistung ist der fabrikmässigen Massenproduktion gewichen. Gerade in dem ungeheuer angewachsenen plastischen Betriebe, der die echte Künstlerschaft unterdrückt, liegt der tiefere Grund des Verfalles.

Die Gotik erfuhr ein Schicksal, das ihrem innersten Wesen Gewalt anthat. Ihr Streben zum Leichtbewegten und zierlich Gemessenen verlangte vornehme und maassvolle Behandlung. Sie war daher auf einen engen Bezirk angewiesen; aber sie wurde gezwungen, der zerstreuenden und verwirrenden Wirkung einer verschwenderischen Dekorationssucht zu dienen. Die Einzelfigur konnte in diesem Statuenheere, das durch Zahl und Masse Staunen erregen wollte, keine Rolle mehr spielen. „Feinfühlige Künstler waren der Gotik unentbehrlich."[241] Zünftig geschulten Handwerkern wurde sie preisgegeben, die kaum mehr etwas anderes waren als die kommandierten Diener der grossen Baumeister. Um die Sculpturen des XIV. Jahrhunderts zu studieren, kann man nicht mehr vor freistehende grosse Werke hintreten, in deren künstlerischer Reife ein reicher Quell aesthetischer Befriedigung ruht, sondern muss sich zwerghafte Figürchen aus schwindelnder Höhe mit dem Fernglase nahe rücken, ohne einmal für diese Bemühung sonderlich entschädigt zu werden.

Im Reiche der Kunst steht der Meister der Heimsuchung abseits von dieser geschäftigen Zunft. Er, der an der Geburtsstätte der gotischen Plastik zu guter Stunde sich gebildet hatte, blieb dem nachfolgenden Geschlechte dauernd fremd. In diesem Verhältniss spiegelt sich der innere Widerspruch zwischen der ursprünglichen Gotik, wie sie in Frankreich entstanden war, und der Umbildung, die sie in Deutschland erfahren hatte.

# Anmerkungen.

[1] Die für die Gründungszeit und älteste Geschichte des Domes wichtigen Urkunden sind am besten zusammengestellt bei Ussermann, Germania sacra, Episcopatus Bambergensis. 1801. im codex probationum. Auch in den Mon. Boica. XXVIII. und bei Jaffé, Bibl. V. Mon. Bamberg. 472—479. Daneben ist Thietmars Chronik eine interessante Quelle. Wertvolle Nachrichten geben für die Zeit unter Otto dem Heiligen (1102—1139) die Vita Ebonis Mon. Germ. SS. XII, p. 822 und die Vita Herbordi. Mon. Germ. SS. XVII. p. 764 cap. 34 (auch bei Jaffé, Biblioteca rerum germanicarum, tom. V. Monumenta Bambergensia, Berlin. 1869. p. 580 ff.) Ferner ist die Vita des Prieflinger Mönches, Mon. Germ. SS. XII. p. 888 über die Dombauten genauer orientiert, ihr Verfasser kennt die Gebäude aus eigener Anschauung. (vgl. Juritsch, Georg, Gesch. d. Bischofs Otto I. von Bamberg. Gotha 1889.) Wichtige Einzelheiten finden sich besonders in den Annales S. Petri Bambergensis, im Cod. Ed. II, 14. in d. Kgl. Bibl. Bamberg, publiziert in Mon. Germ. SS. XVII. 636 und bei Jaffé, Mon. Bamberg p. 553. Einen Auszug gab C. A. Schweitzer, Siebenter Bericht des hist. Vereins zu Bamberg, 1844. p. 70.) Auch die Notae sepulerales und das Necrologium Capituli S. Petri Bambergensis. (Mon. Germ. SS. XVII. p. 637 u. Jaffé, Mon. Bamberg. p. 555) geben schätzenswerte Aufschlüsse, allerdings meist für die Bischofsgeschichte. — Einzelne Urkunden über Ablässe des XIII. Jhrh. im Kgl. Bayr. Reichsarchiv in München, vgl. dazu Looshorn, Gesch. des Bistums Bamberg, München 1888. Bd. II. — Die Geschichtsschreibung Bambergs, die im XII. Jhrh. hier mit Glück gepflegt wurde und der Bischofsstadt den Ruhm wissenschaftlichen Eifers eintrug, ist vor allem mit dem glänzenden Namen Ekkehards verbunden, der in der reichen Bibliothek von S. Michael seine Studien gemacht hatte. Leider ist das Interesse der m.-a. Historiker für die kunsthistorischen Dinge zu gering gewesen, als dass wir aus ihren Werken die wünschenswerte Aufklärung gewännen. Mit dem Ausgange des XIII. Jhrh. versiegen alle Quellen, so dass wir auch in der politischen Geschichte über Bamberg im XIV. Jhrh. sehr schlecht orientiert sind. (vgl. Lorenz, Deutsche Geschichtsquellen I³. 1886 p. 152.) Das beste Material für die spätere Geschichte des Domes besteht in den Archivalien, die das Kgl. Kreisarchiv in Bamberg bewahrt. Zu nennen sind:

1. Die sogenannten Domkapitelschen Werkamtsrechnungen von 1540 bis zum Beginn des XIX. Jahrhunderts 260 Folianten.
2. Baurechnungen über den neuen Dachstuhl a. 1747.
3. Baurechnungen über die vorderen Türme a. 1768.
4. Baurechnungen über die hinteren Türme a. 1768.
5. Gewölbereparaturen.
6. Baurechnungen von 1648—1653.
7. Baurechnungen der vier Domtürme.
8. Domkapitelsche Recessbücher von 1470 an (60 Bände).
9. Domkapitelsche Akten.

Einen Auszug hat Haupt aus diesen Akten gemacht und in den (1885) Berichten des hist. Vereines zu Bamberg veröffentlicht. Neuerdings hat Domcapitular Michael Pfister das umfangreiche Material noch einmal durchgearbeitet und seine Excerpte, die vielfach Interessantes bringen, veröffentlicht in der Schrift: Der Dom zu Bamberg, Bamberg, 1896 bei Paul Franke. Hier sind besonders zu erwähnen die Abschnitte: »Auszug aus den Rechnungen des Domkapitelschen Werkamts 1539—1803 und des Domfabrikamtes Bamberg bis zum Jahre 1896« und der »Auszug aus den Bamberger Dom-Kustorei-Rechnungen der Jahre 1464—1801 und aus der Realexigenz für Kultus im XIX. Jhrh.« —

Die Geschichte des Bamberger Domes ist oft behandelt worden. Das Wertvollste gab W. Giesebrecht. Geschichte der deutschen Kaiserzeit II⁵, p. 52—64 und S Hirsch. Jahrbücher des deutsch. Reiches unter Heinrich II. Berlin 1862. Bd. II. — Kunsthistorisch hat Kugler den Dom zuerst behandelt. Kleine Schriften. Stuttgart 1853. p. 182. »Reiseblätter vom Jahre 1832.« Die J. Hellerschen Notizen sind ihm schon zum Theil bekannt. Von älterer Litteratur nenne ich Chr. G. von Murr. Merkwürdigkeiten der bischöflichen Residenz Bamberg, Nürnberg 1799. Neuerdings haben dem Dom genauere Untersuchungen gewidmet: Berthold Riehl, Denkmale frühmittelalterlicher Baukunst. München 1888. p 146—154 und Dehio und v. Bezold in dem umfassenden Werke über kirchl. Baukunst des Abendlandes, Bd. I, Stuttgart 1892. p. 498. Auch Redtenbacher (Ztschrft. f. bild. Kunst 1881. XVI. p. 271) hat Beiträge geliefert, zu vergleichen sind noch: Waagen, Künstler und Kunstwerke in Deutschland. Lpzg. 1843. Bd. I. p. 72. Förster, Denkmale deutsch. Baukunst etc. Leipzig (1857). Bd. 3. p. 35. H. Sighart, Geschichte der bild. Künste in Bayern. München 1863². I, 257. H. Otte, Geschichte der Romanischen Baukunst in Deutschland. Leipzig 1885. p. 247, 501. F. Kugler, Geschichte der Baukunst, Stuttgart 1859. Bd. II. p. 476. — Schnaase. Geschichte der bild. Künste, Düsseldorf 1872. V², p. 545. — W. Lübke. Geschichte der deutsch. Kunst, Stuttgart 1894. p. 104. Reber, Kunstgeschichte des Mittelalters. Leipzig 1886. p. 478. Viollet-le-Duc, Lettres adressees d'Allemagne, die dem Dom eine hohe künstlerische Würdigung zu Teil werden lassen. Louis Gonse, L'art gothique, Paris, Quantin 1890 p 345. Auch die Lokalforschung hat sich vielfach mit der Geschichte des Domes befasst, wenn auch nicht mit den rein kunsthistorischen Fragen der Stilkritik. Die zerstreuten Notizen sind einzusehen in den Berichten des histor. Vereins zu Bamberg. Neben den älteren um die Bamberger Geschichte hochverdienten Männern wie Joseph Heller und Joachim Jäck, nenne ich die Arbeiten von Schweitzer, Haupt, Landgraf, Weber, Pfister und — last not least — F. Leitschuh. Erwähnt sei noch Friedrich Leist. Bamberg. Bamberg, Buchner 1889.

² So vor allem das Jahr 1185. in dem der Dom abbrennt.
³ Besondere Veranlassung, die romanischen Teile in den Anfang

und die gotischen Teile des Domes in das letzte Drittel des Jahrhunderts zu legen, gaben die bekannten Weihen von 1237 und 1274. Wie unsicher aber gerade die Nachrichten über Weihen für die Frage nach der Vollendung von Kirchenbauten sind, soll auch in der Bamberger Domgeschichte nachgewiesen werden.

⁴ Thietmars von Merseburg Chronik. Mon. Germ. SS. III. p. 814. lib. VI, c. 23.

⁵ Thietmar a. a. O. Rex civitatem Babenberc nomine in orientali Francia sitam a puero unice dilectam pre caeteris excoluit et uxore ducta eamdem ei in dotem dedit.

⁶ Die Altenburg ist allerdings jüngeren Datums. «Unzweifelhaft stand die alte Burg der Babenberger auf dem jetzigen Domberge und die sogenannte Altenburg, erst im XII. Jhrh. erwähnt, ist späteren Ursprunges.» Giesebrecht a. a. O. II⁵, p. 598.

⁷ Vgl. Anm. 5.

⁸ Hirsch, Jahrbücher unter Heinrich II. Bd. II. p. 61.

⁹ Hirsch, a. a. O. II, p. 61. «Der Bamberger Bezirk geistlichen Regimentes entspricht ziemlich der heutigen bairischen Provinz Oberfranken».

¹⁰ Vgl. das Einzelne namentlich die Streitigkeiten mit dem Bischof von Würzburg und Eichstädt bei Hirsch, a. a. O. p. 45—85.

¹¹ Die Stiftungsurkunde vom 1. Nov. 1007 auf der Fürstenversammlung in Frankfurt a. Main ausgestellt. Stumpf, Reichskanzler. Nr. 1456.

¹² Hirsch, a. a. O. p. 46: «Der Kirchenbau, den Heinrich bereits vor dem öffentlichen Hervortreten seines Planes begonnen und vollendet hatte.» Der Ausdruck «vollendet» darf wohl nicht so genau genommen werden. Vgl. auch Weber, Die St. Georgenbrüder am alten Domstift. Bamberg 1883. Lyceums-Programm, worin Weber das Bestehen eines Collegiatstiftes vor der Domgründung nachweist. Nach dieser Bruderschaft vom hl. Georg hat auch der Georgenchor seinen Namen.

¹³ Thietmar, a. a. O. Mon. Germ. SS. III, p. 814 «novam ibi inchoat ecclesiam cum cryptis duabus et perfecit».

¹⁴ Dedicatio ecclesiae Bambergensis. Mon. Germ. SS. XVII, p. 635 vom 6. Mai 1012. Vgl. Hirsch, a. a. O. II, 71.

¹⁵ Mon. Boic. XXVIII, 1, 329, 331 und Stumpf, III. Nr. 34. pag. 40. Abgedruckt bei Ussermann cod. prob. p. 7. Stumpf. 1447. 1448.

¹⁶ Vgl. Weber, Die St. Georgsbrüder u. s. w.

¹⁷ Mon. Germ. SS. XVII, p. 635. Häufig begegnet uns der Irrtum, dass die Ostern 1020 in Bamberg auf Wunsch des Kaisers vom Papst Benedict VIII. vollzogene Weihe den Dom betreffe. An diesem Tage wurde vielmehr St. Stephan in Bamberg geweiht.

¹⁸ Die ausführliche Beschreibung giebt die Dedicatio Mon. Germ. SS. XVII, 635 u. Jaffé. Mon. Bamberg. p. 479. Vgl. Hirsch, II, p. 87.

¹⁹ Vgl. Holtzinger. Ueber den Ursprung und die Bedeutung der Doppelchöre. Leipzig 1882, p. 20.

²⁰ Vgl. hierzu Hirsch Jahrb. I, p. 5; ferner B. Riehl, «Die bayer. Kleinplastik der frühroman. Periode in Forschg. z. Kult. u. Littgesch. Bayerns», hrsg. v. K. v. Reinhardstöttner, München 1894. — Ferner B. Riehl. Denkmale frühmittelalterlicher Baukunst. München 1888, p. 148. — Ueber die Miniatorenschule vgl. Mon. Germ. SS. XII. 1. 1. c. 22, und Juritsch, Georg, Bischof Otto I. von Bamberg, Gotha 1889. B. Riehl nimmt in seiner Studie «Zur bayr. Kunstgeschichte.» Berlin, 1885, p. 13 einen Einfluss der Regensburger auf die Bamberger Malerschule an, ebenso in den «Denkmalen» p. 184 auf Grund der Uebereinstimmung des Mis-

sale Heinrich II. cim. 60. München, Staatsbibliothek mit dem codex aureus aus St. Emmeram. Damit ist aber nur ein Abhängigkeitsverhältniss für eine einzige Hs. Heinrich II. (ob die Hs. aus Niedermünster, die Regeln des hhl. Benedict und Caesarius, Bamberg Ed. II, 11 durch Heinrich II. nach Bamberg gekommen ist, steht durchaus nicht fest. Vgl. Hirsch, a. a. O. II, p. 101.) nachgewiesen und obendrein für eine, die sich technisch mit den übrigen Bamberger Hss. nicht im Geringsten vergleichen lässt. Wilhelm Vöge, Eine deutsche Malerschule um die Wende des ersten Jahrtausends, Trier, 1891. X. Ergänzungsheft z. Westdeutsch. Ztschrft. p. 9. Anm. sagt daher auch: »dass die Regensburger Kunstwerke den Ausgangspunkt für eine selbständige Bamberger Malerschule bildeten, ist in keiner Weise bisher belegt.« Die Selbständigkeit der Bamberger Malerschule wird durch Vöge schliesslich noch um so mehr erschüttert, als er für eine ganze Reihe der Bamberger Hss. den Nachweis führt, dass sie rheinischen Ursprunges sind. Also haben wir auch auf dem Gebiete der Malerei in Bamberg Einflüsse, die von auswärts einwirken und nicht aus heimischer Entwicklung hervorgegangen sind. Das war ja auch in der jungen rasch aufblühenden Pflanzstätte von vornherein zu erwarten. Wenn Bamberg zu einer künstlerischen Selbständigkeit gelangen sollte, so musste es vor allem Zeit haben, diese in allmählichem Fortschritte zu erwerben. Der Gründer durfte aber kaum hoffen, sie selbst noch zu erleben. Deshalb ist es geboten, den Ursprung der zahlreichen Kunstwerke, die durch den Kaiser in Bamberg vereinigt wurden, überall wo anders als in der neugegründeten Kolonie zu suchen. Vgl. dagegen Friedrich Leitschuh, Führer durch die königliche Bibliothek zu Bamberg, Bamberg. 1889. ² p. 77 »werthvolle Denkmäler sind der Hofkunst in Bamberg, entstanden«. — Schliesslich muss man festhalten, dass der eigentliche Sitz der Bamberger Malerschule, das Kloster Michelsberg, 1017 gestiftet wurde und erst unter dem zweiten Abte Heinrich, der 1020, also am Ende der Regierung des Kaisers gewählt ward, die Schreibstube eingerichtet wurde.

²¹ Durch die von B. Riehl, Denkmale, p. 148 höchst wahrscheinlich gemachte Anlehnung an die Regensburger Kirchen von St. Emmeram und Obermünster sind wir zu dem Schlusse berechtigt, dass auch der Dom eine Pfeilerbasilika war. »In der Stützenzahl (je acht Pfeiler) stimmt der Bamberger Dom mit dem Vorbild der Regensburger Kirchen, nämlich dem Augsburger Dom überein, mit dem er auch die Verehrung des hl. Petrus in der Westpartie gemein hat, was uns wieder auf das Vorbild all dieser Kirchen auf St. Peter in Rom zurückweist.«

²² Das grosse Erdbeben im Februar 1117 (Herbordi Vita Ottonis Mon. Germ. SS. XIII, l. c. 22), das die Baulichkeiten auf dem benachbarten Michelsberge in Trümmer legte, scheint den Domberg mit seinen Denkmalen verschont zu haben. 1081 brannte der Dom bis auf die Mauern nieder. Vgl. Herbordi Vita Ottonis a. a. O. p. 764 c. 34. monasterium sub antecessore suo . . . usque ad solos muros superstites conflagratum erat incendio. — Ebenso im Necrologium Bambergense S. Petri antiquius. (Mon. Germ. SS. XVII, 636 u. Jaffé, Mon. Bamberg. 1869, p. 555): 2 N. april. 1081 »monasterium combustum«. Auch in Ekkehards Chronik ad d. 3. April Mon. Germ. SS. VI, 204 erwähnt.

²³ Herbordi Vita Ottonis. Mon. Germ. SS. XII. 764. (Jaffé, Mon. Bamb. 721. c. 21): monasterium . . . multis sumptibus ab eo ad pristini decoris nobilitatem reparatum est. Ipse pavimentum stravit, columnis ecclesiae, quas ignis afflaverat, opere gipseo et firmavit et ornavit.

chorum S. Georii exaltavit, picturas non ignobiliores prioribus effecit, et ne ultra similes tormidare debeat eventus, totum monasterium et turres cupreis tabulis contexit, speras quoque et cruces turrium deauravit, omnia denique aedificia claustri per officinas singulas renovare et in meliorem statum promovere curavit. — Der unbekannte Verfasser der dritten Biographie Ottos war «mit den Verhältnissen in Bamberg speciell dem Dome genauer vertraut». (Juritsch, Gesch. d. Bischofs Otto I. v. Bbrg.) vgl. M. G. SS. XII. 1. l. c. 27. p. 888. Für den Kunsthistoriker bedauerlich genug verweist der Verfasser auf das Denkmal selbst: «De quibus plura referre superfluum reor, praesertim cum haec melius vel claustri ipsius vel ipsa ecclesiae facies consulta loquatur, quae cunctis paene regni ecclesiis opere et decore sic eminet, ut non immerito tacentibus nobis ad laudem sui opificis curiosum quemlibet spectatorem invitet».

Der Passus in beiden Viten geht zurück auf die Relatio de piis operibus Ottonis. Mon. Germ. SS. XV, 1162.

[24] Vgl. Riehl, Denkmale, p. 150.

[25] Die Weihe von 1111 kann nicht am 3. April stattgefunden haben, wie z. B. J. Heller (Geschichte der Domkirche zu Bamberg. Als Programm bei der Wiedereröffnung 25. August 1837 gedruckt. Bamberg 1837) annimmt. Sie muss fallen in die Zeit zwischen 14. August 1111, wo Otto noch in Speyer ist (Stumpf Nr. 3068, 3069, 3071) und den 11. Januar 1112, wo er in Merseburg (St. R. 3083) ist. Am 26. März 1112 ist er noch weiter nördlich gezogen und weilt in Goslar (St. R. 3084), vgl. dazu C. Maskus, Bischof Otto I. von Bamberg. Breslau, Diss. 1889, p. 33.

[26] Noch im Jahre 1127 schreibt Abt «Wignandus Tharissensis» an Bischof Otto, dass er das Kupfer zur Bedachung des Domes bereits bis Schmalkalden unter den grössten Schwierigkeiten habe schicken lassen. Also dauern die Dom-Arbeiten fort. Vgl. Jaffe, Mon. Bbrg. p. 642. Ebonis Vita Ottonis. L. II. c. 16, 17.

[27] So B. Riehl, Denkmale, p. 149. «Was den Umbau des Domes im XIII. Jahrh. veranlasste, lässt sich nicht mit Bestimmtheit sagen, vermutlich aber war es das steigende Ansehen Bambergs durch die Kanonisation Ottos 1189, vor allem aber Heinrichs II. 1152 und seiner Gattin Kunigunde 1200».

[28] Das Datum findet sich in dem ältesten Kalendar des ehemaligen Domkapitels (jetzt in der Kgl. Bibl. Bamberg) Ed. II, 14. Daselbst ist die Notiz zu lesen: «1185. 2. . . . Augusti monasterium sancti Petri cum toto ambitu urbis combustum est.» Sie ist sogar bereits abgedruckt. Jaffé, Mon. Bambg. p. 553. Mon. Germ. SS. XVII, 636. — Vgl. die Zusammenstellung bei C. A. Schweitzer, 7. Ber. d. hist. Ver. z. Bbrg. 1844. Diese ist nur ein Auszug, wo das Datum fehlt.

[29] Vgl. Looshorn, Gesch. d. Bist. Bbrg. München 1888 II, p. 651.

[30] Namentlich B. Riehl vertritt die Ansicht: a. a. O. p. 150. «Von dem Bau des Hl. Otto hat sich erhalten das Innere der Ostpartie, abgesehen von späteren Veränderungen und die jetzige Gestalt der Ostkrypta, wohl auch die Westkrypta.» Trotz der Spuren mannigfacher sich widersprechender Versuche an den Stützen des Ostchores werden wir bei der Grösse des Brandes, der sogar den anliegenden Stadttheil mit ergriff, schliessen müssen, dass von dem Ottobau ausser den kahlen Mauern nur wenig vom Feuer verschont geblieben sein wird. Vor allem sprechen dafür die langen und tiefgreifenden Umbauten, die bis ca. 1237 währen.

[31] Otto II. verpfändet ein Gut um 55 M Silber. Der Erlös ist für

die Wiederherstellung des Domes bestimmt. Das Gut fällt nach dem Tode der Beleiher an die Bamberger Kirche, vgl. Looshorn a. a. O. 541. Urkunde Orig. im R.-A. München. — Otto muss bedeutende Bistumsgüter verpfänden. — Die Finanzlage ist schlecht, vgl. Jäck, Allg. Gesch. Bbrgs.. Bbrg. 1811, p. 24.

[31] Kaiser Heinrich VI. bestätigt unter Thimos Regierung die Schenkung einer Anzahl Allodgüter Ottos von Lobdeburc an die ecclesia maior Bambergensis. Stumpf R. 4851. Lang I. 361.

[33] Nach dem von R. Redtenbacher (Ztschrft. bild. Kst 1881 XVI, 271) erwähnten Schematismus des Erzbistums Bamberg v. J. 1876 legte Thimo auf der Provinzialsynode 1106 der Bürgerschaft eine Steuer auf zur Domrestauration, die viel böses Blut machte, vgl. Jäck, Allg. Gesch. Bbrg. p. 25 — auch Ussermann u. a. O. p. 132. — Auch der sonst sehr unzuverlässige Jakob Ayrer kennt die Steuer. Die Reimchronik dieses Nürnberger Chronisten, ist herausgegeben von Joseph Heller. (II. Bericht des Hist. Ver. z. Bamberg, 1838, p. 45 ff.) Sind seine schlechten Reime auch voller historischer Fehler, so scheint er für die Baugeschichte des Domes doch einiges Interesse gehabt zu haben.

[34] Vgl. die Belege bei Ussermann a. a. O. cod. prob.

[35] Die Kanonisation erfolgte am 3. April 1200. Vgl. Potthast. Nr. 1000 u. Act. SS. Bolland. Venetiis 1735. Mart. tom. I, p. 208. — Heinrich II. war schon am 14. Juli 1145 heiliggesprochen, dat. trans. Tiberim pridie Jdus Martii. Bulle Eugen III. Vgl. Act. SS. Venetiis, 1747. Julii tom. III. p. 716.

[36] Vgl. die Urkunde Philipps dat. Bamberg. 14. Sept. 1201 an Eberhard von Salzburg. Mon. Boic. XXIX. I, p. 505. Looshorn, II, 587. Die Erhebung fand statt am 9. Sept. 1201.

[37] Vgl. die Notae sepulcrales. Bbrgs. Mon. Germ. SS. XVII, p. 640.

[38] Dass der Georgenchor im Gebrauch war, geht unter anderem daraus hervor, dass Thimo zum Danke für die Feier auf dem Altare des hl. Georg zu Ehren des hl. Petrus (warum nicht auf dem Altar im Peterschor? — offenbar weil er noch nicht wieder hergestellt war) als Geschenk die Vogtei der Stadt Bamberg und die Rechte über den Forst Michelau darbot. Vgl. Lang. II, 5. Potthast 4558. Orig. Reichs-Arch. München. Looshorn II, 587. Die Bestätigung durch Papst Innocenz III. dat. Segni 1212. 9. Juli. Potthast 4558. Dieses wichtige Recht bedeutete natürlich auch eine erhebliche Einnahmequelle. Leider fehlt es an Angaben über ihre Verwendung. Interessant sind die finanziellen Quellen der Domfabrik in Xanten. Vgl. Stephan Beissel. Die Bauausführung des Mittelalters. Freiburg 1889. S. 7.

[39] Ueber Bischof Ekbert und die Meranier vgl. Frhr. von Oefele. Geschichte der Grafen von Andechs. Innsbruck 1877.

[40] Bei Looshorn a. a. O. Bd. II, finden sich viele Notizen zur Geschichte des Domes. Leider ist das Buch so völlig planlos gearbeitet, dass es nur schwer zu benutzen ist.

[41] 1229. Ekbertus fundat altare in monasterio Sti Petri Bambergae in honorem Jesu Christi et virginis Mariae. Lang II, 185. Looshorn II, 651. — In dieser Urkunde, Orig. R.-A. München, heisst es weiter: ut igitur vicis nostri et dilecti in christo fratris videlicet wortwini magistri operis qui tamquam homo devotus et amator divini cultus.... et opera impendit exstructioni et consecrationi ac dotationi altaris prelibati memoria in aevum habeatur .... rogamus .... Danach scheint sich hinter diesem Meister Wortwin ein Werkmeister, der für den Altarbau beschäftigt war, zu verbergen, ohne dass aber

klar wird, in welchem Sinne magister operis gedeutet werden soll. Ob es etwa ein Meister der Bauhütte war? —

[42] Boppo, maioris eccles. Bamberg. praepositus b e a t o G r e o r i o et b e a t a e C h u n e g u n d i tradit novam villam .... Act. publice in choro Scti Petri I n d. IV. Lang II, 203. Wenn dem heil. Georg zu Ehren eine Stiftung gemacht wird, die ausdrücklich im Peterschor beurkundet wird, so ist der Schluss berechtigt, dass der Georgschor, wo der Heilige verehrt wurde, geschlossen war, offenbar wegen der Bauarbeiten. Looshorn II, 651.

[43] Reate, 6. Jan. 1232. Orig. R.-A. München. Looshorn II, 651.

[44] Dat. Perusii 5. Juli 1235 durch Papst Gregor IX. Orig. R.-A. München. Lang. II, 243. Potthast. 9958. Looshorn II, 651. Anm. Am Tage vorher erhält Ekbert vom Papste das Pallium zurück.

[45] Berthold Riehl kennt noch einen Ablass vom Jahre 1236, (a. a. O. Denkmale, p. 149.) den ich aber nirgendwo quellenmässig belegt finde. Vgl. auch Jäck, Bamberger Jahrbücher, 1829, p. 75, 76.

[46] Die wichtige Weihe vom Jahre 1237 ist in den Annales Erphordenses Mon. Germ. SS XVI, 31 erwähnt: «1237 Eodem anno pridie Nonas Maii in Babenberc dedicatum est monasterium ab his episcopis Erbipolense, Eystattense, Nuwenburgense, Merseburgense, domino papa ibidem magnam faciente indulgentiam.» Danach haben an ihr teilgenommen die Bischöfe von Würzburg, Eichstädt, Erfurt, Naumburg und Merseburg. Soweit ich sehe, kann aber Bischof Ekbert auffallender Weise der Weihe nicht beigewohnt haben:

1. Mon. Germ. SS. XVII, 341. Annales Scheftlarienses maior. 1237. Eckbertus ep. Bbrgs. iussu cesaris in Austriam exercitum movit, «in cuius procinctu constitutus obiit.»

2. Im April 1237 unterzeichnet Ekbert im Gefolge des Kaisers Friedrich II. in Wien mehrere Akten. Calles, Annal. Austr. II, 307.

3. Der Ablass zur Wiederherstellung des Würzburger Domes wird am 8. Mai 1237 vom Propst Poppo, Dekan des Bamberger Domes, erlassen, nicht vom Bischof Ekbert, dat. apud Babbg. VIII. Id. Maii. Lang II, 263.

4. Auch Bischof Engelhard von Naumburg bewilligt den Ablass, dat. apud Babbrg. mense Maio 1237. Lang II, 265. Dadurch wird in Uebereinstimmung mit den Annal. Erphord. seine Anwesenheit in Bamberg bei der im Mai vollzogenen Weihe bestätigt. Vgl. dagegen Looshorn, II, 663 und 652. — Ekbert war im August 1236 zum letzten Mal in seiner Residenzstadt Bamberg. Er starb am 5. Juni 1237 in Wien. Annal. Diessens. Mon. Germ. SS. XVII, 325. Nachdem er dort in der Schottenkirche eine vorläufige Ruhestätte gefunden hatte, wurde später seine Leiche nach Bamberg überführt und im Dom im P e t e r s - c h o r beigesetzt. Vgl. Notae sepulcrales. Bbrg. Mon. Germ. SS. XVII. 639. Er ist der erste in der Reihe der Bischöfe, d e r i m P e t e r s - c h o r b e s t a t t e t w i r d. Alle früheren wurden im Georgenchor beigesetzt.

[47] Ussermann a. a. O. p. 149. «Lupus magis, quam pastor sui ovilis.» Vgl. auch ebda. cod. prob. p. 153. Im Januar 1242 wird er seines Amtes entsetzt.

[48] Im Februar 1249 macht Bischof Heinrich sehr reiche Schenkungen zu Ehren der Haupttheiligen seiner Kirche, des Petrus, Georg, Kaiser Heinrichs und der Kunigunde. Looshorn II, 701. Orig. R.-A. München.

[49] Im Jahre 1260 wurde die Beilegung dieses langwierigen Streites erzielt. Er brachte der Bamberger Kirche grossen Gewinn. Was an

der inneren Ausstattung noch gefehlt hatte, mag in dieser Zeit beendigt worden sein.

[50] Dieser Ablass ist schon lange in der Kunstgeschichte bekannt. Lang III, 473. B. Riehl a. a. O. p. 149 nennt eine Ablassbulle, die auf dem Konzil zu Lyon bewilligt worden sein soll. In den Konzils-Verhandlungen ist davon nichts zu finden. Vielmehr werden in Lyon nur die Ablässe für die abgebrannte Regensburger Kathedrale bewilligt.

Dagegen liegt der Orig.-Ablassbrief des Freisinger Bischofs Konrad noch auf dem R.-A. München. Hier heisst es ausdrücklich: «... ut pro restauratione cathedralis ecclesiae babenbergensis que in diversis suis partibus ruinam nisi ei succuratur celerius undique cominatur.» Also kann von grossen Neubauten keine Rede sein.

[51] Dehio und von Bezold, a. a. O. p 148. «Wir vermuthen auch, dass der Dom durch alle späteren Umbauten hindurch die Plandisposition des Stiftungsbaues a 1004—1012 wesentlich bewahrt habe.»

[52] So auch B. Riehl a. a. O. p. 150.

[53] Vor der Einwölbung des Langschiffes enthielt die Hochwand die doppelte Anzahl der Fenster. Als die Wölbungspfeiler aufgeführt wurden, wurde ein Teil der Fenster eingemauert, doch sind sie noch heute deutlich sichtbar. Ob auch der Ottobau schon mit vier Türmen geschmückt war, ist zum mindesten zweifelhaft. Denn im Innern des Nordostturmes zeigen sich Spuren, dass die Mauer der Hochwand früher frei gelegen haben muss: das Gesims und der Rundbogenfries sind ohne Unterbrechung durchgeführt, die Steine sind ebenso glatt behauen, wie an der Aussenmauer. Die Osttürme sind also höchst wahrscheinlich erst nach dem Brande von 1185 gebaut worden. An der Nordwand ist ausserdem noch das alte Dachgesims stehen geblieben. Daraus folgt, dass bei der Einwölbung des Domes die Mauern erhöht wurden. Dieselbe Beobachtung hat schon B. Riehl a. a. O. p. 150 gemacht. Vollends zeigen im Innern des Georgenchores die verschieden hohen Pilaster und Wandpfeiler, dass hier die Reste mehrerer Bedachungs- oder Einwölbungsversuche stehen geblieben sind, wobei kein Zweifel sein kann, dass die heutige Calotte des Chores erst dem Anfange des XIII. Jahrhunderts entstammen kann. Wir kommen also zu dem Ergebniss, dass die Mauern zum Teil noch den Brand überdauert haben und derart noch heute Reste des Ottobaues im Dome vorhanden sind. Im Westchor scheint allerdings alles von Grund aus neu aufgeführt worden zu sein.

[54] Ich übernehme diese Beobachtung aus der Darstellung bei Riehl, a. a. O. p. 150. Ich selbst kann nicht dafür einstehen, dass sie richtig ist, weil mir die fachmännische Schulung als Architekt fehlt und ich nicht behaupten möchte, dass diese Spuren gerade so gedeutet werden müssten, wie es in der oben citierten Untersuchung geschehen ist. Die Schlüsse, die aus ihr gezogen werden könnten, wären allerdings von hoher baugeschichtlicher Bedeutung. Denn sie würden die Frage der Einwölbung des Speyer und Bamberger Domes und den Anteil des Kanzlers und späteren Bamberger Bischofs Otto entscheiden. Dehio und v. Bezold I, 465, sagen von Speyer, «a. 1103 als Otto den bischöflichen Stuhl von Bamberg bestieg, stand der Dom als ein in allen Theilen gewölbter da.»

Wenn nun aber der Bamberger Dom wirklich nach der Ottonischen Restauration noch flach gedeckt geblieben war, dann müsste man auch zweifelhaft werden, ob bereits 1103 in Speyer die Wölbung vollendet war. Vgl. die Anm. bei Dehio und v. Bezold I, 490.

Was Bamberg betrifft, so scheint mir die Annahme notwendig,

dass erst in dem Augenblicke die Mauern der Hochwände aufgehöht wurden, als man sich entschlossen hatte, die Wölbung der Schiffe durchzuführen. Denn bei einer Flachdecke war wohl eine Erhöhung oder Erweiterung des Innenraumes nicht geboten. Wenn also Otto den ganzen Bau und nicht nur die Krypta des Georgenchores erhöht hat, dann ist er auch wohl der Urheber der Wölbung gewesen. Aber alle Hypothesen in dieser Frage scheinen jetzt erst recht gewagt, wo wir wissen, dass die Ottonischen Neuerungen durch den Brand 1185 fast ganz zerstört worden sind und greifbare Anhaltepunkte demnach so gut wie völlig fehlen.

55 Ztschrft. f. bild. Kunst. 1881, XVI. 271.

56 B. Riehl, Denkmale, p. 184. Dohme, Die Cisterzienserkirchen in Deutschland. Leipzig. 1869.

57 Am Bamberger Peterschor ist namentlich an der Nordseite die wirkungsvolle aus der Mauerlinie hervortretende Partie mit dem kleinen Portal und den flankierenden Bogenarkaden mit der Dekoration der Michaelskapelle in Ebrach zu vergleichen. Selbst die Steinmetzenzeichen sollen hier und dort wiederkehren; doch ist auf diese Zufälligkeiten wohl wenig oder garnicht Gewicht zu legen.

58 Die Notizen und Nachweise zur Baugeschichte von Ebrach verdanke ich der gütigen Mitteilung des ev. Strafanstaltsgeistlichen in Ebrach, Herrn Kgl. Pfarrer Dr. Jaeger, dem ich hiermit meinen verbindlichsten Dank ausspreche. Ich citiere:

«Auf dem Kgl. Kreisarchiv Würzburg befindet sich (M. S. 29) ein Chronicon, welches den Titel trägt: Chronicon | Monasterii Beatae Mariae | Ebracensis | in Franconia | in duas divisum partes quarum prima agit de ipso Monasterio | altera de B(ento) Adamo et ejus curae subiectis | Monasteriis aliisque dominis Abbatibus ejusdem successoribus | Auctore Rmo Dno Alberico quondam Priore | nunc Abbate | qui in numero Abbatum Ebracensium est XXIX. ordine XLII collectum Anno M. D. C. LIII et descriptum ad 1660.» 462 Seiten. Quartband in Leder. — Abt Alberich Degen regierte in Ebrach 1658—1686. Hier heisst es: p. 30 «. . . . post solemniorem exstructionem et renovationem Sacelli S. Michaelis fuit dictum oratorium cum tribus altaribus consecratum a. Rmo Dno D. Malachia Lesmorensi Episcopo Anno gratiae 1207 indictione X. 7. Kal. sept».

«Proximum sacellum Ecclesiae S. Michaelis cum altari suo est consecratum a. 1211. . . .

Secundum a choro S. Michaelis consecratum est a. 1211. . . .

Tertium consecratum est anno 1218. . . .

Quartum . . .» u. s. w.

Damit stimmt überein die Nachricht des M. S. q. 13. (Histor. Verein in Würzburg). Es enthält bemerkenswerte Notizen zur Geschichte der Ebracher Aebte von 1126—1219, zumal die Gütererwerbungen mit jedesmaligem Hinweis auf die Pfalzbücher, auf den Liber Pietantiarum und Funiculus triplex, alles urkundliches Quellenmaterial, ausgestattet sind. — Sub num 4. — 1207: «Die drei Altäre in der S. Michaelskapelle werden konsecriert.» («Chron. fol. 30 u. 31.») 1211. num. 3. Es werden zwei Altäre in der grösseren Kirche konsecriert; die beiden nämlich, die post capellam Sti. Michaelis die nächsten sind. Chron. fol. 31. 32.

1218. Es werden 4 Altäre in der Ecclesia major consecriert, «quae in capellulis e regione lateris Evangelii summi altaris visuntur».

Demnach ist der Chor also zuerst und nach der Kapelle des hl.

Michael erbaut worden. In der Mitte des Jahrhunderts werden dann
im Baubetrieb bis zur Weihe 1285 grössere Pausen gewesen sein.

59 Dohme, Geschichte der Baukunst. Berlin, Grote. 1887, p. 140.
«Der Fortschritt der Zeit tritt an dem am ehesten auf rheinische
Einflüsse deutenden Ostchor hervor, wenn schon auch hier die Einzelheiten gröber sind, als an den besseren Bauten dort.» — «Die Zeichnung der reichen Ornamentation am Aeusseren war von Anfang an
phantastischer als am Rhein üblich.» Gegen rheinische Einflüsse spricht
auch vor allem das Fehlen der Vierungskuppel.

60 B. Riehl, Denkmale, p. 153. — «In der Ausführung des XIII.
Jahrh. glaube ich die Einflüsse einer anderen, nämlich der sächsisch-
thüringischen Schule zu erkennen.» Diese Ansicht ist nicht mehr
aufrecht zu halten, da die Bauten in Naumburg, Arnstadt, (vgl. Hubert
Stier, Die Liebfrauenkirche zu Arnstadt. Arnstadt, Frotscher, 1882.)
Mühlhausen offenbar zeitlich und stilistisch von Bamberg abhängen, wie
schon Dohme mit klarem Blick erkannt hat, vgl. auch Dehio, Jahrb.
J. Preuss, Kunst. XI. 1890, p. 194 Wie wenig Sachsen auch in der
Plastik auf Bamberg eingewirkt hat, wird in unserer Studie weiterhin
gezeigt werden.

61 Hugo Graf, Kataloge des Bayr. Nat.-Mus. München 1896. Bd.
VI, Nr. 1, S. 1. — Was den Kleeblattbogen betrifft, so scheint er durch
die Cistercienserbauten eingeführt zu sein. Er kommt in Ebrach vor,
in Maulbronn, (im Paradies) und wenn ich mich recht erinnere auch
in Riddaghausen. In der Löffelholzkapelle von S. Sebald in Nürnberg
ist er nur eine Nachahmung von Bamberg.

62 Ztschrft f. bild. Kst. 1881. XVI, p. 271.

63 Ztschrft. f. Bauwesen. Berlin 1891, die Entstehung und Ausbildung der gotischen Baukunst in Frankreich.

64 Ebrachs Einfluss lässt sich von der Michaelskapelle über den
Bamberger Dom bis nach S. Sebald in Nürnberg verfolgen. Hier kommt
der alte Chor, die sogenannte Löffelholzkapelle in Betracht. Im Langschiff erscheinen hier auch die Consolen in Form eines «abgeboge-
nen Hornes», wie in Ebrach und Riddaghausen (Vgl. Schnaase, V², p.
329) auch im Querschiff des Bamberger Domes.

65 Im Jahre 1229 (vgl. Anm. 41) weiht Ekbert bereits einen Altar in
der Nähe des Peterchores. Dass aber gerade dieser Teil des Domes
durch den Brand 1185 besonders stark mitgenommen war, geht daraus
hervor, dass sich hier gar keine altertümlichen Elemente finden, wie
am Georgschore. Also wenn hier ein Altar geweiht wurde, dann gehört er schon der neuen Periode an.

66 Vgl. Bouxin, Auguste, La cathédrale Notre-Dame de Laon, Laon
1890. — 1112 brennt die Kirche ab. Bischof Barthélemi de Vir (1113
zum Bischof gewählt) restauriert die Kathedrale so eilig, dass 1114
eine Weihe stattfinden kann. Wir haben es hier wiederum mit einem
Herstellungsbau zu thun und dem Fall, dass die Weihe nur eine pro-
visorische ist, um den Gottesdienst zu ermöglichen. Unter Gaultier I.
de Mortagne (1155—1174) wird der Bau sehr energisch betrieben: p.
22, er macht reiche Geldschenkungen (dedit novissime operi Laudunensi centum libras praeter viginti libras bonae monetae quas eidem
operi ab initio contulerat annuatim . . . Martyrologe et Nécrol. p.
168, II. Id. Julii.) — 1205 schenkt ein gewisser Johannes «in perpe-
tuum ecclesiae Laudunensi . . . terram ad fodiendum et extrahendum
lapides ad opus et officinas ecclesiae . . . anno Dni 1205». (Vgl. Cartulaire
de Jacques de Troyes, I. p. 125 n° 21. — Bouxin p. 30. — 1221 schickt
die Geistlichkeit einen Reliquienschrein von Stadt zu Stadt, um Gaben

für den Dombau zu sammeln. Dieses Reliquiar hatte die Bezeichnung capsa operis (custodes laici administrant .... capsam operis quando vadit in praedicationem pro opere, quam tunc administrat magister operis» .... Cart. Jacques de Troyes p. 233, 2ᵉ columne. Bouxin, p. 31) und stand unter Verwaltung des magister operis. — 1236 ist die Kathedrale noch nicht geweiht, (et si contingat ecclesiam Laudunensem aliquando dedicari, ni solempnitate dedicationis ejusdem dicti cerei . . apponentur . . . . . a. D. 1236. Archives département. G. 133. = Bouxin p. 16.) — 1257 spricht ein Breve Alexander IV. bereits vom Jahrestage der Weihe (Cupientes igitur ut ecclesia vestra quae .. ut asseritis .. est constructa, congruis honoribus frequentetur . . . . . anniversario Dedicationis ecclesiae ejusdem die . . . . . relaxamus u. s. w. — folgen die Ablassbestimmungen. . . . dat. pont. a. III, 1257. Archiv. depart. G. 120. — Bouxin p. 17.) Die Weihe hat wahrscheinlich unter Bischof Garnier 1238—1249 stattgefunden.

⁶⁷ Bouxin, p. 134.

⁶⁸ v. Bezold, Ztschfrt. f. Bauwesen, 1891, p. 6. «Vortrefflich ist der Aufbau des nördlichen Turmes, am südlichen (Abb. s. Blatt 1.) ist die Composition weniger fertig. Er verdient gleichwohl hohe Beachtung wegen des Einflusses, den er auf deutsche Bauten gehabt hat.»

⁶⁹ Villard de Honnecourt fügt einer Skizze des Laones Turmes folgenden Passus bei. (Album de Villard de Honnecourt, architecte du XIII. siècle publié en fac-similé par J. B. A. Lassus. Paris 1858, pl. 17 u. 18, p. 93.): «J'ai este en mult de tieres si com vos porez trover en cest livre. En aucun lieu onquis tel tor ne vi com est cele de Laon.»

⁷⁰ Notre-Dame in Paris ist 1230 mit Ausnahme der Turmspitzen vollendet. Vgl. Anthyme Saint-Paul, Histoire monumentale de la France. Paris 1895, p. 144. In Amiens steht 1288 die Façade bis zu den Türmen. Wenn also die Türme auch noch nicht unter Dach waren, so waren doch schon durch die Construction der Mauern und die Façadengliederung die Grundlinien für den Turmbau gegeben. Das System von Laon mit seinen Ecktürmchen und offenen Gallerien war jedenfalls ausgeschlossen. Aehnlich liegt der Fall in Reims, wo die bereits vollendete Façade gegen Ende des XIII. Jhrh. sogar noch einmal abgerissen wird, um das Langschiff um 2 Joch zu verlängern. Das Turmsystem von Laon war in Paris bereits verlassen worden.

⁷¹ Ich kann nicht umhin, auf die merkwürdigen Zufälligkeiten aufmerksam zu machen, die auf eine Beziehung Villards von Honnecourt mit Bamberg zu deuten scheinen. In seinem Skizzenbuch ist er des Lobes voll für die Türme von Laon, er skizziert sie und hebt namentlich die auf den Consolen der Ecktürmchen stehenden Rinder hervor. Dieser Turm mit seinem auffallenden Zierrat wird in Bamberg wiederholt. Ferner wird der seltene Blattkopf, der den Sockel des Reiterdenkmals in Bamberg schmückt, von dem französischen Architekten zweimal gezeichnet. Die Uebereinstimmung ist fast genau. (pl. XLII. Aehnlich noch einmal pl; IX) Auch die antik drapierten Figuren pl. LIV seien beachtet, die in der Gewandbehandlung mit der Gruppe der Heimsuchung in Bamberg merkwürdig übereinstimmen. Namentlich fällt der linke Arm mit der eingewickelten Hand (Figur links) auf. Dass Villard in Reims Studien gemacht hat, beweisen pl. LIX; LX u. LXI; allerdings, wie es scheint an den frühen Arbeiten im ersten Drittel des Jahrhunderts vor 1241.

Auch seine Berufung nach Ungarn ist auffallend. Quicherat (Revue archéologique vol. VI, 1849, p. 71) erklärt sie durch den Hinweis auf die hl. Elisabeth, die Tochter Andreas' von Ungarn und der Gertrud von Meran, die, wie wir wissen, Ekberts Schwester war. Ich setze hier seine Bemerkungen her: «die hl. Elisabeth von Marburg steuert 1227 zum Bau der Kathedrale von Cambray bei, an deren Chor Villard zwischen 1230 und 1251 beim Bau beschäftigt war. Hier wird ihr auch 1230 eine Kapelle geweiht. In Marburg aber wird nach dem Tode Elisabeths (1231) eine gotische offenbar französisch beeinflusste Kirche über ihrem Grabe erbaut.» Wo auch immer die Meranier Verbindungen haben, sehen wir die französischen Einflüsse in der Kunst, selbst im fernen Osten in Ungarn. — Zum Schlusse sei noch erwähnt, dass jene merkwürdige Sitzstellung der allegorischen Figuren am Sarkophage Clemens II. im Skizzenbuche Villards auf Blatt 42 auch für eine halbbekleidete Figur verwendet ist. Auch die allegorischen Darstellungen, einen Löwenkampf u. s. w. kennt er. Eine Aktstudie, wie sie der Bildhauer des Adam gemacht haben könnte, fehlt auch nicht. All diese Momente genügen nicht, um aus ihnen positive Ergebnisse zu gewinnen. Nur so viel steht fest, dass der Ideen- und Darstellungskreis und der architektonische Geschmack des Villard in der Bamberger Plastik und Baugeschichte Anklänge findet.

72 In Magdeburg wurde der nach französischem Muster erbaute Bischofsgang im Chor 1234 geweiht. Dehio und von Bezold p. 494. Trier baut die Liebfrauenkirche von 1227—1243. (Schnaase V² p. 365.) Die Elisabethkirche in Marburg wird nach 1235 begonnen. Der Naumburger Westchor soll erst nach 1249, d. h. nach dem offenen Briefe Bischof Dietrichs begonnen worden sein. Doch ist das durchaus nicht sichergestellt. (Memminger vertritt im Programm des Domgymnasiums zu Naumburg a. S. 1877 die Meinung, dass bereits Engelhard den Westchor gebaut habe.)

73 Im Kalendar Nr. 44 (Kgl. Kreisarchiv Bbrg.) (geschrieben zwischen 1304 und 1319) steht eine Notiz, die noch für das 14. Jhrh. Arbeiten am Dache bezeugt: «... ubi ad praesens tecta angularium quae ex vetustate nimia collapsa sunt pro stagni massa de novo reparantur......»

74 Die Reliefs sind zuerst von Kugler gewürdigt worden in seinen Kleinen Schriften. «Reiseblätter vom Jahre 1832.» Bd. I, p. 154, wo auch schon das Verkündigungsrelief und der Kopf des Engel Gabriel in sehr charakteristischen Abbildungen gegeben sind. Waagen, Künstler und Kunstwerke im Erzgebirge und Franken 1843, Bd. I, p. 75. Förster, Gesch. d. deutsch. Kunst, Lpzg. 1851, I, p. 64 mit höchst unkritischem Urteil. Er scheint der Begründer der Theorie einer Bamberger Localschule. Lotz, Kunsttopographie Deutschlands, Cassel 1863, II, p. 34. Förster, Denkmale (1857) a. a. O. Bd. III, p. 33. ff. Lübke, Gesch. d. Plastik. Lpzg. 1871, II, 415. Reber, Kunstgesch. d. M.-A. Lpzg. 1886, p. 548 u. 397. Sighart, Gesch. d. bild. Künste in Bayern, zeigt sich den Skulpturen gegenüber hilflos. Schnaase, a. a. O. 1872², V, p. 578. — Schliesslich, Bode, Gesch. d. deutsch. Plastik. Berlin 1887, p. 63 mit treffender und klarer Charakteristik. — Seitdem ist in den Handbüchern nur das Alte wiederholt worden, ohne neue Gesichtspunkte aufzustellen. So bei Max G. Zimmermann, Kunstgeschichte des Altertums und des Mittelalters. Leipzig 1897. und bei anderen.

75 Als byzantinisch werden die Reliefs schon in der ältesten Charakteristik bei Kugler, a. a. O. p. 154 bezeichnet. «Im Stil lässt sich das byzantinische Element nicht verkennen.» Auch Bode, a. a. O. p. 62 nimmt dasselbe Urteil wieder auf: «eine alterthümliche und herbe Richtung, mit deutlichem Anschluss an die unter byzantinischen Einflüssen stehende Kunstrichtung des zwölften Jahrhunderts», p. 64.

»Der Künstler zeigt deutlich noch die Abhängigkeit des Meisters von
der falschen Nachahmung g e r i n g e r b y z a n t i n i s c h e r Werke.« Es
ist selbstverständlich, dass auch alle vorausgehenden Autoren dieselbe Ansicht teilen.  Dagegen Lübke, Gesch. d. Plastik, II, 415 (Lpzg. 1871):
»Die Gestalten sind in einem an a n t i k i s i e r e n d e r Ueberliefe-
r u n g und naturalistische Tendenzen merkwürdig gemischten Stile
durchgeführt . . . . . . , die Gewandbehandlung stützt sich auf die a n-
t i k e, wie sie der Bamberger Schule des XI. Jhrh. so geläufig war.«
Auch Schnaase, a. a. O. VI, p. 578: »Einzelne Figuren namentlich
die der Verkündigung erinnern auffallend an den hieratischen Styl der
a l t g r i e c h i s c h e n Kunst, mit dem sie auch eine gewisse feierliche
Würde gemein haben.« — Die archaische Strenge ist hier treffend mit
der alten Kunst in Vergleich (natürlich nicht in Abhängigkeit) gestellt
und der Ausdruck »byzantinisch« für alles, was belangen und altertüm-
lich ist oder der romanischen Periode angehört, glücklich aufgegeben.«

[76] Dies schöne Stück ist jetzt durch den Einbau der Sängertribüne
der Betrachtung vollkommen entzogen, soll aber einen besseren Platz
erhalten.

[77] Vgl. unter vielen Beispielen die instructive Abb. des Domes in
Ratzeburg (Dehio u. v. Bezold, Die Kirchl. Arch. d. christl. Abendlandes, Taf. 189) Zwei Treppenflügel links und rechts, dazwischen die
Kanzel, darüber Triumph-Kreuz. Auch S. Cristina in Lena, v. Reber
a. a. O. p. 328. Abb. Hier wird der Chor durch eine Wand getrennt,
die durchschnitten ist von einer dreibogigen Arkade mit erhöhtem
Mittelteil über der Kanzel. In späteren Zeiten sind solche Anlagen
dem Bedürfnis nach Predigt-Kanzeln zum Opfer gefallen, so in der
Neuwerks-Kirche zu Goslar, in Wechselburg, in Wessobrunn u. s. w.
vgl. Mithoff, Archiv f. Niedersächs. Kstgesch. III, Taf. 23 u. G. Hager,
Oberbayrisches Archiv d. hist. Ver. v. Oberbayern. 1894.

[78] Auch für den Westchor. Nur sind die Apostelbilder hier ge-
malt, nicht sculpiert. Die sehr verblassten Darstellungen zeigen kleine
Gestalten mit gewaltigen Spruchbändern. Die Charakteristik ist zu allgemein gehalten, als dass sich aus ihnen Rückschlüsse auf unsere Reliefs ziehen liessen. Auch sind es Einzelgestalten, keine Gruppen. Sie
gehören einer jüngeren Zeit an, dem Anfange des XIV. Jhrh.

[79] Ein Teil der Rundbogen ist ergänzt, offenbar in der Restaurations-
periode zu Anfang des Jahrhunderts. Hierbei ist manche Spur älterer
Zeiten verwischt und vertilgt worden. Der Einheitlichkeit des Stiles zu
Liebe mussten manche wertvollere Werke jüngerer Perioden ihren Platz
räumen. Da aber wenig Neues an ihre Stelle trat, so ist namentlich
im Innern der Eindruck einer kahlen Nüchternheit unleugbar. Auch
an den wirklich romanischen Resten, an Kapitellen und Ornamenten
hat man allzuviel gesäubert. Die Patina an einer alten Bronce misst
man ungern. Hier ist sie verloren gegangen.

[80] Der Dialog ist gerade auf Elfenbeintäfelchen nicht immer streng
dargestellt, die Beziehung ist oft lockerer, indem man die Apostel
als Einzelfiguren unter einer Bogenarkade giebt, die benachbarten sich
aber so einander zukehren lässt, dass sie unter sich zu verhandeln
scheinen. So z. B. auf dem oft genannten Berlin-Münchener Elfenbein
aus Bamberg. Nat. Mus. Kat. Nr. V. München, Nr. 174—176. Abb.
Taf. VIII.

[81] Im Münster zu Basel. Abguss in Paris Trocadero und in Nürnberg Germ. Museum.

[82] Jetzt im Mus. in Toulouse, vgl. Vöge. Die Anfänge des monumentalen Stiles im M.-A. Strassburg 1894, p. 69. Anm. 2. — Abb.

ebda. p. 72, 73, 74. — Auch bei Baudot, La sculpture française. Paris 1884, fol. pl. 11.

[83] W. Vöge, Die Anfänge des monumentalen Stiles im Mittelalter, Strassburg 1894, p. 320.

[84] Hier stehen die Apostel auf den Schultern der Propheten. Also ist die Beziehung etwas anders aufgefasst, als in den bisherigen Beispielen. Vgl. auch E. Wernicke, Die bildliche Darstellung des Glaubensbekenntnisses in der deutschen Kunst d. M.-A. Christl. Kunstblatt 1887, 1888, 1889, 1893.

[85] Lübke, Gesch. d. Plastik, II, p. 415.

[86] Sepet, Les prophètes du Christ, Bibl. de l'Ecole des Chartes, 1867, 1868, 1877. — Vgl. dazu P. Weber, Geistl. Schauspiel u. Kirchl. Kst. Stuttgart 1894, p. 42 ff.

[87] Abgedruckt bei Mone, Altteutsche Schauspiele. Quedlinburg-Lpzg. 1841 in d. Bibl d. gesammt. deutsch. Nat. Litt. fol. XXI. p. 145. ff.

[88] Vgl. Guénebault, Dictionnaire iconographique. Paris 1843 und Barbier de Montault. Traité d'iconographie. Paris 1890, tom. II, p. 65 u. 73. Er giebt Jesaias als einzigem der Propheten dieses Attribut der Säge, »weil er durch sie getötet wurde.« Ebenso in der anonym erschienenen »Christlichen Kunstsymbolik und Ikonographie«, Frankfurt a. M. bei Hermann 1839. Hier die Säge angegeben, nach der die Säge ihm als Attribut beigegeben worden ist.

[89] Otte, Christl. Kunstarchaelogie I, p. 559 und Wessely. Ikonographie Gottes und der Heiligen. Leipzig 1874.

[90] Jedenfalls kann es sich hier nur um einen Apostel handeln.

[91] In der Kleiderordnung zu dem m.-a. Schauspiel — der Eselsprocession von Rouen — ist Jonas ausdrücklich als Kahlkopf angeführt. (Du Cange, Glossarium III. p. 461, Spalte 1. Festum asinorum.) Vgl. Les prophètes du Christ. von Sepet. Bibl. de l'école des chartes 1867. VI. serie, vol. 3, p. 227. — Bereits auf den Broncethüren von S. Paolo fuori le mura ist Jonas als Kahlkopf charakterisiert und inschriftlich mit Namen bezeichnet. Vgl. Cahier, Caractéristique des Saints, Paris 1867, vol. II, p. 714, ebda. Abb. — Danach wäre wohl auch der richtige Name für den sog. »zuccone« des Donatello am Campanile von Florenz gefunden. Es ist eben der Prophet Jonas.

[92] Vgl. Wernicke, Die bildl. Darstellung des apostol. Glaubensbekenntnisses in d. deutsch. Kst. d. M.-A. Christl. Kunstblatt. Bd. 29, 1887, Nr. 10, p. 157. — Auch in Saint-Serge d'Angers sind die Apostel und Propheten auf Glasgemälden einander gegenübergestellt und zwar so, dass auf der Nordseite des Schiffes die Propheten, auf der Südseite die Apostel stehen. Vgl. Barbier v. Montault a. a. O. II, p. 250. Desgr in der Kathedrale von Cambrai auf Gemälden v. J. 1404. — Vgl ferner Julien Durand: Bulletin mon. tome. 54, 1888, p. 550. Auch behandelt er noch das Credo an dem Beispiel der Sculpturen im Baptisterium zu Siena. Annal. arch. IX, p. 287.

[93] So fasst auch Viollet-le-Duc zwei ähnliche Apostelgestalten aus der franz. Sculptur auf: »c'est un saint Pierre, qui discute avec un autre apôtre attentif et paraissant se disposer à donner la réplique.« Dict. de l'Arch. tom. VIII. Paris 1865. p. 113, ebda Abb.

[94] Lübke meint er »winke ihm zum Nachfolgen«, a. a. O. p. 415.

[95] Vgl. Jul. Lange, Menneskefiguren in den gothiske stils sculptur. Nordisk tidskrift. 1896. p. 427 ff. In diesem geistvollen Aufsatz sind überaus treffende Bemerkungen zum Uebergange des Stiles aus der rom. zur got. Kunst gegeben.

[96] Die Benennung »Meister der Apostel- und Prophetenreliefs«

hätte vielleicht näher gelegen. Aber abgesehen von der Länge des Namens verwarf ich sie, weil Apostel- und Prophetenreliefs in dieser Zeit sehr häufig sind und eine lokale Bestimmung wünschenswert schien. Desshalb entschied ich mich für »Meister des Georgenchores«, weil hier gerade der Ort gekennzeichnet ist, dem der Künstler durch sein Werk das charakteristische Gepräge gegeben hat. Allerdings könnte man den Baumeister des Georgenchores darunter verstehen. Wenn diese immerhin mögliche Verwechslung durch diesen Namen nicht ausgeschlossen würde, so ist das vielleicht um so entschuldbarer, weil wir gar nicht orientiert sind, inwieweit der Architekt an der plastischen Ausstattung beteiligt war. Nach Vitlard's Skizzenbuch möchte es sogar scheinen, dass die Architekten des XIII. Jhrh. die Bildnerei mit gleicher Meisterschaft beherrscht haben, wie ihr Bauhandwerk.

[97] Die Hand, die die Lanze führen sollte, ist unter dem Schilde verborgen, sie fasst offenbar die Halteriemen der Schutzwaffe. Dennoch steckt die Spitze der Lanze im Rachen des Ungeheuers. Die Situation ist also nicht ganz klar gegeben.

[98] Sehr interessant ist der Vergleich mit derselben Darstellung auf einem Relief von Notre-Dame in Paris Abb. bei Viollet-le-Duc a. a. O. Tom. VIII, p. 165. Namentlich in der Draperie des Mantels besteht mancherlei Verwandtes. Das Pariser Beispiel ist freier, die Composition in die Breite gezogen. Es ist natürlich jünger.

[99] Dieser auffallende Unterschied zwischen den Sculpturen der Nord- und Südschranke ist bisher nirgends beachtet worden. Ich glaube nicht, dass hier bloss die Arbeit verschiedener Hände vorliegt. Der gleichmässige Fortschritt in der Technik scheint mir vielmehr zur Annahme zu zwingen, dass nur ein Meister an ihnen thätig gewesen ist. Damit gewinnen wir aber den höchst interessanten Einblick in die Entwicklung eines mittelalterlichen Bildhauers.

[100] Bode erinnert an antike Philosophenköpfe. Schnaase sieht Andeutungen des jüdischen Typus. Aus allem wird nur klar, wie die Köpfe auf die verschiedenen Autoren vor allem durch ihre Individualität gewirkt haben.

[101] In Bamberg erscheinen verschiedene Formen für die Portale, die eine deutliche Entwicklung erkennen lassen. Das südliche Ostportal, die sogenannte Adamspforte, ist das einfachste. Die Senkrechte der beiden Thürpfosten mit dem verbindenden Rundbogen darüber wird in der Schräge der Laibung dreimal wiederholt. Ohne Säule, ohne Kapitell und Kämpfer sind diese flachen ununterbrochenen gestelzten Bogen nur mit einem Zickzackornament als Schmuck ausgestattet. (Der plastische Schmuck ist spätere Zuthat.) An der Karmeliterkirche in Bamberg hat das Zickzack abgebrochene Spitzen (vgl. Viollet-le-Duc a. a. O. vol. VII, p. 399, Abb. 55.) Dieses einfachste Domportal hängt vielleicht mit der Bauperiode zusammen, die unmittelbar nach dem Brande 1185 unter Otto begonnen und später unter Thimo noch fortgesetzt wurde. Auch das folgende Portal gehört ihr vielleicht noch an. Es ist das nördliche Seitenportal. Es hat eine reichere Komposition. Die stützenden Teile sind durch Säulen verkörpert, die in rechtwinkligen Vertiefungen der Mauer gleichsam eingebettet sind. Ein Kämpfergesims lagert auf den Kapitellen, die Wulste der Bogen sind mannigfach profiliert und mit Canneluren und Rautenmustern überzogen. Das Tympanon und die Kapitelle zeigen plastischen Schmuck, die Basen und Platten sind einheitlich und durchgehend profiliert.

Das am weitesten fortgeschrittene ist das Nordportal, die Fürstenpforte. Es ersetzt die Säulen durch Statuenschmuck. In zehnfacher

Gliederung laufen die Wulste der Bogen nebeneinander, vorläufig aber
noch ohne den aus Frankreich auch in Deutschland eindringenden Ersatz durch kleine Figürchen. (Goldene Pforte in Freiberg i. Sachsen.) Die
Gewände zeigen bereits den »reichen Wechsel vorspringender spitzer
und zurücktretender runder Glieder«. Dies Portal zeigt sich durch die
Apostel- und Prophetenfiguren in deutlicher Abhängigkeit vom Meister
des Georgenchores, ist also im Anfange des XIII. Jahrh. entstanden in
der Bauperiode von 1203—1237, ausgenommen die Darstellung des
Jüngsten Gerichtes im Tympanon, das aus der Werkstatt des »Meisters
der Heimsuchung« stammt.

[102] Bode, a. a. O. S. 64. »Von dieser (älteren) Gruppe ... fehlen
uns leider die Bindeglieder zu der jüngeren.« Die Beobachtung ist
richtig. Wir werden im Folgenden die Gründe geben. Es handelt sich
eben nicht um eine heimische Entwicklung, sondern um importierte
Stilrichtungen. Die ältere Gruppe stammt in ihren letzten Wurzeln aus
dem südlichen Frankreich, die jüngere aus Reims. — Manche Einzelheiten z. B. der grinsende Kopf des einen Apostels an dem rechten
Gewände, dann die Haarbehandlung machen es mir wahrscheinlich,
dass nachdem das ältere Atelier an dem linken Gewände seine Arbeit
plötzlich abgebrochen hatte, eine geringere Kraft aus der Werkstatt
des Meisters der Heimsuchung hier an der gegenüberliegenden Seite
weiter gearbeitet hat. Der Hauptmeister kommt auf keinen Fall in
Frage, nur eine untergeordnete Hand. Damit ist jeder Versuch von
vornherein abgeschnitten, eine Entwicklung der jüngeren Gruppe
aus der älteren etwa durch dieses Bindeglied herzustellen. Es würde
sich dann nur um eine Vervollständigung der alten Portalausstattung
handeln, wobei das fertige Vorbild am linken Gewände als Muster benutzt wurde.

[103] Fast alle Autoren stimmen darin merkwürdiger Weise überein.
Reber, a. a. O. p. 397: »Die plastische Ausstattung wird nicht ohne sächsische Hilfe entstanden sein.« — Bode, a. a. O. p. 41. »In Verbindung
damit (mit Sachsen) steht auch die Blüte, welche gleichzeitig die Kunst
im nördlichen Franken, in Bamberg treibt.« Lübke spricht von den
»ungefügigen, einheitlicher Leitung widerstrebenden Tendenzen« der
Plastik in unserer Periode, a. a. O. p. 467. — Besonders entschieden
für den sächsischen Einfluss hat sich Berthold Riehl ausgesprochen.
Denkmale, a. a. O. p. 153. »... die Türme, die Anlage der Portale,
der Charakter des Ornamentes, besonders die ganze Bamberger
Skulptur des XIII. Jahrhunderts deuten auf das Ent-
schiedenste auf Anregungen aus dem östlichen Sachsen
und Thüringen«

[104] Vgl. Stephan Beissel, Der heilige Bernward v. Hildesheim.
Hildesheim 1895.

[105] Die Broncethüren in Nowgorod entstammen der sächsischen
Schule

[106] Die sitzenden Figuren in der Liebfrauenkirche zu Halberstadt
sind reifer, eleganter und edler als die stehenden in St. Michael zu
Hildesheim. Bode a. a. O. p. 44. setzt jene »wohl nicht vor den Ausgang des zwölften Jahrhunderts«. Der Zeit nach können sie also mit
unsern Reliefs, die dem Anfange des XIII. Jahrhunderts angehören, mit
vollem Recht verglichen werden.

[107] Vgl Bode. a. a. O., p. 46. In welche Zeit Bode diese Werke
setzt, namentlich die Kreuzigungsgruppe und die Kanzelfiguren, ist nicht
recht ersichtlich. Er hält sie um ein »halbes Jahrhundert jünger«, als
den Statuenschmuck des Bamberger Domes. Offenbar ist hiermit die

Portalgruppe Kaiser Heinrich, Kunigunde u. s. w. gemeint. Danach
würde auch Bode die Wechselburger Werke in den Anfang des XIII.
Jahrh. setzen, also etwa gleichzeitig mit den Georgenchorreliefs. So
auch Reber, a. a. O. p. 396; der die Wechselburger Sculpturen mit
dem Grabstein des Grafen Dedo († 1190) in Verbindung bringt. Vgl.
ferner die Statistik der Kunstdenkmäler im Königreich Sachsen herausgegeben von Cornelius Gurlitt.

108 Bode, a. a. O. p. 41. »Die Figuren wurden im Stuck nicht
gegossen, sondern mit Messern geschnitten und modelliert.«

109 Eine Ausnahme macht z. B. die gründliche Studie G. Hagers
über die Wessobrunner Sculpturen im Oberbayrischen Archiv, 1894.
Publikation d. Histor. Vereins von Ober-Bayern. Wegweisend ist die
wertvolle Untersuchung G. Dehios über die jüngere Gruppe der Bam-
berger Plastik im Jahrbuch d. Preuss. Kstsmlg. Bd. XI. 1890. p. 194.
— Die Naumburger Stifterstatuen sind neuerdings in der Flottwell'schen
Publikation herausgegeben und von Aug. Schmarsow in einem Begleitwort
beschrieben worden. Meisterwerke deutscher Bildnerei. Magdeburg 1892.
Die Strassburger Sculpturen sind von Meyer-Altona behandelt worden,
Strassburg 1893; doch nur summarisch, ohne Strenge der Stilkritik.
Vgl. Repertorium, XVII, 1894. S. 281. — Für die sächsischen Werke
und die Gruppen von Trier, vor allem für Wimpfen i. Thal fehlen
leider neuere Untersuchungen.

110 B. Riehl. Skizze d. Gesch. d. mea. Plastik im bayr. Stammlande. Ztschrft. d. bayr. Kunstgew. Vereins in München. Jhrg. 1890,
p. 53 ff.

111 Der ausserordentliche Abstand gegenüber der Blüte der sächs.
Plastik liegt allerdings auf der Hand. Dennoch musste wegen der benachbarten Lage von Franken und Bayern auch diese in sich abgeschlossene Sculpturengruppe berücksichtigt werden. Ihr künstlerischer
Wert ist nur im Vergleich mit den localen gleichzeitigen Leistungen
abzuschätzen, da derselbe bei einem absoluten Maassstabe nicht bestehen kann. Von den Sculpturen der Schlosskapelle auf der Trausnitz
bei Landshut, dem Besten aus dieser Zeit und Gegend, ist nur die Verkündigung als eine strenge, stilvolle Gruppe von eignem Reize hervorzuheben. Doch gehört sie einer jüngeren Periode an, als der hier besprochenen. Sie wären einer eingehenden Localstudie wohl wert und
verdienten eine gründlichere Erörterung als sie Fritz Haack in seiner
mageren Dissertation ihnen angedeihen liess, der über ihren künstlerischen Wert schweigt und die interessante stilkritische Frage bei
Seite liegen lässt.

112 Es ist eine Christusfigur (sitzend) und die beiden Heiligen
St. Dionysius und St. Emmeram (stehend). — Abguss im Münchner
Nat. Mus.

113 Vgl. die Dissertation von Wolfgang Schmidt. Eine Goldschmiede-
schule in Regensburg um das Jahr 1000. München 1893.

114 Karl Lamprecht. Deutsche Geschichte. Berlin 1893. III, p. 245.

115 A. Goldschmidt. Der Albani-Psalter in Hildesheim Berlin 1895.
Diese ausgezeichnete Studie löst die lang behandelte Frage endgültig.

116 Im Bayr. Nat. Mus. Katalog V, p. 115. ebda. Abb.

117 Im Bayr. Nat. Mus. Kat. V. p. 124. ff. ebda. Abb., vgl. ferner
die Studie von G. Hager im Oberbayr. Archiv. Publ. d. Histor. Vereins
von Ober-Bayern 1894.

118 Interessant sind noch die sitzenden Apostel in der Schlosskapelle zu Trausnitz bei Landshut. In der Bewegung lebendiger, im Ausdruck des Kopfes mannigfaltiger sind sie doch zu zwerghaft und verküm-

mert, um mehr als ein locales Interesse zu beanspruchen. Höher stehen die benachbarten Reliefs; alles aber harrt noch einer wissenschaftlichen Erörterung. Die Sculpturen von St. Afra in Seligenthal zeigen schon ganz gotische Manier.

[119] Vgl. die Kunstdenkmäler in Baden hrsg. v. F. X. Kraus. Freiburg 1887. p. 240. Abb. — ferner Jos. Neuwirth. Sitzb. d. phil.-histor. Klasse d K. K. Akad. d. W. Wien 1884. CVI. I. 5. — Krieg von Hochfelden, Das Kirchenportal der Abtey Petershausen Anz. f. Kunde deutsch. Vorzeit N. F. VII. 1860. p. 284, 320, 399. — Die Sculpturen befinden sich jetzt in der Samlg. d. Vereins f. Altertumskunde in Karlsruhe.

[120] Die Inschrift ist in späterer Zeit falsch ergänzt worden. Es handelt sich hier um den Bischof Gottfried von Spitzenberg. Vgl. Staelin, Württemberg Gesch. II, p. 388.

Auch wäre hier noch das Relief im Klosterhof des Stiftes Neumünster zu erwähnen. Ein segnender Christus in flachem Relief. Die Arbeit ist ganz tüchtig, erhebt sich aber nicht zu künstlerischer Bedeutung.

[121] So unter anderen auch bei Lübke a. a. O. p. 470, der sogar eine von antiken Vorbildern beeinflusste Bamberger Schule des 11. Jhrh. annimmt. Diese Hypothese ist mit nichts gerechtfertigt. Unter den älteren Autoren tritt E. Förster besonders für die Bamberger Localschule ein. Vgl. Gesch. d. deutsch. Kunst. 1851. I, p. 64 u. 98.

[122] Namentlich Sighart. Gesch. d. bild. Künste in Bayern. München 1863. I. 257. ff.

[123] Schon Bode a. a. O. p. 18 tritt von dieser Ansicht zurück. Er hält den grössten Teil für sächsische Arbeit.

[124] Berthold Riehl, Die bayr. Kleinplastik der frühroman. Periode. Forschung zur Kult. u. Litteraturgesch. Bayerns. München-Lpzg. 1894. Wie ausserordentlich schroff sich hier noch die Ansichten gegenüberstehen und zwar über Hauptwerke der Zeit sei an dem Elfenbein in München dargelegt cim. 57. Kgl. Hof- u. Staatsbibl. in München, eine Kreuzigung (abgeb. bei Weber, Geistl. Schausp. u. Kirchl. Kst. p. 22). Westwood, Labarte, R. de Fleury, Vöge, Weber, halten dies Stück für Karolingisch 9. Jhrh. — Cahier, Sighart, Piper, Otte, Lübke für Bamberger Schule des 11. Jhrh. — Bode für sächsische Arbeiten vom 10. u. 11. Jhrh. Riehl a. a. O. p. 4 erklärt ihre Entstehung aus der Regensburger Schule zur Zeit Heinrich II. also Anfg. 11. Jhrh.

[125] Giesebrecht, Gesch. d. deutsch. Kaiserzeit. I³, p 858.

[126] Stephan Beissel, Bernw. v. Hildesheim citiert diese Stelle.

[127] Bayr. Nat. Mus. München. Kat. V. p. 174, 175, 176. — Die Datierung auch dieses Werkes schwankt zwischen der Zeit Kaiser Heinrichs II. (1002—1024) und der Aebtissin Agnes von Quedlinburg († 1204). Ich entscheide mich für das letztere.

[128] Namentlich ist hier zu beachten, wie das Gewand auf den vorderen Körperflächen glatt angezogen ist, und auf dem Reliefgrunde in flatternden Fahnen ausgebreitet wird.

[129] A. a. O. p. 64. Diese Anschauung steht in völligem Widerspruch zu den Bemerkungen, die an leitender Stelle gegeben werden. p. 7 heisst es: »es ist daher begreiflich, dass die grosse Plastik von der Elfenbeinplastik, abgesehen von der wesentlich durch dieselbe festgestellten Auffassung und Wiedergabe heiliger Gestalten und heiliger Motive, nur in kaum nennenswerter Weise beeinflusst ist.«

[130] Viollet-le-Duc z. B. leitet noch die ganze Formensprache der romanischen Sculptur aus dem Byzantinismus ab. Wilhelm Vöge, Die

Anfänge des monumentalen Stiles im Mittelalter. Strassburg 1895,
lehnt diese Annahme gänzlich ab. p. 108. ff.

**131** Robert Vischer bespricht in einem sehr lehrreichen Aufsatze :
Zur Kritik mittelalterlicher Kunst. (Studien z. Kunstgeschichte. Stuttgart 1886), die Charakteristika des sogenannten byzantinisch-romani-
schen Mischstiles. Seine Analyse hebt gerade das Gemeinsame hervor,
das den »romanische Schematismus« mit dem byzantinischen Flachstil
verbindet. Trotzdem Vischer nun betont, dass in Deutschland dieser
Stil (png. 41) auch schon durch die Denkmäler römischer Herrschaft
vorgebildet war, schreibt er doch: ». . . aber gleichwohl kann man sich
der Vorstellung nicht entziehen, dass die wahre Heimat dieses
Stiles in Asien und zwar speciell in Byzanz zu suchen
ist«. Dieser Satz hat gewiss auch heute noch überzeugende Kraft,
trotz der erweiterten Auschauung, die Vöge eröffnet hat.

**132** Es ist ausserordentlich interessant zu beobachten, wie schnell
die Formen zusammenschrumpfen. Die Hand, die auf der Brust liegt,
ist dafür ein dankbares Objekt. Im Kreuzgang von Arles an der Petrusfigur ist sie vollgerundet, ein plastisches Gebilde, das die Maassverhältnisse der Wirklichkeit innehält. (Vöge. Abb. 31.) An der Façaden-
figur (Abb. 33) ist sie plattgedrückt und ausgestreckt. In Chartres an
den Statuen des Nebenmeisters (am linken Stportl. links Gewd.) Abb.
12. ist sie schon vollkommen verkümmert und um der gestreckten
Tendenz der ganzen Figur willen in die Gegend des Schoosses herab-
gesunken.

**133** Abb bei Vöge a. a. O. Nr. 31. 32. 33.

**134** Diese Beobachtung ist als leitender Gesichtspunkt festzuhalten.
Hier wie in St. Gilles sind die Figuren nicht statuarisch-frei. Auf
Platten mit ihrem Rücken gleichsam angeheftet sind sie nur Wand-
füllungen. Die tektonischen Stützglieder, die Säulen stehen vor der
abschliessenden Hintergrundculisse (in St. Gilles). Erst in Chartres
treten die Figuren an die Säule heran. In dem ersten Zustande aber,
in der Provence, liegen die Figuren zum Teil noch wie in Nischen
eingebettet. Sie sind also nicht aus dem freistehenden Blocke, sondern
aus der eingemauerten Platte herausgearbeitet. Ihr Ursprung liegt in
der Reliefplastik, nicht in der statuarischen Rundfigur.

**135** Bereits in St. Gilles ist die Behandlung flächenhafter. Vollkommen
ausgebildet ist der Flachcharakter in der benachbarten Languedoc.

**136** Auch die altchristliche Kunst Galliens kommt hier in Betracht.

**137** Die Beantwortung dieser Frage wird immer dringender. Allerdings wird sie nur derjenige geben können, der das Material der byzantinischen Forschung ganz beherrscht. Wir würden dann endlich
in der glücklichen Lage sein, statt mit vorsichtig geäusserten Vermut-
ungen, mit festen Thatsachen zu rechnen.

**138** Ich stütze mich hier besonders auf Karl Lamprechts Ausführungen in seiner Deutsch. Gesch. Bd. III, p. 185—193. Es ist die einzige
Schilderung, die diese Beziehungen am besten zusammenfasst. In Litte-
raturgeschichten finden sich verstreute Einzelheiten. Bei Alwin Schultz,
Höfisches Leben zur Zeit der Minnesinger. Lpzg 1889. Bd. I, Einleitung, ist auch eine anschauliche Uebersicht gegeben. Doch nirgends
ist der französische Einfluss in seinen früheren Perioden so scharf
erfasst und so beredt dargestellt worden, wie in Lamprechts's Erzählung. Für die gotische Kunst vgl. Gonse. L'Art Gothique. Paris 1892.
Hier ist der vielsagende Vorschlag gemacht worden, die got. Kunst
schlechthin l'art françui zu nennen. Soweit man allein die geniale

Erfindung und den stilistischen Ursprung der Gotik im Auge hat, ist gegen diese Bezeichnung wohl nichts einzuwenden.

139 Vgl. Scherer, Deutsche Litteraturgeschichte, p. 66 : und Alwin Schultz, Höfisches Leben. Einleitung.

140 Johann Kelle. Dtsch. Littgesch. Berlin. 1896. II, p. 232. ff.

141 Im Allgemeinen entschuldigt man gewöhnlich nur die gotische Plastik mit ihrer Abhängigkeit von der Architektur. Das ist richtig. Wie viel mehr aber die roman. Sculptur durch das Uebergewicht der Baukunst in Schranken gehalten wurde, hat am besten Vöge gezeigt. Wir verweisen daher auf seine Darstellung. Frei von dem Zwange der Architektur hat sich allerdings die Altarplastik entwickelt. In einigen meist holzgeschnitzten Marienfigürchen und verwandten Darstellungen, wie sie z. B. im Münchner National-Museum aufbewahrt werden, sollen wir die Anfänge einer Art Freisculptur erblicken. Aber es zeigt sich auch bei ihnen, dass sie, wenn auch nicht direkt, so doch mittelbar den allgemeinen Stilgesetzen unterworfen sind und dadurch, dass sie Muster der monumentalen Steinsculptur nachahmten, schliesslich sich ebenso befangen halten, wie jene. Obgleich freistehend zeigen diese Figuren in der Vorderansicht ausgeprägten Reliefcharakter, den sie auch darin festhalten, dass sie den Rückenteil, ebenso wie die Mauerplastik verkümmert lassen. Ich sehe daher keinen Grund, sie als den Keim einer selbständigen Plastik anzusehen.

142 Abb. 17. Vöge, a. a. O. Für die folgenden Bemerkungen ist der Vergleich mit den Abb. durchaus notwendig. Dergleichen muss mehr mit dem Auge erfasst, als mit dem für solche Untersuchungen leider nur allzu armen Wortschatze unsrer Wissenschaft bewiesen werden.

143 a. a. O. Abb. 18.

144 Vgl. auch die betreffenden Erörterungen bei Vöge. a. a. O. p. 62.

145 In Autun z. B.

146 In Vezelay, in Moissac.

147 Vgl. Rob. Vischer. Kunsthistorische Studien, Stuttgart. Seine Analyse ist ausserordentlich feinsinnig. Der Leser wird leicht finden, wieviel ich von ihr übernommen habe. Namentlich wichtig ist Vischers Charakteristik durch die scharfe Betonung des Flächcharakters. Auch Semper, Der Stil. München. 1879. 2 II. § 181. 182. S. 494. ff. ist hier zu vergleichen.

148 Namentlich deutlich in Vezelay zu erkennen. Auf der Brust (am Christus) an der Schulter ist alles flach und leicht schraffiert; erst in dem Zwischenraum unter dem Arm und über dem Schenkel, ferner im Schoosse beginnt der Zickzack, die kreisrund laufenden Linien; hier werden auch die Accente schärfer markiert. Auf der ruhigen Fläche besteht die Schraffierung des ganzen Oberschenkels in einer Spirale, die sich auf dem Oberschenkel und am linken Kniee in mathematischer Genauigkeit bewegt. Der Umriss der unteren Extremitäten ist haarscharf, durch keine überhängende Falte oder irgend ein abgerutschtes Gewandstück verdunkelt. Das Kleid ist angepresst, alsob es nass wäre. Aber links von den Beinen, in der Höhe der Waden, wird das Gewand «plisseeartig» übereinandergefältelt, in der Mitte des Knäuels starke Schatten; ebenso neben dem linken Fusse rechts. Als Abschluss nach unten wieder eine tiefe Unterschneidung, die die Figur scharf vom Grunde abhebt. — Man beachte ferner an dem Apostel am weitesten rechts, welches Gehänge von Stoff sich zwischen den Knieen ansammelt.

149 Vgl. am Christus von Vezelay die Aureole; oder ebenda den Streifen in der Höhe der Knöchel der Apostel.

150 Auch bei unsern Bamberger Reliefs haben wir darauf aufmerksam gemacht, dass die Entwicklung des Meisters auf vollere Figuren und tiefere Wirkungen im Relief hinsteuert. Die Prophetenseite gegenüber der der Apostel bezeichnet einen grossen Fortschritt.

151 Vgl. Viollet-le-Duc. Dictionnaire de l'architecture, Paris 1867 tom. VIII. art. «sculpture», z. B. p. 125. Les scènes (auf Kapitälen aus der Schule von Toulouse) sont au point de vue de l'étude de la nature et notamment du geste, en avance sur les écoles des provinces voisines et même sur celles du nord.» p. 131. «La belle école de Toulouse penchait vers une exécution de plus en plus délicate, étudiait avec scrupule le geste, les draperies, l'expression dramatique.»

Ferner: Vöge a. a. O. p. 69. «Das Charakteristische dieser Schule (von Toulouse), ihre Tendenz zu dramatischer Bewegtheit, die oft genug ans Karrikierte streift, findet in Chartres kein Analogon» — Diese Schule weist aber auch keine freiherausgemeisselten Figuren auf. Diese Statuen sind auch Mauerplastik, aber immer im Sinne des «füllenden Reliefs», während Chartres auf eine freie, vor der Wand stehende Statuarik hinarbeitet. —

152 Vöge. a. a. O. Abb. 21. 22. —

153 Vgl. z. B. die Abb. bei Anthyme Saint-Paul. Histoire monumentale de la France. Paris 1895. p. 113. Hier sind die Eckfiguren aus dem Pfeiler herausgearbeitet, sie sind starr und steif. Dazwischen eine Reliefscene, als Füllwerk, sie ist bewegt und lebendig.

154 Für diejenigen, die sich gern an äussere, leicht greifbare Merkmale halten, sind diese Bordüren besonders wichtig. Man wird beobachten können, dass sie in Deutschland in der grossen Plastik ganz fehlen und in Frankreich auch in der Schule von Toulouse nur zu Hause sind. Von dort aus werden sie weitergeführt. vgl. Vöge a. a. O. p. 95. Anm. 1.

155 Viollet-le-Duc. a. a. O. tom. VIII. p. 112. — Daneben die Photographien aus dem Trocadéro zu vergleichen.

156 Vgl. Anm. 157.

157 Vgl. Viollet-le-Duc. a. a. O. tom VIII. p. 116. ff. 117. «Les têtes de ces personnages (die Köpfe in Chartres) ont l'aspect de portraits et de portraits exécutés par des maîtres». — Vöge a. a. O. p. 25. u. 51. —

158 Vgl. die Köpfe auf dem Tympanon in Vézelay, ferner den Kahlköpfigen Apostel am Trumeau des Portales in Moissac. Als charakteristisch kann auch der Typus von Chartres herangezogen werden. Doch ist er edler als der unsrige in Bamberg.

159 An den Apostelköpfen des Kreuzganges

160 Für all diese Vergleiche ist es durchaus notwendig, entweder eine grosse Photographien-Sammlung zu Rate zu ziehen, oder sein Auge wenigstens an den Abgüssen im Trocadero zu üben. Man muss erst das Einzelne, wie es durch dieses oder jenes Meisters Stil bedingt ist, vergessen, um das Allgemeine, das Typische zu erfassen. Ich kann daher auch nicht all die Vergleichstücke in Abbildungen beigeben, da ihre Anzahl zu gross wäre, und mit einigen noch so gut ausgelesenen Beispielen zu wenig gewonnen würde.

161 In Moissac. Vgl. Viollet-le-Duc. Abb. 116, tom. VIII.

162 Vgl. auch Arles, Chartres, namentlich die Figuren ganz links und ganz rechts.

163 Auch Vöge macht gelegentlich dieselbe Bemerkung.

[164] Vgl. den Kat. d. Bayr. Nat. Mus. Nr. V den Christus Nr. 153. Er ist in jüngerer Zeit überarbeitet, zum Vergleiche ist 146, 147, 148 heranzuziehen aus der Kirche in Altenstadt bei Schongau. Eine barbarische Rohheit dokumentiert sich in diesen Arbeiten.

[165] Vgl. Rahn, Gesch. d. bild. Künste in d. Schweiz (Zürich, 1876), S. 266 ff. u. 259.

[166] Auch Bode, Dehio, Reber u. s. w.

[167] Kugler, Kl. Schrift a. a. O. I, p. 155.

[168] Alle Daten über die Grafen von Andechs und Meran entnehme ich der Studie, Frhr. Edmund von Oefele. Geschichte der Grafen von Andechs. Innsbruck 1877.

[169] Vgl. Oefele a. a. O. p. 96 am 21. Juni 1208. Mon. Germ. SS. XVII, 822. Annal. Colon. max.

[170] Vgl. Oefele a. a. O. p. 36.

[171] Vgl. Oefele a. a. O. p. 35. Die Ehe wurde getrennt durch den bekannten Ehegerichtsprocess, der die Doppelehe König Philipp Augusts auflöste. Vgl. J. M. Schultz, Philipp August König von Frkrch. u. Ingeborg, Prinzessin von Dänemark. Kiel 1804.

[172] Oefele a. a. O. p. 33. 22. Dez. 1203 von Innocenz III. bestätigt. Vgl. Ussermann, Episc. Bbbg. cod. prob. 139—140. Ekbert war bis zu seiner Wahl Dompropst gewesen.

[173] Vgl. die vielen Belege bei Oefele a. a. O. p. 174. ff.

[174] Vgl. Oefele a. a. O. p. 182. Nr. 522.

[175] Vgl. Oefele a. a. O. p. 185. Nr. 538.

[176] Vgl. bei Oefele die vielfachen Reisen, wie sie aus den Regesten ersichtlich sind. p. 103 heisst es »die fränkischen Güter, auf denen er (Otto VIII.) wie sein Vater (Otto VII.) so gern geweilt«.

[177] Damit stimmen auch die wenigen Anhaltspunkte überein, die uns die Skulpturen selbst für die Datierung an die Hand geben. Jenes bescheidene Relief im Tympanon des nördlichen Ostportales ist uns hierbei besonders willkommen. Die Darstellung bezieht sich auf den Dombau und die Geschichte seiner Schutzpatrone. Da nun die heilige Kunigunde schon den Heiligenschein auf dem Haupte trägt, so ist die Anspielung auf ihre Kanonisation deutlich genug und damit die Zeit der Entstehung dieses Reliefs wenigstens nach der unteren Grenze genau fixiert. Es ist ganz gewiss kurze Zeit nach der Heiligsprechung im Jahre 1200, wahrscheinlich zur Erinnerung an die glanzvolle Feier der translatio gestiftet worden. Jener Bischof aber, der sich kniend der heiligen Jungfrau empfehlen lässt, kann wohl niemand anders sein, als Thimo selbst, der sich um das Gedächtniss der frommen Kaiserin ein solch grosses Verdienst erworben hatte. Also darf man dieses Relief zwischen 1200 und 1203, dem Todesjahre Thimos ansetzen. — Stilistisch steht das Relief dem Hauptmeister nicht in der Maasse nahe, dass man es von ihm abhängig denken müsste. Es ist in dem einfachen Charakter einer geringen Handwerkerleistung gehalten. Je weniger also diese Darstellung mit den Prophetenreliefs gemein hat, um so wahrscheinlicher wird es, dass ihr Urheber, der Meister des Georgenchores, in einer anderen Zeit und von einem anderen Bischof berufen wurde. Unter diesen Umständen bleibt aber nur noch der eine Schluss möglich, dass seine Thätigkeit in den Anfang der Regierung Ekberts falle. Um Zahlen zu nennen, in das zweite Jahrzehnt des XIII. Jahrhunderts. — Der Grund zur Datierung der Reliefs in die Frühzeit Ekberts ist klar. Gegen Ende seines Lebens ist Ekbert bereits Gotiker. Auch wäre das Datum der dreissiger Jahre für unseren Meister sehr spät. Allerdings verlockt ja die Combination, dass der Georgenchor wegen

baulicher Arbeiten geschlossen sei, zu dem Schlusse, gerade unser Meister sei in dieser Zeit beschäftigt gewesen. Aber wenn man einen Blick auf die Hochwände des Georgenchores wirft, so erkennt man die Spuren der verschiedensten Versuche, Ansätze und Verbesserungen. Um wie viel wahrscheinlicher ist es also, dass hier an der Wölbung gearbeitet wurde. Die Kalotte als Wölbung der Schlussabside ist zudem nur im Anfange des XIII. Jahrhunderts möglich. Von diesem Datum 1231 können wir also für unseren Meister keinen Gebrauch machen. Setzen wir ihn nun in den Anfang der Ekbert'schen Regierung, so kommt eigentlich erst die Zeit nach 1208, nach der Vermählung Ottos mit Beatrix von Burgund in Betracht, wenn anders unsere Vermutung richtig ist, dass gerade diese Verbindung die Berufung des Künstlers veranlasst habe. Aber auch nicht sofort nach 1208 kann Ekbert an künstlerische Arbeiten gedacht haben. Denn es waren die unruhigsten Jahre für ihn, nachdem er erst einmal in den Verdacht gekommen war, an der Ermordung Philipps von Schwaben (1208) beteiligt gewesen zu sein. Erst im zweiten Jahrzehnt kommt er häufiger und auf längere Zeit nach Bamberg. Desshalb glaube ich, dass diese Jahre die frühesten sind, in denen die bildhauerische Ausstattung des Georgenchores begonnen worden sein mag. — Im Übrigen ist es durchaus nicht geboten, den Fortschritt der Arbeiten am Dome unterbrochen zu denken, wenn der Bischof gerade einmal auf einem Kreuzzuge oder einer Romfahrt ausser Landes war. Interessant sind in dieser Beziehung die Verhältnisse am Dom zu Xanten. Hier hat die fabrica monasterii ihre eigene Kasse, mit besonderen Einnahmequellen, die dauernd flossen. Auch für Bamberg ist eine fabrica ecclesiae nachzuweisen. Aber erst für das Jahr 1311. Ob diese Einrichtungen bereits im XIII. Jahrh. bestanden, wissen wir nicht. —

[178] Auch hier sind wieder die bereits citierten Werke von Kugler, Förster, Lotz, Lübke, Springer, Reber und Bode zu berücksichtigen. Bode ist der Erste, der die jüngere Gruppe selbständig auffasst, die durch kein einziges Bindeglied mit den älteren Werken zusammenhänge. Die älteren Schriftsteller reihen die Gruppen aneinander, ohne die genetische Entwicklung nachzuweisen. Dennoch muss man nach dem Gange ihrer Darstellung ein ständiges, folgerichtiges Wachstum annehmen. Am weitesten geht Springer, der die ganze Plastik des XIII. Jahrh. in Naumburg und Franken als sächsisch ansieht.

[179] Vgl. Reber a. a. O. S. 548. »Freilich ist auch in diesem Falle die traditionelle Starrheit und die Nachwirkung des Bamberger Klassicismus noch nicht überwunden«. Förster, Gesch. d. deutsch. Kunst Lpzg. 1851, I, p. 64 nimmt eine locale Schule an. Neuerdings Goose. L'art gothique. p. 345. — »C'est à Bamberg et Naumbourg que prend naissance, entre 1250—1260, sous un souffle venue de Reims, l'école de sculpture allemande, avec sa forte tendance au réalisme et son sens inné du portrait.« — Damit ist ganz sichtlich auf die Prophetenreliefs angespielt und die Entwicklung aus ihnen für selbstverständlich angesehen.

[180] Schon aus der ersten Gründungszeit kennen wir ähnliche Vorgänge: die Kunst wird importiert. Berthold Riehl u. a. O. p. 131 sagt: wir dürfen bei den Bamberger Bauten nicht nach einer originalen aus dem Wesen des Stammes hervorgegangenen Anlage von Kirchen suchen, wie in Bayern, Sachsen und Thüringen u. s. w.« — In diese Zeit fällt die Stiftung der Kirche auf dem Michelsberge. In die Zeit Otto's d. h. S. Jakob und die Katharinenkapelle. Reger ist die Bauthätigkeit unter ihm in den von Bamberg abhängigen Klöstern des Landes, vornehm-

lich an der Donau. Aber nirgends sehe ich einen Anhalt für die Annahme einer leistungsfähigen und innerlich gefugten plastischen Schule.
Auch architektonisch ist Bamberg nicht unabhängig. Unter Heinrich II.
steht es in bayrischen, speciell Regensburger Einflüssen, im 12. Jahrh.
vornehmlich unter dem von Hirsau ausgehenden Reformsystem.

[181] Bode a. a. O. p. 64.

[182] Namentlich Lübke erwärmte sich für den Gedanken.

[183] Dehio, Die Bamberger Sculpturen. Jahrb. d. Kgl. Preuss.
Kunstsammlungen. Jhrg. 1890, 194, Bd. XI. — Ebenso Bd. XII u. XIII.

[184] Vgl. die ausgezeichneten Bemerkungen über die Gotik bei
Carl Cornelius. Jacopo della Quercia. Halle 1896, S. 55 ff. In den
meisten Punkten stimme ich mit ihm überein.

[185] Die Anschauungen, die Carl Frey über Gotik entwickelt,
haben von G. Dehio im Jhrb. d. Preuss. Kstsmlg. Bd. XIII bereits die
gebührende Zurückweisung erfahren.

[186] Besonders Bd. III, p. 183 ff.

[187] Ich rede hier natürlich nur von dem Menschen des XIII. Jhrh.,
wie aus der ganzen Haltung dieser Arbeit hervorgeht.

[188] Menneskefiguren in den Gothiske stils sculptur. Nordisk tidskrift 1896.

[189] Abgebildet bei Dehio. Jhrb. d. Kgl. Preuss. Kstsmlg. Bd. XI u. XII.

[190] Diese Gruppe war durch den Einbau der Sängertribüne in das
nördl. Seitenschiff des Georgenchores auseinandergerissen worden :
man hatte die Maria zwischen die Fenster der Aussenwand gestellt, wo
sie dem Blicke fast ganz entzogen war. Neuerdings ist auf meine Anregung durch das hohe Domcapitel eine Umstellung vorgenommen
worden. Die Maria hat ihren ursprünglichen Platz an dem Pfeiler der
Hochwand erhalten und steht nun wieder in günstigem Lichte. Leider
ist die Elisabeth immer noch so gestellt, dass ihre Beziehung zur
Maria nicht klar ist.

[191] Lübke hat zuerst auf dieses klassische Gepräge aufmerksam
gemacht.

[192] Die Porte de Mars in Reims und der Sarkophag des Fl. Val.
Jovinus mit einer Löwen- und Eberjagd.

[193] Durch unsere Analyse erhellt, dass Dehios Erwägung, die
Reimser und Bamberger Maria möchten von demselben Meister gearbeitet sein, unmöglich das Richtige trifft. Was in der Reimser Maria
von Klassischem Wesen vorliegt, das ist in der Bamberger Figur
so gut wie ganz verschwunden. Ein jüngerer Geschmack, der von der
strengeren Gotik im Innersten überzeugt ist, macht sich hier geltend,
während der ältere Meister der Antike noch gläubig gegenübersteht.

[194] Der Vorschlag diese Figur als König Salomo zu bezeichnen,
wird leicht Widerspruch begegnen. Ich glaube, dass folgende Benennung
sich am meisten empfiehlt.

| links | Mittelportal. | rechts |
|---|---|---|
| Hanna. 1. | 1. Verkündigungsengel | Verkün- |
| Simeon. 2. | 2. Maria | digung. |
| Maria. 3. | 3. Maria | Heim- |
| Joseph. 4. | 4. Elisabeth | suchung. |
| König Salomo. 5. | 5. König David. | |
| Königin von Saba. 6. | 6. Daniel (der jugend- | |
| | liche). | |

Vgl. hierzu Ch. Cerf, Histoire et description de Notre-Dame de Reims.
Reims 1861. II, 86.

[195] Schnaase, Gesch. d. bild. Künste, Düsseldorf 1872², V, p. 576.

**196** Auch an den Naumburger Statuen kehrt dieselbe Draperie wieder, wenn die Hände nicht frei waren und Schild oder Schwert fassen mussten; auch beim Gehen scheint man das eine Ende des Mantels über die Schultern geworfen zu haben, um nicht durch das schleppende Ende behindert zu werden. Andrerseits ist es auch Sitte gewesen, das Mantelende nur mit der Hand zu heben und über den Unterarm zu hängen (z. B. an der Figur Heinrich des Löwen in Braunschweig, auch in Naumburg an einem der Stifter).

**197** Dehio a. a. O. Jahrbuch XI. 196.

**198** Alwin Schultz, Höfisches Leben. I, p. 307, 271.

**199** Die Gesta Treverorum (M. G. SS. VIII. 171) berichten, der Kaiser Heinrich II. sei lahm gewesen. Auch Adalberts Vita Heinrici weiss davon. Doch verweisen Giesebrecht a. a. O. II 5, p. 608 und Hirsch, Jahrbücher III, p. 364 diese Nachricht in das Gebiet der Legende. Friedrich Leist will nun in seinem Führer durch Bamberg (Bamberg. Buchner 1889) p. 50, den »historisch bekannten kurzen Fuss des Kaisers« in der Stellung des linken Beines erkennen, das etwas erhöht auf einen Stein tritt. Eine solche naturalistische Charakteristik an einer Figur des XIII. Jhrh. ist gänzlich ausgeschlossen. Auch ist in der Haltung des Beines nichts zu bemerken, was auf einen Lahmfuss schliessen lassen könnte. Dass das Knie gebeugt ist, ist nur die Folge der Unterscheidung zwischen Standbein und Spielbein, worin die Figur mit dem Reimser Original ebenfalls übereinstimmt. Der Petrus gegenüber müsste erst recht als lahm charakterisiert sein, denn bei ihm ist die Beugung noch viel stärker. Dergleichen Deutungen sind nur dilettantische Spielereien. An komischer Wirkung stehen sie bedeutend dem litterarischen Unsinn nach, der sich in der gelehrten Auseinandersetzung über die »Dom-Kröten« breit gemacht hat. Gemeint sind mit diesem vulgären Ausdrucke die verwitterten Reste zweier Löwenfiguren (am Ostchor auf dem Domkranze zur Seite der Adams- und Gnadenpforte.) worunter selbstverständlich nur ein Teil des Portalschmuckes zu erkennen ist, wie er im romanischen Stil weitverbreitet war. Beispiele unter unzähligen die Löwenfiguren an den Dom- und Kathedralportalen von Trient, Modena, St. Gilles, Worms u. s. w. u. s. w.

**200** Lübke, Gesch. der Plastik. Lpzg. 1880 2, II, p. 481 ebenda eine gute Charakteristik des Werkes, namentlich des Pferdes. Die Abbildung entspricht nicht genau der Wirkung des Denkmals. Dagegen charakterisiert August Schmarsow (Die Bildwerke des Naumburger Domes, Magdeburg 1892 p. 52) den Reiter in einer Weise, der ich nicht ganz zu folgen vermag. Er nennt ihn »dürftig«, statt die eigentliche Ursache der disharmonischen Wirkung in dem plumpen Gaul zu suchen. Dann spricht er von »dem unbequemen Motiv des Mantelhaltens«. Unbequem? Das klingt so, als ob das Motiv aus einer ungeschickten Laune des Künstlers entstanden sei, während hier doch ganz augenscheinlich nur eine alltägliche Beobachtung wiederholt wird. Dasselbe Motiv begegnet uns in Reims und der gesamten französischen Plastik fast ebenso oft, wie bei den weiblichen Statuen das Motiv des Schleppentragens. Im Leben selbst diente es dadurch, dass der Mantel oder das Kleid gehoben, eventuell geschürzt wurde und infolgedessen Arme und Füsse für die Bewegung mehr Spielraum gewannen, ganz gewiss der Bequemlichkeit. Im Uebrigen hat es hier in der Plastik doch nur den Sinn eines Bewegungsmotives, das obendrein zur Charakteristik der Figur sehr zweckmässig beiträgt. Es gehört offenbar ebenso zu den konventionellen Manieren des vornehmen Ritters, wie die zierliche Art, mit der die Markgräfin Uta in Naumburg die Wange an den hochgehobenen

Mantelkragen schmiegt (Tafel III bei Flottwell). Ich wenigstens trage Bedenken, die Haltung derart zu erklären, «als wehe die kalte Zugluft durch die offenen Chorfenster herein und treffe die Dame empfindlich an Hals und Wange»!!! — (Schmarsow's Text, Seite 21).

[201] Vgl. v. Qast, Die Statue Otto des Grossen in Magdeburg Ztschrft. f. christl. Arch. u Kst., Lpzg. 1856, p. 108. Die Statue wird als ein Symbol der Gerichtsbarkeit aufgefasst, welche man als ein Geschenk vom Stifter der Stadt herleitete. Hier ist an den ehernen Löwen in Braunschweig zu erinnern.

[202] Photographien in Paris bei der Commission des monuments historiques.

[203] Dass das Akanthusornament der Console, der auffallende Blattkopf, nach Frankreich weist, hat schon Dehio a. a. O. XI, p. 198 bemerkt: «Wenn man mir dieses Stück, ohne dass ich von seiner Herkunft Kenntnis hätte, vorlegte, so würde meine Antwort ohne Zaudern sein: es stammt höchst wahrscheinlich aus Burgund oder der Champagne». — Dazu kommt noch, dass ein ebensolcher Blattkopf auch von Villard de Honnecourt in seinem Album skizziert wurde.

[204] Die Figur ist leider nicht von vorn photographiert worden, sondern nur von der Seite aufgenommen. Meine Vergleiche an Ort und Stelle auf den Gerüsten, die ich an der Hand der Bamberger Aufnahmen vornahm, lassen für mich keinen Zweifel, dass hier für den deutschen Meister wiederum eine allgemeine Anregung massgebend gewesen ist. Leider eignen sich meine Skizzen nach der Reimser Figur nicht zur Reproduktion, um sie etwa unsern Abbildungen einzureihen.

[205] Bock. Gesch. d. liturg. Gewänder des M.-A. Bonn 1869. II, p. 346. Vgl. hierzu: Ch. Rohault de Fleury. Paris 1889. VIII, pl. DCLXVIII.

[206] Pfister, Der Dom in Bamberg. Bbrg. 1896, p 34 erkennt die Figur als Papstfigur. Schmarsow führt die Attribution zuerst in die Litteratur ein in seinem Text zu der von Flottwell'schen Edition der Naumburger Stifterstatuen, Magdeburg 1892 Er giebt aber weder Beweise, noch zieht er irgendwelche Folgerungen. Eine Tradition der Zusammengehörigkeit der Figur und des Sarkophages muss sich übrigens in Bamberg wahrscheinlich aus der Zeit der Domrestauration erhalten haben, denn sie wird sogar in den Erklärungen der Castellane niemals vergessen In den Maassen stimmt die Figur vortrefflich zum Grabstein, wenn man den Schriftrand davon abzieht, vielleicht hat man auch den Baldachin ihr auf dem Grabe selbst beigegeben. Im vorigen Jahrhundert sind alle Inschriften auf den alten Gräbern erneuert worden, vielleicht ist zu dieser Zeit auch der Zusammenhang der Figur zum Sarkophage aufgehoben worden. — Allerdings ist es auffallend, dass hier Sandstein, am Sarkophage Marmor verwendet wurde. Sollte also die Papstfigur ein selbständiges Denkmal gewesen sein: Aber wozu dann das Kissen unter dem Kopfe?

[207] Der Sinn dieser Darstellungen ist nicht ganz klar. Kugler (Kl. Schrft, I. p. 159. ff.) macht folgende Vorschläge: Der Alte mit Schwert und Schild, der Glaube, (Lübke denkt an Christus, Otte. Hdbch. d. chrstl. Kstarch. I, 341 an Gottvater. — Cahier, Caractéristiques des SS. I, p. 364 scheint ihn für Johannes den Täufer zu halten. Vgl. auch: Mélanges d'arch. IV pl. XXIX. p. 275,) die Frau mit dem Löwen, die Stärke; mit Schwert und Waage, Gerechtigkeit; die wasserausgiessende Frau, die Mässigkeit. Für die beiden letzten Darstellungen fehlen Analogieen. Was den bärtigen Greis betrifft, so möchte ich noch auf eine ähnliche Darstellung in der Hs. München. cim. 59. c. lat. 4454 Bb. 20 b verweisen. vgl. Vöge. Malerschule. p. 130.

**208** Ich verweise besonders auf die charakteristischen Abbildungen bei Baudot. La sculpture française. Paris. 1884.

**209** Die Figur gehört allerdings einer jüngeren Zeit an.

**210** Vgl. Paul Weber, Kirchliche Kunst und geistliches Schauspiel. Stuttgart. 1892.

**211** Sehr bezeichnend sind in Bamberg die architektonischen Baldachine Sie kommen in Reims an den Fialenstatuen häufig vor, in ganz derselben Form. Solche äusserlichen, leicht greifbaren Merkmale überzeugen oft schlagender, als die sorgsamsten stilistischen Analysen. Deshalb sei hier auf sie aufmerksam gemacht, um diejenigen zu gewinnen, die unsere übrigen Ausführungen bedenklich erachten.

**212** Interessant ist der Vergleich unserer Statuen mit den Skizzen zweier Akte, die Villard a. a. O. pl. XLII giebt, weil sie dieselbe schematische Auffassung des nackten Körpers bezeugen. Die Muskulatur von Brust und Bauch sind durch Linien angedeutet, die sich mehr durch ihre schwungvolle Bewegung als durch anatomische Richtigkeit auszeichnen.

**213** Jessen, Die Darstellung des Weltgerichts bis auf Michelangelo. Berlin 1883.

**214** Voss, Das Jüngste Gericht. Lpzg. Diss. 1884.

**215** Sie ist von Herrn Dr. Arthur Haseloff in der ersten These, die er für seine Promotion in München 1896 aufstellte, behauptet worden.

**216** Eine solche ist von Herrn Domcapitular Michael Pfister in seiner Beschreibung der Bamberger Domsculpturen, a. a. O. Rückblick p. 11. angenommen worden.

**217** Kunigunde trägt auf ihrer rechten Hand ein Kirchenmodell, in dem man geglaubt hat, einen nicht zur Ausführung gelangten Plan zur Umgestaltung der Kathedrale vermuten zu können. Aus dem gotischen Kapellenkranz mit freiliegenden Strebebögen ist mit Recht der Schluss gezogen worden, dass der Bildhauer der Statue und Schöpfer des Modelles mit französischer Architektur Bekanntschaft gemacht haben musste. Das Modell scheint mir eine reduzierte Wiedergabe des Reimser Domes darzustellen. Chorhaupt und Vorbau des südl. Querschiffes sind deutlich erkennbar und besonders sei auf die charakteristischen Flankenthürme neben dem Querschiff, die allerdings nur ein Stockwerk höher geführt sind als in Wirklichkeit, aufmerksam gemacht. Natürlich kann in dieser Miniaturform nur eine Skizze gegeben werden. Wie genau alle wesentlichen Züge festgehalten sind, beweist der Kapellenkranz mit den 7 halbrunden Apsiden. Der Grundriss des Domes hat zwar nur 5 Kapellen, aber in der Wölbung sind die beiden zwischen Chorrundung und Querhaus eingeschobenen Joche in das System des Chorhauptes einbezogen, so dass im Aussenbau 7 Kapellen sichtbar werden. Auch sind die steilen Pultdächer genau wiedergegeben, die jetzt hinter der Spitzbogengallerie versteckt bleiben. Ferner scheint mir der Umstand nicht unbeachtenswert, dass nur der Chor und das Querhaus dargestellt sind und das Langhaus noch fehlt, obgleich wir wissen, dass der untere Teil der Façade in der Mitte des Jahrhunderts bereits vollendet war, bis sie abgerissen und das Langhaus noch um zwei Joche verlängert wurde. Mir scheint also, dass hier viele frappante Einzelheiten gerade mit Reims genau übereinstimmen. Gewöhnlich ist solch Modell in der Hand der Stifter und Heiligen ohne Beziehung zur Architektur des Gebäudes; hier scheint der Fall anders zu liegen.

**218** Abbildungen in der Publikation von v. Flottwell, Die Bildwerke des Naumburger Domes, Magdeburg 1892. Uebrigens ist es merkwürdig, dass meines Wissens noch nirgends der befremdlichen Attribution

widersprochen wurde, die August Schmarsow mit der Zuweisung
der Statue des Pultträgers in Naumburg an die Renaissance-
kunst (ca. 1517!!) gemacht hat (Text p. 57). Das Werk ist in Stil,
Material und Behandlung mit den Stifterstatuen so vollkommen Eins,
dass man nicht begreift, wie hier Vergleiche mit Luca della Robbia
herangezogen werden können und wie vor allem dasselbe als eine
archaische Leistung der Renaissance betrachtet werden durfte. Ich
mache nur auf den Vergleich aufmerksam zwischen dem Kopf des
jungen Diakonen und dem der Stifter. Man achte ferner auf die Hände,
auf die Behandlung des Gewandes, namentlich wo es am Boden aufstösst.
Es scheint mir vollkommen unmöglich, diese Figur aus dem Werke
des Meisters der Naumburger Stifterstatuen zu streichen.

**119** August Schmarsow hat sich in seinem Text zur von Flott well-
schen Publikation der Naumburger Sculpturen, Magdeburg 1893, p. 51,
auch über die Bamberger Werke ausgesprochen. Ich muss daher seine
Bemerkungen, soweit sie mit meinen Resultaten nicht übereinstimmen,
wenigstens streiten. Sein Urteil kann hier indessen deswegen nicht allzuschwer ins Gewicht fallen, weil er die Hauptquelle des Bamberger Meisters,
die Reimser Sculpturen nicht kennt, ohne die, wie wir gesehen haben,
nichts zu machen ist. Schmarsow versucht eine Verbindung zwischen
Bamberg und Magdeburg anzuknüpfen und stellt Kaiser Heinrich und
Kunigunde neben Kaiser Otto und Edith, die bekannten Magdeburger
Sitzfiguren. «Die Formgebung geht bei beiden Frauen
bis hinein in die schmalen etwas eckigen Schultern und die
Warzenhügel des flachen Busens ... in den näm-
lichen Geleisen.» Ich halte diese Gegenüberstellung für keine
glückliche. Die Kriterien der «Warzenhügel» und des flachen Busens
sind nicht so aussergewöhnlich, dass aus ihnen Schulzusammenhänge
gefolgert werden sollten. Es dürfte überhaupt schwer fallen, eine
gotische Figur zu bezeichnen, die vollbusig und üppig wäre. Der
zarte, schmächtige, etwas asketische Körperbau gehörte durchaus zum
weiblichen Formideal der Gotik. Auch dass die Haarbehandlung beider
Gruppen die Verwendung des Bohrers aufweist, ist nicht allzu selten in
der Zeit. Ferner scheint Sch. (Seite 52. 2. Absatz), — falls ich die
dunkle Stelle richtig interpretiere — Bamberg von dem «vorgesetzten
Erzstift an der Elbe», das wäre also Magdeburg, abhängig zu machen.
Bamberg war dem hl. Stuhle unmittelbar unterstellt und gehörte im
übrigen zu dem Bereiche des Metropolitan von Mainz. — Bei dieser
Motivierung sind wohl die vorgeschlagenen Beziehungen nicht zu
halten. Gegen sie sprechen vor allem die tiefgreifenden Unterschiede, die bei einer Gegenüberstellung der zusammengedrückten,
dickköpfigen Magdeburger Sitzfiguren und der freien, grossgedachten
Standbilder in Bamberg leicht zu erkennen sind. Die Gewandbehandlung an den Figuren des Ostportal des fränkischen Domes ist langzügig,
einfach in den Motiven, sicher im Wurf, — dort aber alles gedrängt
und gequescht, kleinlich, nach Art eines Anfängers. Die Typen weichen
stark von einander ab, die Arbeit ist in Magdeburg eine unfreie,
in jeder Beziehung vollkommen befangen und andersartig. Ich
verweise auf den Holzschnitt in Bodes «Plastik», Seite 100, oder am
besten auf das Original selbst, bei dem der zaghafte Charakter in
Auffassung und Darstellung besonders klar wird. Ich halte es übrigens
nicht für unmöglich, dass die Statuen von den Baukünstlern und Steinmetzen herrühren, die ca. 1234 den Chorbau aufgeführt haben und
dass sich auf diese Weise einige französische Anklänge bei ihnen
eingemischt haben. Mancherlei an ihnen könnte so am leichtesten

gedeutet werden. Aber nahe Beziehungen mit den Bamberger Sculpturen an ihnen zu finden, geht wohl nicht an. Auch scheint es mir sehr gewagt, die puppenhafte Zwerggestalt des Magdeburger Gabriel mit dem hochgewachsenen Burschen in Bamberg zu vergleichen, (ebenfalls Erzengel Gabriel), und sei es auch nur, um das sächsische Werk als eine Vorstufe zum Bamberger zu erklären. Gegenüber dem leisen Anklang in der Einfachheit des Gewandes und der Stellung, die mehr oder weniger bei fast allen Verkündigungsengeln des XIII. Jahrh. in ähnlicher Weise wiederkehrt, sind die ausserordentlichen Differenzen des Stiles zu gross und für mich wenigstens entscheidend, um die Annahme von Schul- und Werkstattzusammenhängen fallen zu lassen.

An einer anderen Stelle wirft derselbe Verfasser die Bemerkung hin, die Bamberger Statuen seien für ein grosses Hauptportal, wie etwa an den französischen Kathedralen, bestimmt gewesen. Dieser Analogieschluss liegt nahe genug. Indessen wäre es wohl schwer gewesen, den Reiter an den Gewänden anzubringen. Möglich ist es allerdings, dass der Gedanke an eine der Reimser ähnliche Prachtausstattung eines Portales gefasst war. Nur kann dasselbe unmöglich zwischen den Westtürmen geplant gewesen sein, wie Schmarsow, falls ich den schwierigen Satz recht verstehe, anzunehmen scheint. Er nennt den Westchor einen »grossartigen Einbau«. Der Ausdruck ist nicht zutreffend, da die doppelchörige Anlage seit Kaiser Heinrichs Zeiten bestand und von ihr trotz aller Um- oder Anbauten niemals abgewischen worden war, schon deshalb nicht, weil sich im Peterschor auch heutigen Tages noch eine Krypta befindet, zu deren Häupten man respecktvoller Weise eine Thür natürlich niemals durchgebrochen hätte. Schliesslich ist die Hypothese schon deshalb schwer durchzuführen, weil die Maasse der Figuren nicht übereinstimmen.

Schmarsow reiht übrigens unserer Gruppe noch eine »neuentdeckte« Statue an, den Johannes in der Ostkrypta. Die unglückliche Figur weilt dort in wohlverdienter Verbannung. Es ist ein ganz geringes Machwerk des XIV. Jhrh., das mit unserm Hauptmeister und seiner Werkstatt auch nicht das allermindeste zu thun hat.

²¹⁰ Vgl. hierzu P. Clemen, Ztschrft. f. christl. Kst. 1892, V, 331. 332. Studien zur Geschichte der französischen Plastik. Ebenda eine stattliche Litteraturangabe. Mit der Datierung Clemens kann ich leider nicht ganz Schritt halten. — Dehio, Jhrb. XI, n. a. O. setzt die Heimsuchungsgruppe in das 2. Viertel des XIII. Jhrh. Ebenso Gonse, La cathédrale de Reims in »La France artistique et monumentale«. Paris, Livr. 1—4 »Toutes ces figures aux pieds-droits des trois portes et principalement celles du bas appartiennent par leur style à l'art du XIIIe siècle, elles sont visiblement antérieures au grand renancement de la façade au XIVe siècle . . . . (p. 16.) Pour le bas la différence d'époque est évidente. Les figures des pieds-droits appartiennent à la première moitié du XIIIe siècle, celles de la porte de droit . . . . datent sûrement du premier quart du XIIIe siècle; les vingt-cinq autres — (darunter also die Gruppe der Heimsuchung am Mittelportal) ont été exécutées. à en juger par leur style, dans le second quart.« Gegen Schluss des Jahrhunderts, als die abgebrochene Façade wieder aufgebaut wurde (— 1295), werden nach meinem Dafürhalten die Fialenstatuen an dem Hochschiff in Arbeit gewesen sein, jedenfalls waren sie wohl bis zur Vollendung der Façade fertig. 1295—1372 wieder eine grosse Unterbrechung. Alles das, was in dem zweiten und dritten Stockwerk der Façade an statuarischem Schmucke vorhanden ist, gehört dem XIV. Jahrhundert an. — Lübke hielt bekanntlich die Haupt-

figuren des Mittelportales, die Heimsuchung für ein Werk der Renaissance.
(Plastik II, 1880² Seite 458.) Im übrigen giebt er eine schöne Charakteristik dieser Meisterleistung.

Vgl. ferner Congrès archéologique de France, Paris 1855, p. 87.
Ed. de Barthélemy, Essai sur la statistique du departement de la
Marne. Bull. mon. XIX. 1853. p. 278. und Cerf, Ch., Histoire et des-
cription de Notre Dame de Reims, Reims 1861, 2 Bde. —

²²¹ Das Datum ist nur annähernd zu bezeichnen. All zu früh dürfen
wir die Bamberger Sculpturen deshalb nicht ansetzen, weil wir mit
den Meistern der zweiten Bauperiode in Reims, denen die Königsstatuen
der Fialen gehören, zu rechnen haben. Sie werden wohl erst in den
beiden letzten Jahrzehnten des Jahrhunderts tätig gewesen sein. Wenn
wir also auch Berthold von Leiningen, der bis 1285 sass, als den Besteller der Statuen ansehen, so bleibt es doch zweifelhaft, ob sie unter
ihm vollendet wurden. Wie gesagt, vor den achtziger Jahren scheinen
mir die Bamberger Sculpturen undenkbar.

²²² In der ältesten Aufzeichnung der Dom-Heiligtümer aus dem
Jahre 1021 (cod. Ed. III. 15. Bamberg Kgl. Bibl. edit. von Jaffé Mon.
Gem. SS. XVII 635 ff.) wird eine Reliquie des Erzmärtyrers Stephan
im Kreuzaltar erwähnt. Ob darauf viel Gewicht für die Beziehung des
Heiligen zum Dome zu legen ist, bezweifle ich. Vgl. 38. Bericht des
hist. Vereins Bamberg 1875. p. 89.

²²³ Vgl. von Oefele: Die Grafen von Andechs. Seite 186, Reg. 543.

²²⁴ Vgl. von Oefele a. a. O., Seite 187. Reg 566. 540. 542.

²²⁵ In den Handbüchern wird die Figur als Konrad III bezeichnet.
Die Benennung geht, soweit ich sehen kann, auf den um Bambergs
Kunstgeschichte hochverdienten Joseph Heller. (Der Dom in Bamberg
1827). zurück, also in jene Zeit, als die Schätze der Bamberger Bibliothek
für die Mon. Germ. gehoben wurden. Die Begründung stützt sich auf
die in einem Kalendar des Domstifts (Kgl. Bibliothek. Ed. II 20.) auf-
gefundenen Notae sepulcrales Bbbg., die zuerst bei Pertz, Mon. Germ.
SS. XVII. p. 640 herausgegeben wurden. «Konradus rex, qui ecclesiae
multum profuit . . . . hic sepultus est iuxta tumbam scti. Heinrici in
latere domini Eberhardi eps. primi», und damit zusammenhängend:
«Eberhardus primus eps. eccls. Bbbg. sepultus est iuxta tumbam scti.
heinrici a latere sinistro in ascensu versus chorum scti. Georii». Daraus
folgt, dass Konrad III unterhalb der Reiterstatue seine Grabstätte gefunden hat. Jedoch ist von einem Denkmal nirgendwo die Rede, nicht
einmal eine «tumba» ist erwähnt, die bei Kaiser Heinrich und einzelnen
Bischöfen genannt wird und von denen sich bis zum heutigen Tage
einige erhalten haben. Jedenfalls hat die historische Beglaubigung, dass
Konrad III im Dome bestattet worden ist und zwar in der Nähe
des Platzes, an dem heute das Denkmal steht, zu dem Schlusse geführt, dass das Denkmal dasjenige Konrads sei. So nennt denn auch
schon Landgraf, Der Dom zu Bamberg mit seinen Denkmälern und
Inschriften und Gemälden, 1836. p. 9, in seinem Verzeichnis der Grab-
denkmäler den Reiter Kaiser Konrad III (gedruckt 1836,) während 1834
in einem Führer durch Bamberg (Bamberg und seine Umgebungen,
Bamberg 1834. p. 78) noch von der «schön gearbeiteten Statue des
Königs Stephan» die Rede ist. Auch Förster, Denkmale deutscher
Kunst, 1857. und Kugler, Kleine Schriften 1853. Bd. I, p. 156, kennen
nur eine Statue König Stephans. Späterhin heisst sie überall Konrad III.
Kaiser Konrad ist 1152 gestorben und in Bamberg begraben. Sein
Herz ist in Ebrach bestattet. Da das Denkmal stilistisch dem Ende des
XIII. Jhrh. angehört, so hätten wir ein Grabmal vor uns, das erst

nachträglich, als Zeichen dankbarer Verehrung von einem Geschlecht errichtet worden wäre, das nicht mehr unter dem u: mittelbaren Ein-druck seiner Wohltaten und seiner Persönlichkeit stand. Es würde also in eine Reihe mit den Stifterbildnissen zu setzen sein, die im XIII. Jhrh. häufig, noch mehr im XIV. u. XV. den Gründern und Wohltätern der Kirchen errichtet wurden. Wenn nun auch, wie in Naumburg, derartige Standbilder im Kirchen-Innern, sogar im Chor, um den Altar herum aufgestellt wurden, so bleibt es doch auffällig, dass hier ein weltlicher Fürst. hoch zu Ross, am Stirnpfeiler des Chores seinen Platz gefunden hat. Das Reiterstandbild sucht man auf öffentlichen Plätzen. wie ja auch das Seitenstück des unsrigen, Kaiser Otto I. auf dem Marktplatz in Magdeburg noch heutigen Tages steht. Hier in Bamberg rangiert aber das Standbild in einer Reihe mit den Heiligen und steht an besonders bevorzugtem Orte. Die grössere Wahrschein-lichkeit spricht also dafür, dass wir es auch in diesem Könige einen Heiligen zu sehen haben. Konrad ist aber nicht unter die Zahl der Heiligen aufgenommen worden. Wohl aber König Stephan, der Heilige von Ungarn (canonisiert 1083, der nach der Tradition in diesem Denkmal verkörpert ist. Wir können die Ueberlieferung bis in das Jahr 1784/85 verfolgen, aus dem ein Rechnungsvermerk eine Reparatur am «Reiter Stephan.» meldet. 1784/85. Bauamtsrechnung des Domes. (Kgl. Kreisarchiv): Mutschele fertigte «ein Ohr an das Pferd und einen Fuss an den reitenden Stephan». (Vgl. M. Pfister: Der Dom zu Bam-berg.) Offenbar taucht hier die alte Benennung auf und wir finden sie glücklicher Weise urkundlich bestätigt. Weshalb aber die Bischöfe vor dem Jahre 1784/85 die alte Reiterstatue, — vorausgesetzt, dass sie wirklich früher schon einmal Konrad III geheissen hat — zum hl. Stephan von Ungarn hätten umtaufen sollen, ist durchaus nicht er-findlich. Dagegen ist die Beziehung zu den Ungarn — wie wir gesehen haben — im XIII. Jhrh. sehr lebhaft. Ausser den schon bemerkten Beziehungen erwähne ich noch, dass unter Ekbert auch seine Nichte, die hl. Elisabeth von Thüringen, die Tochter Andreas' von Ungarn heilig gesprochen wurde. Ferner sei noch auf die Notiz aus dem Dom-schatzverzeichnis vom Jahr 1493 aufmerksam gemacht, wo unter Nr. 48 es heisst: reliquie des Ungarnkönigs Stephanus, der sankt «Kaiser Heinrichs Schwester gehabt het» . . . . «vilmer heiltuns». — (38. Ber. hist. Ver. Bamberg.) — Schliesslich setze ich noch folgende Regeste her: Vgl. Lang: Reg. bei VII. p. 43 — 1333. 24. April. Leupoldus de Eglofstein praepositus ecclesiae Bibg. cum in die S. Stephani quondam regis Ungariae, dum pro ecclesiae expediendis negotiis cum paucis fidelibus ad Ebracense monasterium proficisceretur, de hostibus a quibus ex improviso turbabatur victoriosius fuisset, castrum Mewneck cum omnibus pertinantiis apud Albertum Forschonem verae emtionis titulo comparatum praepositurae tradit aliasque funda-tiones in honorem S. Stephani, cuius auxilio de hostibus triumphabat, ordinat. Act. et. dat. Babenb. in die beati Georii (c. 3. sig.). Vgl. dazu den 7. histor. Bericht p. 237/238. XIII. Kl. Spt. 20 Aug. den Vermerk aus dem Kalender Nr. 44. (Kgl. Kreisarchiv Babeberg.) p. 37. Der Schluss, von diesem Ereignis ab, den Kultus des Heiligen in Bamberg zu datieren, wäre wohl voreilig. Vgl. ferner Archae-logini ertesitö. Budapest 1895. Berthold Riehl zu derselben Frage.

²²⁰ In dem Bamberger Domkalender (Bibl. Ed. II. 30.) XV. Kal. Martii heisst es allerdings von Konrad: «Konradus rex, qui ecclesiae bambergensi multum profuit, nam inter cetera prebendas dominorum ditavit secundum quod in donatoribus plenius continetur, unum quippe

panem album de oblegiis unicuique prebende cottidie ministrari ordi-
navit. Dies Kalendar ist unter Bischof Lambert. 1374—1399 a. 1363
geschrieben. Im ältesten Kalendar (Ed. II. 14. Kgl. Bibl. vor 1177 geschrieben) wird Konrads Todestag vermerkt, in dem zweiten (vor 1241
geschrieben) wird bemerkt, dass der »tractus commovisti« bei Toten-
messen nur gesungen werden soll am Tage d. hl. Margarete, Papst
Clemens, Bischof Günthers und König Konrads. Beziehungen des Königs zur Bamberger Domgeistlichkeit sind also vorhanden gewesen,
(wie Otto von Freising Gest. I. 63 berichtet. hat sie den Leichnam des
Königs für den Dom beansprucht,) doch ersehe ich aus ihnen nicht, wieso
sich der Bischof oder das Capitel zu der aussergewöhnlichen Ehrung
eines Reiterdenkmals hätten veranlasst fühlen sollen.

²¹⁷ Franz von Reber setzt den »Meister der Heimsuchung« — wie
ich ihn zu nennen vorschlage — an die Spitze der gotischen Sculpturen.
(Kstgesch. d. M.-A. a. a. O. S. 548.) Er spricht aber davon, dass »jenes
Uebergewicht der Beseelung über die eigentliche Belebung, wie es der
gotischen Kunst charakteristisch ist, sich hier noch nicht oder nur in
schwachen Spuren finde.« Das ist vollkommen richtig. Dennoch muss
aber ausser der psychischen Seite auch die formale hier gleichwertig
untersucht sein. Und danach kann wohl die gotische Natur unsrer
Statuen. ihre gotische Abstammung vollends nicht geleugnet werden.

In Bodes Plastik wird unser Meister in dem Kapitel »Erste Blüte
im XIII. Jahrhundert« besprochen. Bode fasst die gesamte Plastik dieses
Zeitraumes als eine Art Uebergangskunst auf, wie das ähnlich in der
Architekturgeschichte geschieht. Für Einzeluntersuchungen ist dieser
Rahmen jedoch zu breit; man muss bis zur Wurzel hinuntersteigen
und kann sich dann eben in diesem Falle — wie ich es getan habe, —
nur für die Zugehörigkeit zur gotischen Kunst entscheiden.

²¹⁸ Schnaase, a. a. O. Bd. 5. Seite 578 und 587.

²¹⁹ Wir haben schon Anm. 199 betont, dass an eine individuelle,
oder gar porträthafte Charakteristik bei dieser Figur nun und nimmer
zu denken ist. Wohl aber kann man sie für eine Königliche Idealfigur
des XIII. Jahrhunderts ansehen, die in der Litteratur viele Gegen-
stücke hat.

²³⁰ Anton Springer. Text zu Seemanns kunsthistorischen Bilder-
bogen. 6. Aufl. S. 197.

²³¹ Vgl. M. Landgraf. Der Dom zu Bamberg mit seinen Denkmälern,
Inschriften, Wappen und Gemälden. nebst der Reihenfolge der Fürst-
bischöfe von 1607—1803. Bamberg 1803.

Die Inschriften auf den Gräbern Ekberts und Bertholds von Lei-
ningen sind ergänzt. vielleicht im Jahre 1727. wo das Grab Otto II.
von Andechs geöffnet wurde. Beide Gräber haben viel Verwandtes mit
dem teilweise beschädigten Grabstein — einer tumba — des Bischofs
Günther im Georgenchor. Sein Stein hat noch eine alte echte Inschrift.
Auch auf dem Grabstein Leopold's von Egloffstein, der jetzt unter dem
Hochgrab Georg's von Limburg liegt, sind noch beide Redaktionen der
Inschrift zu vergleichen. Die Urschrift lautet: + ANNO . DNI . MCCC.
XLIIIO . LEVPOLDVS . SECVDVS . DE . EGLOLFSEIN . BBIS .
ECCE . EPVS . IN . DIE . VII . DORMIENCIVM. — Die zweite
Redaktion: + RVXVS In . CHRO . PATER . ACDNS . D . LEOPOL-
DUS . AB . EGLOFFSTEIN . 25 . EPS . BAMB . OBIIT . 27 .
IVNII AO 1341. — Aus der Zeichnung in der Kgl. Bibl. Bambergs
Blatt 18. Bd. II. »Bamberg Topographie« geht hervor, dass der Deckel
einst einen tumbaartigen Sarkophag bedeckte, ähnlich dem des Bischof
Günther und Papst Clemens II. Eine andere Zeichnung, Blatt 115.

zeigt einen ebensolchen Sarkophag für den Deckel, auf dem Berthold von Leiningen's Figur eingemeisselt ist.

**232** Der ausgezeichnete Kopf ist in Gypsabguss vorhanden im Münchner Nat. Museum und im German. Museum in Nürnberg. Herr Domkapitular M. Pfister machte mich aufmerksam auf die Hörner am Kopfe der einen, leider sehr zerfallenen Statue. Offenbar haben wir in ihr Moses zu erblicken. Das Gegenstück ist demnach wahrscheinlich Aaron. Die Rinder zu beiden Seiten der Figuren sind augenscheinlich eine Nachahmung desselben Motives in Laon, wo die menschlichen Figuren aber fehlen.

**233** Der Kopf gehört einem der hl. Könige an. Abguss im Trocadéro-Paris, Nr. 664. Ich mache namentlich auf die Augenpartie, den Mund, die zurückgehaltenen Haare und die auffallende Kopfbedeckung aufmerksam, die einer phrygischen Mütze zu vergleichen ist und als Charakteristikum des Hohenpriestertums zu gelten scheint.

**234** Die Marienfigur befindet sich im nördlichen Seitenschiff gegenüber den Prophetenreliefs am Georgenchor.

**235** Die hl. Kunigunde steht im nördlichen Seitenschiff des Georgenchores.

**236** Die Figur steht im Langschiff des Domes, ebenso wie die folgende.

**237** Im Chor der Michelskirche auf dem Michelsberge.

**238** Die Figuren stehen in der Laibung der mit einem Baldachin überdeckten Hochzeitspforte auf der Nordseite der Liebfrauen- oder Oberpfarrkirche. Sie scheinen eine schlechte Wiederholung der Nürnberger Exemplare an St. Sebald. Doch wenn die Lokalgelehrten Genaueres wissen, halte ich gern mit meinem Urteil zurück.

**239** An die Plastik von S. Lorenz, U. L. Frauen u. S. Sebald in Nürnberg, an die des Domes in Regensburg denke ich bei der folgenden Charakteristik vornehmlich und wünsche besonders die Grabplastik ausgenommen zu wissen.

**240** Die im Vergleich mit unserem Reiter sehr geringen Figuren befinden sich an der Innenseite des Westportales und stellen den hl. Martin u. hl. Dionys dar.

**241** Vgl. die feinsinnige Charakteristik der Gotik bei Carl Cornelius. Jacopo della Quercia. Halle a/Saale. 1896. Seite 56; die ähnliche Vorgänge auf dem Gebiete der italienischen Plastik schildert.

# ABBILDUNGSVERZEICHNIS.

Abb. 29. Bamberg. Der Reiter. Kopf en face. Eigene Aufnahme.
„  30. Reims. Die Synagoge. (Fialenfigur.)
„  31. Bamberg. Die Synagoge. (Kopf.)
„  32. Reims. Papstfigur. Portalfigur.
„  33. Bamberg. Papst Clemens II.

Unsere Abbildungen Nr. 7, 16, 18, 20, 22, 31, 33 sind ver-
kleinerte Clichés aus dem Werke : *Der Dom zu Bamberg. Photogra-
phisch aufgenommen von Otto Aufleger, München. Verlag L. Werner
1897. Folio. 60 Blatt Lichtdrucke.* Ich verweise ausdrücklich auf diese
grosse Sammlung von Reproduktionen, da sie als vollständiger Bilderatlas
der Domsculpturen in glücklicher Weise die wenigen Proben ergänzen, die
ich von ihnen in Autotypieen geben konnte. Leider sind mir die Aufleger'-
schen Aufnahmen erst bekannt geworden, als ich meine Abhandlung bereits
vollendet und zum Teil sogar schon gedruckt hatte. Dem Herrn Ver-
leger und Herausgeber des Bamberger Tafelwerkes bin ich zu Dank
verpflichtet für die liebenswürdige Bereitwilligkeit, mit der sie mir die
Silberabzüge ihrer Platten zur Herstellung meiner Abbildungen zur
Verfügung gestellt haben.

# SACHREGISTER.

# INHALT.

BAMBERG.
ABB. 1. — PROPHET JONAS.

BAMBERG.
ABB 2. — PROPHET.

BAMBERG.
ABB. 3. — PROPHET.

HILDESHEIM.
ABB. 4. — APOSTEL AUS DER MICHAELSKIRCHE.

BAMBERG.

ABB. 6. — DER HL. MICHAEL.

BAMBERG.
ABB 7. — PROPHETENGRUPPE.

ABB. 8. — ARLES. TYMPANON.

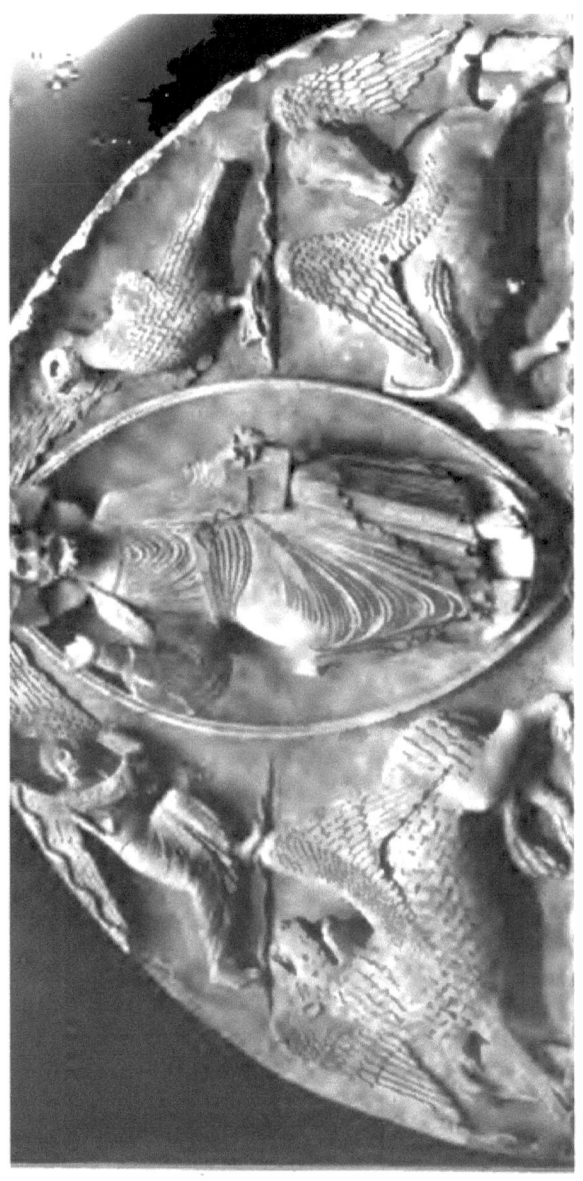

Abb. 9. — CHARTRES. TYMPANON.

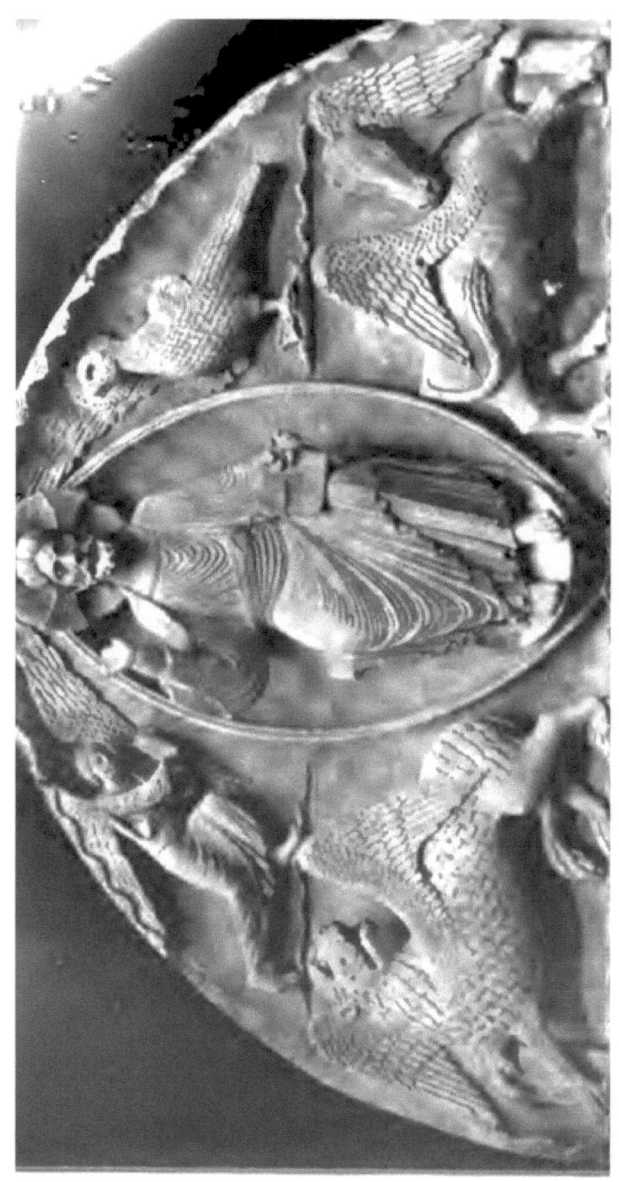

ABB. 9. — CHARTRES. TYMPANON.

ABB. 10. — VÉZELAY. TYMPANON (DETAIL.)

TOULOUSE.
ABB. 11. — APSOTELGRUPPE VON ST. ETIENNE.

TOULOUSE.
ABB. 12. APOSTELGRUPPE VON ST. ETIENNE.

MOISSAC.

ABB. 14. — APOSTELGRUPPE.

REIMS.
ABB. 15. — MARIA.

BAMBERG.
ABB. 16. — MARIA

REIMS
ABB. 17. — ELISABETH.

BAMBERG.
ABB. 18. — ELISABETH.

REIMS.
ABB. 19. — SALOMO.

BAMBERG.
ABB. 20. — KAISER HEINRICH II.

REIMS.
ABB. 21. — KÖNIGIN VON SABA.

BAMBERG.
ABB. 22. — KAISERIN KUNIGUNDE.

REIMS.
ABB 25. — KÖNIGSSTATUE.

REIMS.
ABB. 24. — KÖNIGSSTATUE.

REIMS.
ABB. 25. — KÖNIGSSTATUE.

BAMBERG.

ABB. 26. — KAISER HEINRICH II.

REIMS.

ABB. 27. — KÖNIGSSTATUE.

BAMBERG.

ABB. 28. — DER REITER.

REIMS,
ABB. 30. — DIE SYNAGOGE.

BAMBERG.
ABB. 31. — DIE SYNAGOGE.

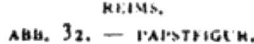

REIMS.
ABB. 32. — PAPSTFIGUR.

BAMBERG.
ABB. 33. — PAPST CLEMENS II.